관응觀應스님의

무문관 無門關 강설

엮은이 淨名 김성규

사단법인 통섭불교원

차례

머리말

불교교리가 황무지였던 20세기 중엽, 한국에서 불교의 전법에 관응 스님의 불교교리에 대한 빛나는 법문들이 있었습니다. 유식삼십송, 화 엄경, 무문관, 선문염송, 서장, 도서, 선요 등 입니다. 관응스님의 불 은을 되새기면서 스님이 가장 좋아하셨던 것 중의 하나인 무문관 법문 을 정리하였습니다.

주옥같은 스님의 법문들이 세상에서 없어질 것을 생각하니 안타깝기 그지없습니다.

다행히 스님의 법문 테이프를 가지고 몇 년 동안 녹취하고 교정 교열 하여 무문관 법문을 세상에 내놓게 되었습니다.

선을 이야기 하면서 교학을 세우고, 교학을 이야기 하면서 선지를 밝 히고 있는 선교가 일심으로 회통하는 스님의 법문은 참으로 진공묘유 입니다.

불교에 뜻을 세우고 견성하려고 수행정진 하는 수행자에게 인연이 닿 는다면 큰 행운임을 믿어 의심치 않습니다.

이생에 무문관 인연으로 멋진 불법인연 지으시기를 기원합니다.

관응스님의 말씀입니다.

"내가 평생 한 법문은 선문의 입장에서 이야기 한 것입니다.

나는 원래 경전을 가지고 공부를 하는 강사가 아닙니다. 직지사에서 출가하였기 때문에 선을 만났고 평생 선에 대해 고심을 하였습니다."

만약 뜻의 전달이 잘못된 부분이 있다면 녹취하고 교열하고 되번역하고 정리하는 과정에서 정리자의 미숙함임을 밝혀둔다.

2023년 10월

정명 김성규 합장

인사말

관응 큰스님의 무문관 법문집이 세상에 나온다고 하니 기쁜 마음 한량없습니다.

관응 큰스님께서는 동국대학교의 전신인 중앙불교전문학교에서 신학문을 배우고, 해인사 해외유학생에 선발되어 일본 교토 용곡대학교에서 불교를 공부하신 현대한국불교의 '신선지식'이십니다.

최고의 포교사로써 전국을 다니시며 유식학을 비롯한 화엄경, 원각경, 무문관, 선문염송, 서장, 도서, 선요 등 주옥같은 법문을 펼쳤습니다. 큰스님께서는 조계사 초대 주지 및 중앙 포교사로 활발한 전법활동을 펼치시고 1987년 제1회 포교대상 수상자로 선정되기도 했습니다.

또한 천축사 무문관에서 6년 수행을 마치시고 평생 선 수행을 하신 대선사 이십니다.

이러한 선교를 겸수한 큰스님의 법문들은 가히 한국 불교 법문의 꽃이라 할 수 있습니다.

이번 정명 김성규교수님을 통하여 큰스님의 무문관 법문집이 발간되어 더할 나위 없이 기쁘며, 큰스님의 문도들을 대표하여 깊은 감사의 말씀을 드립니다.

관응대종사 문도 대표 종화 도진 합장

무문관 강설 인연

강설 : 관응스님

날짜 및 장소 : 1991년, 김용사

교재 : 무문관

법주 : 자광스님

김용사 상선암 동기와 중수불사 기념으로 김용사 주지 자광스님이 관응노스님을 모시고 무주상보시 무문관 야단법석을 열었다.

녹원스님, 도원스님, 운문사 명성스님과 학인스님 등 스님 100여 명이 참석하였고, 일반 대중들도 100여명 참석하였다.

자광스님께서는 대구에 계셨던 어머니께 인사 차 들렸다가 무문관 법석의 이야기를 하자 어머니께서 참석하겠다고 하시자 단호히 거절하였다. 그렇게 말해 놓고 스님도 마음이 안되어 가던 발길을 돌려 어머니가 계시는 목화주공아파트로 돌아오니 어머니는 스님 가시는 모습을 조금이라도 더 보려고 창문으로 머리를 내밀고 스님 가시는 뒷모습을 보고 계셨다.

돌아온 스님을 보고 어머니는 참석할 방법이 있다며 좋아하며 웃으면서 스님을 보내드렸다.

1991년 4월에 무문관 야단법석을 열었는데 주지스님의 어머니께서는 그날 열반에 드셨다. 이 무슨 인연인가?

본래 마음생각은 어둡지 않아 항상 스스로 있는데

중생들은 나고 죽는 고통을 만들어 받는구나.

스스로 믿고 알고 행하여 증득하면

하나도 없고, 하나이고 또한 같은 것이 없네.

심체불매상자재心體不昧常自在

중생자작생사고衆生自作生死苦

자신자해자행증自信自解自行證

무일무이역무동無一無二亦無同

                    자광(1991년 당시 김용사 주지) 합장

무문관

《무문관(無門關, The Gateless Gate)》은 선종5가(禪宗五家)의 일파인 임제종(臨濟宗)에 속하는 남송(南宋)의 무문혜개(無門慧開: 1183~?)가 1228년(소정紹定 1) 46세 때의 여름에 푸저우(福州) 영가(永嘉)의 용상사(龍翔寺)에서 수행자를 위해 고칙 48칙(古則四八則)을 염제(拈提: 고칙을 제시하여 이를 평창함)하고, 평창(評唱)과 송(頌)을 가해서 《무문관》이란 제목을 붙이고, 자신의 찬술이유(撰述理由)를 말한 자서(自序)를 가하여 그해 겨울에 간행하였다.

특히 제1칙 조주구자(趙州狗子)의 공안은 유명하며, 여기서 염제(拈提)되는 무자(無字)야말로 종문(宗門)의 일관(一關)이며, 이 일관을 이름지어 "무문관(無門關)"이라 한다고 기술되어 있다.

무문이라는 사람이 있었습니다. 이름이 혜개인데 달마의 14대손입니다. 고대에서 내려오는 조사들의 화두드는 방법이 세상에 1701개가 있습니다. 보통 1700개라고 하는데 하나를 떼고 말합니다. 당나라 때 경덕이 역대 조사와 행적, 연기를 실어 정명록이라고 하는데 그 가운데 선지식 수를 세어보면 1701개가 되어 있습니다. 그것을 이 무문이라는 사람이 송나라 이종(理宗) 때 사람인데 송나라는 조광윤이 세워 이어져오다가 희종이 나옵니다. 희종이 금나라가 내려오자 쫓겨 잡혀 죽습니다. 아들이 천도해서 남쪽으로 내려왔는데 그것을 남송이라고 합니다. 이종은 남송의 고종 다음 임금입니다. 그 때 혜개라는 사람이 달마의 14대손으로써 공부를 합니다. 처음에 출가해서 은사스님에게 배우다 원림이란 스님에게 화두를 받습니다. 무(無)자 화두를 받아서 6년 동안 해도 캄캄해서 무슨 소리인지 모릅니다. 방에 앉아있으니 졸리니까 밖에 나와 마루에 있으면서 기둥에다 머리를 박고 잠을 깨워가며 공부를 합니다. 한 날은 잠을 깨워가며 공부를 하는데 자동차나 비행기도 발동시키지 않으면 아무 힘이 없습니다. 비행기도 발동을 해야 공중에 사람을 태워가고 자동차도 발동해야 사람을 싣고 갑니다. 여기 있는 사람들은 모두 자물쇠로 모두 봉해놓은 것 같습니다. 이것을 터트려 발동하면 무한한 힘이 나옵니다. 우주 전체의 힘이 쏠려 나옵니다. 수압도 나오면 세게 나옵니다. 그래서 식연(熾然)이라는 표현을 쓴 것입니다. 걸어가다가 북을 쾅쾅치는 소리를 듣고 탁 하나가 됩니다. 내가 하나 하나 들었다는 생각이 탁 없어져 우주 전체 생명이랑 탁 합해진 것입니다. 그래서 원림에게 가서 오도송을 말합니다. '청천백일일성뢰 대지군생안활개 삼라만상제계수 수미발도무삼대(靑天白日一聲雷 大地群生眼豁開 森羅萬象齊稽首 須彌跋跳舞三台)' 청천백일의 북치는 소리가 우뢰소리와 같다는 말입니다. 그 우뢰소리에 집착하던 아집이 탁 꺼지니 근진이 탕연하게 되어 우주전체 법성자리와 하나가 되었습니다. 내가 견성하면 일체중생이 성불한 것이 보입니다. 아집이 있을 때 하나가 안 되었는데 탁 깨고보니 일체중생에 든 기운이 하나로 보입니다. 그래서 대지군생의 눈이 다 열립니다. 자기 혼자 견성한다는 말은 없습니다. 사람뿐만 아닌 일체 삼라만상이 쭉 딸려옵니다. 내가 명령하면 전부 복종하는 물건이 되어버립니다. 망상을 하고 이런 소리를 하면 안됩니다. 내가 지배인이 되어버립니다. 그래서 부처님이 세존이 된 것입니다. 세상에서 가장 높은 사람이란 말입니다. 그러자 수미산이 너풀너풀 춤을 추며 삼대에 나오더라 이 말입니다. 無자 화두를 받아서 견성을 했습니다. 무문관은 세 가지로 해석할 수 있는데 아무튼 역대 화두 1701개 가운데서 중요한 48개를 골라 수집했습니다. 48칙이라 합니다. 48칙이 있지만 원림에게 받은 무자 화두로 깨달았기 때문에 중요한 것을 가려 무문관이라고 했던 것입니다. 무문관의 무자(無字)를 문관(門關)이라고 합니다. 門은 열어놓은 문을 말합니다. 관(關)은 막아놓은 문을 말합니다. 문 안에 있는 사람은 성인인데 문 밖에 있는 사람들은 범부입니다. 화두는 그렇게 되어 있습니다. 그 문만 통하면 듣는 사람과 들리는 화두가 한 덩어리가 됩니다. 그 때는 근·진·식이 없어집니다. 여러분들은 아침부터 저녁까지 화두에 들어본 적이 있습니까? 아마 하루도 안될 것입니다. 한 생각이 하루 이틀 만년을 꿰면 이 몸을 태워도 모르는 사람이 있을 것입니다. 그렇게 하면 됩니다. 근과 진이 없어지면 2,500년전 석가모니와 이야기가 됩니다. 부처님께서 설법하는 당시 그대로가 있게 됩니다. 우리가 변해서 미끄러지는 생각을 해서 안되지 하나로 일념이 되어 시간이 없어지면 2,500년 전이 바로 눈앞입니다. 과거와 미래와 현재가 없기 때문에 목전에 보이는 것과 같습니다. 혜개가 무자로 깨달았습니다. 이름과 같이 지혜가 열린 것이니 이름을 잘 지은 것이 됩니다. 우리 조선 초에 무학 스님이 있었습니다. 법명은 자초로 스스로 초월했다는 말입니다.

바로 배움이 없이 초월했다는 말입니다. 저 고려말에 나옹 스님이 있었는데 게을러 못쓰는 늙은이라고 하여 호가 나옹인데 한 가지 부지런한 것이 있었습니다. 지혜를 하는데 부지런한데 그래서 법명이 혜근입니다. 여러분도 잘하는 것이 한 가지만 있으면 됩니다. 한 가지 지혜를 밝히는 것만 하면 다른 것은 아무 소용없습니다. 혜개는 깨달음을 얻은 후에는 자기 이름을 무문(無門)이라고 해버립니다. 그래서 무문관을 무문이 만든 관(關)이란 말도 되는 것입니다. 이 사람이 북치는 소리를 듣고 견성했기 때문에 북치는 것이 인(因)이 되었다고 생각하기 쉽습니다. 동기는 되었을지언정 북소리 때문에 견성한 것은 아닙니다. 견성하는데 밑천이 된 것입니다. 그렇다고해서 밤낮으로 북을 두드려도 우리가 견성을 하는 것은 아닙니다.

승(僧)이 조주(趙州)에게 묻기를, "구자(狗子)로 다시 태어나도 불성(佛性)이 있겠는가? 없겠는가?"

조주가 말하기를 "있다."

또 다른 승이 묻기를, "구자로 환생(還生)되어 불성이 있겠는가? 없겠는가?"

조주가 대답하기를 "없다."

위의 조주 구자의 공안에서 조주가 말한 유무대립(有無對立)의 두 가지 대답에 대하여 본서는 무(無)로써 대답하고 있다. 이 무야말로 유무의 대립을 초월한 절대무(絕對無), 즉 무자(無字)를 단적으로 설시(說示)한 것이다.

무문관 강설

무문관 강설 제1

[관응강설]
견성성불, 정견, 법성, 18계, 삼신

견성성불, 정견

뜻밖에도 연세가 많은 노인네도 오시고 모두 큰 신자들이 많이 오셔서 너무 마음이 감격스럽습니다. 근데 아까도 말씀드렸지만 부처님은 깬 이고 우리는 못 깬 사람들입니다. 근데 내가 한 100년 종단에서 살아보니까 100년까지 앞뒤를 볼 수 있습니다. 부처님의 사상을 아는 이가 그리 흔치 않습니다. 이것이 문제입니다. 부처님의 사상을 바로 아는 이가 흔치 않습니다. 그렇기 때문에 부처님도 성불을 하신 다음에 중생을 가르칠 적에 팔정도를 내셨습니다. 첫 번째는 정견(正見)이 나옵니다. 정견이란 것이 문제입니다. 그런데 우리는 정견이 안서면 행동하는 것이 모두 바를 수가 없습니다. 아까 부처님은 깨쳤다고 했는데 깨쳤다는 것은 알았다는 소리입니다. 우리가 깨쳤다는 소리를 우리 생활에 비춰봅시다. 잠이 들어서 꿈을 꾼다는 것과 잠에서 깨서 꿈을 깼다는 것은 다릅니다. 대개는 같다고 봅니다. 꿈속에서는 아무리 생각하고 행동해봤자 잠꼬대밖에 나오지 않습니다. 눈뜨고 행동하는 것과는 다르다는 것입니다. 그리고 우리는 처음부터 교육기관 즉 강당이나 선방에서나 부처님의 사상을 이야기해주지 않고 대뜸 참선을 하라고 합니다. 가르쳐주지도 않고 어떻게 하라는 말입니까? 이것이 문제입니다. 그렇기 때문에 내가 100년 좌우를 볼 때 부처님의 사상을 제대로 전달하는 것이 없고 제대로 아는 것이 없습니다. 나는 처음에 불교에 들어왔을 적에 강당도 가보고 선방도 가봤는데 도저히 무슨 소리인지 알아들을 수가 없었습니다. 그래서 나는 남에게 알아들을 수 있게 해야겠다는 생각을 했습니다. 그래서 자세히 살피기 시작했습니다. 어떤 것이 깨는 것인가. 정견은 참으로 어렵습니다. '이각시몽소작개시망경 소견개환경 재몽자지불견어환 사불급어각 반이출몽지설 지위허탄(以覺視夢所作皆是妄境 所見皆幻境 在夢者知不見於幻 思不及於覺 反以出夢之說 指爲虛誕, 깨달음으로써 꿈을 보면 행동하는 것이 다 망경이고 보는 바가 다 환경幻境(헛것)이다. 꿈꾸고 있는 사람들은 아는 것이 헛것임을 보지 못하고 생각이 깨닫는데 미치지 못한다. 도리어 꿈을 깬 사람(부처님)의 말을 허탄하다고 말한다.)' 즉 환경(幻境)입니다. 꿈 속에서 보는 것은 헛것이지 참이 아닙니다. 실제가 아닙니다. 꿈 속에서 보는 것이 실경(實境)이라면 꿈을 깨도 남아있어야 하는데 꿈을 깨면 없어집니다. 꿈이라는 생각이 꿈 속의 나라는 생각을 내고 꿈에서 보이는 경지를 내는 것입니다. 몽상이 몽인과 몽경을 지어내는 것입니다. 그것을 분명히 알아야합니다. 꿈꾸는 사람들은 꿈을 깬 사람들의 말을 거짓으로 압니다. 그렇기 때문에 우리들은 깼다면 의심을 합니다. 그래서 불교를 가르치는 사람들도 깬다는 것이 무엇인지 모르겠다고 합니다. 우리는 깨닫지 못했기 때문에 생명이 어디서 오는지 모릅니다. 쉽게 말해 부모 배 속에서 나왔다고 하지만 어머니가 어떻게 낳으셨는지 모릅니다. 아버지도 어떻게 낳으셨는지 모릅니다. 새알 속에서는 새의 새끼가 나오고 벌레 알 속에서는 벌레가 나옵니다. 여기 쌀이 하나 있다고 합시다. 쌀에는 눈이 있습니다. 모든 곡식이 그렇습니다. 심지어 나무도 보면 눈이 있습니다. 거기서 생명이 나옵니다. 우리는 생명을 받았는데 어디서 왔는지 몰라도 그 생명이 눈으로 가면 보고 귀로 가면 듣고 코로 가면 냄새를 맡습니다. 그것이 마치 꿈을 꾸며 잠꼬대를 하는 것과 같습니다. 그것은 아무리 해도 잠꼬대밖에 되지 않습니다. 생명을 깨닫는다는 것이 중요합니다. 불교는 깨는데 문제가 있는 것이지 깨면 그만입니다. 꿈을 꿔서 100년을 고생해도 꿈을 깨면 끝입니다. 인간은 인간의 꿈을 꾸고 있습니다. 고기는 고기의 꿈을 꾸고 있습니다. 새는 새꿈을 꾸고 있습니다. 깨지 못하면 깨지 못하는 다른 생물로 옮겨가서 여전히 꿈 속에 있는 것입니다. 깬 것과 깨지 못한 것을 분명히 알아야 무문관 법문을 알 수 있습니다. 모르는 것으로부터 아는 것으로 옮겨가는 것이 중요합니다. 그것이 부처님과 달마가 가르친 것입니다. 그래서 견성을 해야 하는데 본래성품이 무엇인가? 다른 말로하면 마음이 뭐냐고 하는데 물어보면 모릅니다. 사종심이란 것이 있는데 너무 교리로 가기 때문에 여기서는 하지 않겠습니다. 거기서는 네 가지 마음을 이야기합니다. 우리의 생명이 어떻게 되었는가는 참으로 알 수 없습니다. 다들 몸 속에 생명이 하나씩 있는 줄 압니다. 아무 것도 배우지 않는 사람도 그것은 다 알고 있습니다. 파리도 자기 몸 속에 자기 생명 하나 들어있는 줄 압니다. 부처님께서 제법무아라 고 하셨는데 제법무아란 것이 해석이 안 됩니다. 부처님이 나기 전 에도 인도에서는 수많은 철학자들이 있었고 종교가가 있었습니다. 수행도 각양각색 방법이 달랐습니다. 그런데 부처님이 깨고 보니 그것들이 깨우친 소리와 다르더란 것입니다. 다른 것은 다 망견(妄 見)이라는 겁니다.

전변설, 열반

수론파에서는 25가지 원리를 가지고 세상만물을 설명합니다. 여 기서는 여섯 가지 견을 가진 사람이 삼라만상이나 생사윤회를 설명 합니다. 불교 이전에도 오온이란 말은 있었습니다. 우리가 중노릇 하며 평생을 해도 이들의 학설을 벗어나지 못합니다. 부처님 나기 전의 법을 벗어나지 못한다는 말입니다. 그것은 정말 한심한 일 아 니겠습니까? 부처님께서 정견을 말한 까닭이 있을 겁니다. 부처님 이전의 학설도 수도 없이 많았습니다. 부처님 나기 전 몇천년 전부 터 인도 아리아 민족은 종교가 풍부했습니다. 그들의 처음의 종교 가 바로 바라문교입니다. 아리아 족은 중앙아시아에서 동남쪽으로 내려와 인도 고유의 민족을 쫓아냈습니다. 그 민족의 사상계통이 기가 막힙니다. 그들은 계급의식이 매우 강합니다. 그들은 가장 아 래 계급이 가장 윗계급과 부딪히기만 해도 사형을 당했습니다. 길 도 따로 만들고 함께 못했습니다. 바라문의 경전을 아래 계급이 들

으면 혀를 뽑아내기도 했습니다. 그래서 2500여 년 동안 바라문교
가 내려왔는데 바라문계 사상이라고 합니다. 처음에는 바라문 족
들이 득세했다가 몇 천년이 지나니 왕족들 정치하는 사람들 찰지
리 족에서 사람이 나기 시작했습니다. 그것을 일반사상계라고 합
니다. 그리고 부처님이 나와서 성불을 했습니다. 인도에서는 바라
문계 사조와 일반계 사조, 불교계 사조 세 가지로 나눕니다. 바라
문 족과 찰지리 족에서 성인들이 많이 났습니다. 그들이 사상들이
많지만 두 가지로 분류할 수 있습니다. 부처님은 나고보니 생에 고
가 붙어있습니다. 처음에 생노병사를 이야기했습니다. 부처님도 자
신을 낳고 어머니가 7일만에 돌아가시니 죽음이 뭔지 궁금했을 것
입니다. 늙고 병들고 죽는 것을 봤습니다. 부처님은 그것을 모르는
것은 아니었고 교화하는 방법에 대해 궁금했던 것입니다. 부처님은
나기 전에 도솔천에서 성불했던 사람입니다. 바라문족에 가서 고행
을 몰라서 따라한 것이 아닙니다. 그 사람에게 항복을 받아 교화중
생을 하기 위해서 그런 것입니다. 바라문 족에도 우주관과 인생관
이 있습니다. 인생이 어떻게 되었길래 이 세상에 와서 생로병사가
붙어서 눈에 보이고 귀에 듣기는 것을 하고 싶은데 하고 싶은 대로
안되는 고가 있습니다. 이것이 어떻게 되어서 우리 몸에 붙어서 떨
어지지 않는가? 꿈꾸는 사람이 악몽을 꿔서 꿈 속에서 아무리 용을
써도 악몽에서 깨지 않습니다. 인생이 어떻게 되었길래 이렇게 되
느냐하니까 눈으로 밖의 것이 보이고 귀로는 들리고 코로는 냄새를
맡습니다. 확실히 육진경계는 밖에 있고 육근은 안에 있고 육근 위
에 얹혀서 육식이 있습니다. 육식과 육근은 안에 있고 육진은 밖에

있는데 이것이 대체 어떻게 된 것인가? 인도 사람들이 왜 고행을
하는가? 고행을 하는데 그 까닭이 있습니다. 바라문 계 사조에서는
우주를 어떻게 봤느냐하면 하늘에서 났다는 것은 예수교에서 나온
말이 아닙니다. 예수교 이전 부처님 나기 전부터 인도에서는 이미
그런 사상들이 있었습니다. 바라문 계에서는 브라흐마나라는 깨끗
한 물건이 있다고 합니다. 그 물건은 인생 뿐만 아니라 만물을 내는
근본입니다. 그것을 범천이라고도 합니다. 그것을 백산계라고 하기
도 합니다. 하얗게 우산으로 덮는 것 같다고 해서 백산계입니다. 서
양의 로크라는 사람이 있는데 그는 인생과 만물의 근본을 백지와
같다고 했습니다. 중국에서도 양주나 묵적도 그런 생각을 했습니
다. 깨끗한 것이 이 세상에 나와서 물이 든다고 합니다. 이 브라흐
마나에서 인연이란 소리도 나오는데 여러 가지 조건이 모여 그것이
미끄러져서 사람도 되고 돌도 되고 하늘도 되고 물도 되었다는 것
입니다. 부처님 사상도 여기에서 진일보한 사상입니다. 법은 한 가
지인데 그것이 갈라져서 만 가지가 됩니다. 인간도 되고 축생도 되
고 돌도 되고 물도 되고 천지만물이 여기서 미끄러져서 그렇게 됩
니다.(전변설轉變說) 저 법으로 근원 자리로 돌아가야 합니다.

　우리가 미끄러져서 욕심도 납니다. 그 애욕이 생기면서 나는 때
와 마찬가지입니다. 때는 놔두고 깨끗한 법만 생각하면 깨끗한 그
자리로 돌아갈 수 있습니다. 그것을 열반이라고 합니다. 이것은 일
원론으로 사람을 비롯해 만물의 근원자리가 하나로부터 나왔다는
것입니다. 그것을 전변설이라고 합니다. 그렇다면 수행은 어떻게

하느냐? 인간에 덮힌 것만 벗겨내면 법으로 돌아가듯이 만물이 전
변할 때 얹힌 것만 없애면 법으로 돌아간다고 합니다. 그것이 열반
입니다. 법이란 한 원인(因)에서 여러 가지로 전변된 것이 결과(果)
입니다. 수행하려면 잡다한 것이 섞인 것이므로 그것은 놔두고 법
으로만 돌아가면 된다고 해서 그래서 수정(修定)이며, 정을 닦는다
고 합니다. 바라문이 종파가 많지만 저 학설에서 변하지 않습니다.

이원론과 다원론, 적취설

　그 다음 일반 사상계는 찰제리 족에서 이런 사상이 나오게 됩니
다. '이 우주에 마음이란 것이 있을 것이다. 마음이 있고 물질이란
것이 있을 것이다.' 이것은 이원론이자 다원론입니다. 정신부분과
물질부분이 있습니다. 물질 부분도 네 가지(地水火風)로 나눕니다.
그렇다면 물질과 정신을 담는 것이 空이라고 해서 이것을 6대라고
합니다. 6대의 연기의 설이 있습니다. 만물과 인간을 만드는데는
근본 재료가 되는 원소가 있습니다. 원소가 서로 이합집산하여 만
물이 이루어졌다가 없어졌다 합니다. 물질과 정신의 요소가 여러
가지가 있는데 6대가 됩니다. 그 요소들이 이렇게 모이면 돌이 되
고 사람이 되고 새가 되는 것입니다. 이 학설을 가지고 여러 가지
요소가 모일 수 있게 합니다. 이것은 다원론입니다. 이것을 보고 적
취설(積聚說)이라고 합니다. 바라문에서는 물질방면은 놔두고 정신
방면만 복구하면 됩니다. 귀납설이자 수정주의입니다. 이것은 반
대로 정신은 놔두고 물질의 기운을 줄이면, 물질에서 나는 욕심을
줄이고 정신 부분을 놔두는 것입니다. 그것이 고행주의입니다. 고

행을 통해 나쁜 기운이나 물질을 없애는 것입니다. 삭히면 정신 부분으로 돌아가는데 말끔해져서 고통이 없어진다는 것입니다. 고행을 그래서 하는 것입니다. 쓸데없이 하는 것이 아닙니다. 부처님은 도솔천에서 났을 때부터 등각불이었기 때문에 우리처럼 애욕에 끌리지 않았습니다. 부처님은 유성출가를 해서 고행가들을 찾아갔습니다. 고행가들 뿐만 아니라 바라문 계통도 찾아갔습니다. 자꾸 정을 닦으라고 합니다. 그곳에서 6년을 고행합니다. 부처님은 수도를 한 것이 아닙니다. 그 사람의 잘못된 것을 고치기 위해 항복받기 위해 그대로 한 것입니다. 정을 닦으면 어디로 가느냐 묻습니다. 그러자 그것은 어디로 가는 것이 아니라 생각하는 것도 아니고 생각하지 않는 것도 아닌 곳에 간다고 합니다.(비상비비상천) 그래서 부처님은 나란 것이 남아 있습니까. 나란 것이 없어집니까하고 묻습니다. 그러자 선생이 대답을 못합니다. 나라는 것이 남았으면 그건 윤회에 속하는 것이고 해탈이 못되고 내가 없어지면 어떤 것이 나를 받습니까고 묻는다면 대답할 수 있습니까? 아마 대답이 나오지 않을 겁니다. 그래서 부처님이 고행을 하는 곳에 갔습니다. 그곳에서도 수 년을 고행하다가 고행을 하면 대관절 어떻게 되느냐고 물었습니다. 그러자 좋은 하늘에 가서 낙을 받는다고 합니다. 그러자 선생님 늘 하시던 소리가 악을 닦으면 악의 과를 받고 선의 과를 닦으면 선의 과를 받는다고 했는데 선생님의 말씀은 틀리셨습니다. 우리가 닦는 것은 고행인데 낙을 받는다는 것이 무슨 소리입니까? 그러자 대답을 못합니다. 그리고 부처님은 거기서 나와서 보리수 밑에서 견성을 했다는 것을 모두 다 아실 겁니다.

유불선

부처님이 견성을 해서 정신을 깨고보니 정견이 나오더라는 것입니다. 속을 비우지 않고서는 이 소리가 들어가지 않습니다. 내 몸뚱이 속에 내가 들었다고 생각하는 것이 아집이라고 합니다. 내 속에 이렇게 든 것처럼 만물에도 들었다고 생각하는 것이 법집이라고 합니다. 이 분필을 분석해보면 뭐가 나옵니까? 가루가 나옵니다. 밀가루랑 물과 반죽해서 만두도 만들고 수제비도 뜨고 국수도 만듭니다. 우리가 보면 국수란 것이 생기는 것처럼 보입니다. 나무로 책상을 만들면 나무 밖에서 책상이 나온 것인가요? 여기서 모두 생각을 못합니다. 이것을 미(迷)했다고 하는 겁니다. 어떤 사람이 나무에서 다듬어 새를 만들었다고 하면 새가 만들어진 것인가요? 생긴 것이 아닙니다. 법(法), 심(心), 도(道)가 똑같은 소리입니다.

공자나 노자도 전체 생명체를 도(道)라고 했습니다. 생명을 道라고 합니다. 道를 잠깐 동안이라도 벗어날 수 없다. 생명을 잠깐 동안이라도 벗어날 수 없다. 생명체니까 말입니다. 가히 여읠 수 있으면 도가 아니다. 이렇게 나옵니다. 거기서도 수행하는 방법이 나옵니다. 자고로 군자는(대인, 보살) 그 보이지 않는 바에 삼간다고 합니다. 보이지 않는 때 그 때가 바탕, 마음입니다. 들리지 않을 때 주의한다는 것입니다. 현(現)과 현(顯)의 차이를 봅시다. 現은 숨어 있던 것을 나타내는 것입니다. 顯은 보이긴 보이는데 아주 작은 것을 보이게 하는 것입니다. 현미경입니다. 미(微)보다 더 드러나는 것이 없고 은(隱)보다 드러나는 것이 없습니다. 그것이 우리 생명체입니다. 그러므로 군자는 독대(객관과 주관이 갈라지기 전)에 조심

합니다. 우리는 객관과 주관이 갈라진 다음에 객관을 따라가는 것이 문제입니다. 주관이 객관을 거두어서 한 덩어리로 만드는 것을 일념(一念), 일심(一心) 한 생각이라고 합니다.

법성

다들 참선은 하지만 학설로써는 이것이 왜 그런가합니다. 생명체는 눈에 보이는 것이 아닙니다. 견성의 성품은 눈에 보이지 않습니다. 견성의 견은 볼 견이 아니라 비춘다는 뜻입니다. 성품을 비춘다는 말입니다. 이것을 알면 무문관은 혼자서 봐도 다 압니다. 반야심경에 '조견오온개공'이 나옵니다. 오온이 모두 공하다는데 공한지 어떻게 압니까. 여러분 몸이 오온입니다. 공하다는 것을 모르고 내 몸 속에 들었다고 생각합니다. 비치는 줄 모릅니다. 비어있는 줄 모르고 있는 것으로 생각합니다. 오온이 있다고 생각하는 여러분들에게 부처님의 오온개공이란 소리가 들어갈 수가 없습니다. 여러분들 마음에 나라고 하는 집착을 하고 있기 때문에 부처님의 소리도 안 들어갑니다. 한국의 많은 선사들이나 강사들은 내 안의 것이 부처라고 합니다. 우리 오온 속의 육단심, 분별심 견실심은 말하지 않고 연려심과 직기심을 가지고 부처라고 합니다. 이것이 참 문제입니다. 法을 깨우치면 부처가 됩니다. 여러 가지 생명의 바탕 자리입니다. 우주에 우리의 눈에 보이지 않지만 생명체가 하나 있습니다. 여러 개가 아닙니다. 그것을 생명체로 볼 때는 법성이라고 하고 모양으로 보면 법상이라고 하지 않고 법계라고 합니다. 우리가 하나씩 가지고 있는 것이 아닙니다. 우리는 하나의 법성 속에서 연을 만나 몸뚱이를 받아 오온을 성취한 것입니다. 그 생명이 여러분들에게 들어갈 적에 법성이 여러분 몸만큼 잘라져 들어간 것이 아닙니다. 그러나 여러분들은 따로 있다고 하니 그것은 깨닫지 못한 이야기입니다. 이 法 자는 일심이라고 합니다. 대승기신론에서는 워낙 답답해서 그런지 '대총산법문체'라고 합니다. 하나의 개인의 소유가 아니고 일체 만물의 공동소유이기 때문에 대총산이라고 합니다. 법은 일체만물 공동 소유기 때문에 한 사람이 사사로이 소유할 수 없는 자리입니다. 불각은 깨닫지 못한 상태입니다. '소언법자(所言法者)'법은 중생심이라고 합니다. 여러 가지 생명의 원동력 바탕자리란 소리입니다. 중다(衆多)는 생명의 중심자리란 말입니다. 이것을 깨면 부처가 된다는 것입니다. 깨면 생명자리입니다. 그것을 인도말로 아뇩다라삼먁삼보리라고 합니다. 열반이라고도 합니다. '소언불각자 불여실지진여법일(所言不覺者 不 如實知眞如法一)' 우리는 못 깨우쳤기 때문에 내 몸 속에 생명이 하나 들었다고 생각합니다. 깨지 못한 집착입니다. 법을 진여(眞如)라고도 합니다. 법이 하나인줄 모르는 것을 불각이라고 합니다. 깨보면 생명체가 하나라는 것입니다. 깨지 못해도 생명체는 하나로 있습니다. 우리는 혼연히 생각하기를 내 몸 속에 따로 하나 들어와있다고 생각하니까 망상으로 깨지 못한 생각입니다. 우리들이 그렇게 생각한다고 해서 네 물건이니 내 물건이니 할 수 없고 천 조각 만 조각이 될 수 없습니다. 하나입니다. 두 눈을 가지고 태양을 봅시다. 눈은 둘이지만 태양을 둘로 보지는 않지요? 하나로 보입니다. 두 눈으로 봐도 태양이 눈으로 따로 쪼개져서 들어가지는 않습니다. 하나이면서 연(緣)을 따

라 여러분도 되고 돌도 되고 나무도 되고 부처도 되고 중생도 됩니
다. 여러 가지가 됩니다. 나중에 가면 하나라고 하면 안됩니다. 하
나도 아니고 있는 것도 아닌 것입니다. 방정식을 보면 x를 정해놓
고 푸는 것처럼 일단 이해가 잘 안되니까 우선 하나라고 해놓고 설
명하는 것입니다. 우선 교리에서는 이렇게 이야기합니다. 하나인줄
모르니까 원 모양을 그립니다. 다른 말로 대천세계라고 해도 괜찮
습니다. 불각 깨닫지 못했다는 것은 진여가 하나임을 깨닫지 못한
것입니다. 깨지 못한 이유를 보면 전체가 보이지 않기 때문입니다.
어떤 사람은 이 정도가 보이고 어떤 사람은 저 정도가 보입니다. 모
두 다릅니다. 하나의 물건을 보고도 다르게 보입니다. 물건이 전부
가 안 보이는 그 생각을 식이라고 합니다. 꿈 같다고 해서 몽식이라
고 하면 되겠습니다. 하나로 보이는 그 생각을 아뇩다라삼먁삼보리
라고 합니다. 부처님은 생명체가 하나로 보입니다. 그것을 동체대
비라고 하는데 그렇게 되면 벌레 몸도 자기 몸처럼 사랑하게 됩니
다. 우리는 그렇게 안됩니다. 내 몫 재놓고 생각하는 것입니다. 하
나인줄 깨닫지 못하기 때문에 그런 것이 나온다는 것입니다. 내가
있고 남이 있는 것입니다. 자타가 있는 것입니다. 이 진여란 것이
다음과 같습니다. '차진여체 불가견 일체법실개진고 역불가립 일체
법개동여고(此眞如體 不可遣 一切法悉皆眞故 亦不可立 一切法皆同
如故)' '차진여체 불가견(此眞如體 不可遣)' 만물에서 떼어낼 수 없
으니 전부 유형, 무형으로 가득 차 있습니다. 진여 아닌 것이 없습
니다. 그렇다고 진여를 하나로 독립시킬 수도 없으니 일체법이 다
여읜 까닭이라고 진여를 설명합니다. 이 세상에 유형, 무형이 진여

아닌 것이 없습니다. 진여는 모든 것이 가득차 있습니다. 그래서 조
사들은 어디를 건드려도 터져 나옵니다. 눈으로나 코로도 그 기운
이 나옵니다. 그런데 나오는 것도 모릅니다. 하나인 것을 모르기 때
문에 깨진 뚝배기에 흘러나오는 것입니다. 깨닫지 못하는 것이 탐
진치 불각입니다. 이렇게 크게 우주 만물을 싸고 있는 생명체가 전
부 자기 생명입니다. 여러분 이 원이 평면으로 보이지요? 칠판에서
평면으로 밖에 안 보일것입니다. 만약 이것을 지구로 본다면 이것
과 다릅니다. 입체라면 어디를 잡던 중심이 될 것이 아닙니까. 그래
서 내가 중심이라고 생각하는 것입니다. 깨닫지 못하면 그런 생각
이 드는 것입니다. 누가 안 시켜도 그렇게 됩니다. 이것을 깨달아야
되는데 깨닫지 못하면 자기를 중심으로 살게 됩니다. 극(極)이 따로
없이 짚는 곳이 중심이 됩니다. 사실 남극이니 북극이니 정해서 그
렇지 어디를 짚던 극 아닌 곳이 없습니다. 이 진여도 해석을 잘 해
놓은 것입니다. 전부 진여이기 때문에 만물에서 떼어놓을 수 없습
니다. ‘역불가립 亦不可立’이것을 따로 독립시킬 수 없습니다. 이
책상에서나 나에게서나 진여를 떼어놓을 수 없는 것입니다. 이 전
체가 진여인줄 모르고 사용을 못합니다. 깨닫지 못했기 때문입니
다. ‘차진여체 불가견 일체법실개진고 역불가립 일체법개동여고(此
眞如體 不可遣 一切法悉皆眞故 亦不可立 一切法皆同如故)’그럼 여
기서 사람이라는 것을 이야기하겠습니다. 진여는 하나이고 생명체
는 하나입니다. 내가 여러 곳에서 강의를 해봤지만 그것을 알아듣
는지 모르겠습니다. 법화경을 보면 하나라는 말이 분명히 나와있습
니다. 다시 돌아가서 불각(不覺)을 하면 어두워집니다. 정각을 하

면 아뇩다라삼먁삼보리를 하면 밝은 지혜가 환하게 나와서 이 우주가 하나로 보입니다. 하지만 우리는 그것을 꿈 가운데서 봅니다. 다 안 보입니다. 깨지 못하면 밝은 기운이 도망을 가버립니다. 그것을 한자로 밝음이 없어졌다고해서 무명(無明)이라고 합니다. '소언무명자 부달일법계고 심불상응 홀연념기 명위무명(所言無明者 不達 一法界故 心不相應 忽然念起 名爲無明)' 무명이라고 하는 것은 밝음이 없는 속에서 꿈꾸는 것처럼 밖의 것을 보는 것입니다. 일법계에 달하지 못했다는 것은 진여를 한 개인지 모르는 것입니다. 마음을 쓰는 것이 상응이 되지 않습니다. 전체의 기운이 안 나오고 뭐가 막혀서 줄어서 나옵니다. 마음이 진여자리와 상응이 안됩니다. 그래서 홀연히 생각나는 것 그것을 무명이라고 합니다. 우리는 무명을 가지고 생각을 합니다. 일법계와 어긋나는 뜻이 어디서 나옵니까? 우리는 허망하게 살기 때문에 뜻이 어디서 나오는지 알지 못하고 삽니다. 공자 당시에는 뱃속 심장에서 나온다고 했습니다. 요즘 대학에서는 뇌속에서 생각이 나온다고 합니다. 두 소리 모두 물질속에서 생각이 나온다는 것입니다. 물질 속에서 생각이 나온다는 것은 천년 묵은 보리수에서 매화가 나온다는 것과 비슷한 말입니다. 우리 생각은 물질에서 나오는 것이 아닙니다. 물질에서 나온다는 것을 유물론이라고 그러는데 철학이나 종교는 유물론이 아닙니다. 뭔가 모르는 생명체가 있는데 그 생명체가 움직이는 바람에 환각 또는 공간이 생기고 환각 또는 시간이 생깁니다. 생명체는 죽은 것이 아니기 때문에 움직입니다. 움직이는 파동 빛깔로 시공이 생깁니다. 일법계에 사무치지 못한 생각, 뜻은 어두운 것을 낀 생각이

지 아눅다라삼먁삼보리처럼 환하게 삼세, 시방세계를 비추지 못합니다. 환하게 보여야 되는게 그것이 안됩니다. 태평양 한 가운데 물방울처럼 줄어진 생각이 나옵니다. 그것이 무명입니다. 아눅다라삼먁삼보리면 법계가 하나로 보이는데 과거, 현재도 없어져버립니다.

어리석음, 치(痴)

부처님이 해인삼매 속에서 화엄경을 설했다고 합니다. 무명이 되면 하나로 안보이는데 하나로 안 보이는 생각 줄어서 보이는 생각 그것을 식이라고 합니다. 부처님의 깨달은 생각을 지혜라고 한다면 이것은 식입니다. 식은 줄어든 것입니다. 식은 다른 말로 어리석을 치라고 씁니다. 기독교에서는 하느님이 준 생명을 모르는 것을 원죄라고 합니다. 원죄를 가졌으니까 에덴 동산에서 아담이 유혹에 이끌려 선악과를 따먹어야 뭐가 되는줄 알고 부끄러움이 없어지는 줄 압니다. 뭔가 나쁜 기운이 끼여 하나로 안 보입니다. 하나로 안 보이는 것이 곡식의 씨앗이 되고 동물의 알이나 태아가 되는 것입니다. 씨앗이나 나무나 눈에서 싹이 나옵니다. 그것이 식입니다. 큰 것을 전부를 망각하고 자기의 몸을 자기 생명으로 생각합니다. 사람은 전체를 모르고 자기 생명이라고 생각하는 것을 치라고 하는데 거기서 행동이 나올 때 탐이 나옵니다. 뭘 보태야 잘 되는 줄 압니다. 탐하다가 고를 냅니다. 마음에서 탐진치가 생기고 몸으로 가면 시각, 미각 등이 생깁니다. 깨지 못하면 생깁니다.

18계 – 육근, 육진, 육식

식은 전체를 잊고 곡식 씨의 눈이 된 것입니다. 여러분은 아뢰야 식이 있습니다. 아뢰야식 그것이 자기 생명 전체인줄 압니다. 콩을 물에 불면 따개지듯이 안으로는 육근이 되고 밖으로는 육진이 됩니다. 그 가운데 있는 것을 식이라고 합니다. 이것은 한계가 있습니다. 눈이 아무리 밝아도 한계가 있습니다. 눈에 대해 막히는 생각이 색(色)입니다. 귀 하나 듣는데도 들리는 것과 들리지 않는 것과 눈 하나가 보는데도 보이는 것과 보이지 않는 것이 생겨버립니다. 거기서 근과 심이 식으로 싹틉니다. 거기서 싹이 나온 것이 6가지 식과 6가지 의와 6가지 심으로 18가지 테두리가 하나 생겨버립니다. 그 테두리가 수만 가지가 생깁니다. 겨울에 찬 기운이 들어가면 눈이 오는데 수많은 눈을 보면 모두 육각입니다. 우리는 모르는 생각 하나가 식이 되어서 하나의 생명 속에서 칸막이가 생기는 것입니다. 색안경을 쓰고보니 전체가 안 보이는 것입니다. 어떻게 하든 18계를 터트려버려야 합니다. 누에를 보면 네 잠을 자면 속이 투명체가 됩니다. 그 속에 들었을 때는 액체입니다. 그런데 이 놈이 밖으로 내놓으면 실이 됩니다. 거미를 보면 똥구멍 옆에 조그마한 구멍이 있습니다. 거기서 나온 것이 거미줄입니다. 즉 자기 속에서 나오는 것이 굳어져서 실이 되는데 그게 진짜 실인줄 아는 것입니다. 사람이 꿈을 꾸면 허깨비가 있는 것처럼 보입니다. 꿈 깨기 전에는 실이 있는 것으로 보입니다. 인간도 깨지못하여 인간의 꿈을 꾸면 인간의 눈과 귀 등 육근과 육진이 실재하는 것으로 보입니다. 부처님이 깨서 40년동안 설명한 것은 전부 18계 속에서 이야기한 것입니다. 41년째 법화경을 설한 것이 그 때 18계가 전부 헛되고 공한 것이다고 합니다. 식도 없고 육근, 육진이 공한 것이다. 법화경을 보면 부처님 미간의 흰 털의 빛이 동방 만팔천을 비추었다고 하는데 만팔천이라는 숫자가 3x6=18 18계를 의미합니다. 그것이 무너지니까 이쪽저쪽도 한 가지로 보이고, 과거와 미래가 한꺼번에 됩니다. 어떤 사람은 참선하는 사람도 있고 경을 읽는 사람도 있고 염불도 하는데 과거와 미래가 한번에 보이는 것입니다. 시공이 없어지면 그렇게 될 것 아닙니까. 그런데 내 몸 밖의 식이 따로 있는 줄 압니다. 인연에도 좋은 것도 있고 나쁜 것도 있으니까 법이 있는 줄 압니다. 법이 공한줄 모르고 있는 줄 아는 것입니다. 우리 범부들은 18계가 고정한 것으로 보기 때문에 하나의 세계로 보지 않는 것입니다. 우리가 무문관을 하려면 화두를 들든 뭘 하던지 간에 식을 타파해버리면 육근과 육진이 없어져버립니다. 없어지면 하나로 보입니다. '단일심망념불생 득근진탕연 성자불생 무득무정 변위정각(但一心妄念不生 得根塵蕩然 性自不生 無得無情 便爲正覺)' 다만 일심망념(식)이 나지 않으면 육근과 육진이 탕연히 녹아 하나로 된다는 말입니다. 이것을 하려는 것입니다. 무문관 설명하는 사람이나 선문의 모든 조사들은 근진이 탕연한 사람들입니다. 꿈에서 깬 것입니다. 꿈을 깨지 못한 우리들에게 쉽게 납득될 수 없을 것입니다. 우리들은 육근, 육진이 불성인줄 알고 태연하게 육근, 육진, 망심을 받아들이니까 부처님의 깬 학설이 들어갈 수 없는 것입니다. 그래서 성품이 스스로 나지 않습니다. 거품 안 나는 물결입니다. 무득무정은 능소가 없어진다는 말입니다. 그래서 문득 정각이 일어난

다는 말입니다. 신찬이 대중사에서 중노릇을 하다가 하루는 어디가
고 없습니다. 몇 달 지나서 돌아왔습니다. 스승 스님은 야단을 치
면 또 나갈 것 같으니까 가만히 놔뒀습니다. 하루는 벌이 들어왔다
가 나가지 못하고 계속 창호지에 부딪히고 있었습니다. 그러자 신
찬은 "저쪽 문은 훤하게 보이는데 나가지 못하고 창에 부딪히는 것
이 어리석도다! 어쩔 수 없구나."고 합니다. 스승이 소리를 들으니
좀 다른 것 같았습니다. 그래서 어디를 갔다왔는지 묻습니다. 그러
자 "백장스님께 배운게 있습니다."고 말합니다. 그러자 종을 치고
사람들을 모아서 어린 신찬이 법을 설합니다. "신령스러운 광명이
홀로 드러나서 멀리 육근, 육진을 벗어났다. 진성자리가 물듬이 없
어서 본래 뚜렷하니 망연을 여의면 부처다."고 합니다. 근진을 벗
어나는 것이 문제입니다. 이것을 하려면 화두를 잡아서 짓기를 한
바탕 해야합니다. 우리는 깨닫지 못하면 전체를 보는 힘이 없어져
서 줄어든 생각이 나옵니다. 그것을 무명이라고 합니다. 식입니다.
그래서 밖에는 육진이 생기고 안으로는 육근이 생깁니다. 공한 몸
을 자기 생명이라고 해서 아집이 생깁니다. 아집이 한번 집착하면
못 벗어납니다. 아집은 아침에 집착하면 저녁까지 흘러가고 저녁에
잠을 자면 이어지고 잠을 깨서도 이어집니다. 잠을 자나 깨나 계속
됩니다. 몸이 있으나 없어져도 계속됩니다. 한번 아뢰야식이 생기
면 몸이 일백번 고쳐죽어도 그 식이 있습니다. 이것을 깨트려야 합
니다. 누에고치를 보면 껍데기 밖의 것을 모릅니다. 부처님은 누에
고치 밖의 넓은 천지가 있는 것을 아는데 우리는 오온에 갇혀 오온
안이 세계인줄 압니다. 이것을 터트리기 위해 달마가 동으로 왔고

모든 조사들이 애써서 법문을 했던 것입니다. 누에가 번데기가 되고 나비가 됩니다. 자기가 자기 껍데기를 뚫고 나옵니다. 그래서 나비가 한번 되어봤으면 좋겠습니다.

조사와 범부

오늘 이야기의 대의가 우리는 깨닫지 못해서 육근, 육진 속에 사는 것입니다. 조사들은 그것을 깨트려주는 사람들입니다. 조사들이 하는 것이 총을 가지고 사람 구하는 것과 비슷합니다. 그래서 조사들이 하는 이야기가 꺼끄럽고 매치는 이야기가 많습니다. 범부들이 보면 그렇지만 부처님의 입장에서 보면 딱 들어맞는다는 겁니다. 모순이 없습니다. 오백나한 아라한들도 밖의 세계가 따로 있는 줄 압니다. 이 사람들도 법에 어리석은 사람들입니다. 우리 육진이 실물로 있는 줄 압니다. 내 몸 밖에 천지삼라만상의 사실세계가 있는 줄 압니다. 업은 행동입니다. 지옥이나 천당도 있는 줄 압니다. 좋은 것과 나쁜 것이 실물로 있는 줄 압니다. 어떻게 하면 지옥이나 천당이 오는가 하면 업입니다. 착한 행동을 하면 천당이 내게 가까이 오고 나쁜 짓을 하면 지옥이 내게 가까이 옵니다. 업으로 초인한다고 그랬습니다. 초인이란 초대해서 이끈다는 말입니다. 그것이 업감연기입니다. 그런데 대승교에 들어오면 그렇지 않습니다. 소승에서는 자타가 분명합니다. 법이 있는줄 압니다. 대승시교에 반야경 육백구가 공하다고 합니다. 대승시교에 삼시교가 있는데 유가유식이라고 합니다. 실물이 어느 정도 업으로 있다고 하는 것입니다. 대승시교, 대승종교 두 가지가 있습니다.

삼신 - 법신, 보신, 화신

법을 깨면 법이 공한줄 압니다. 법신자리는 진실하지만 법신을 수행하여 얻었다는 부처님의 보신과 화신은 인연으로 된 것이라고 합니다. 보신과 화신은 진짜가 아니라 수행을 해서 만들어진 것입니다. 그럼 어떤 것이 진실하냐? 천강에 달이 비친다는 것은 인연에 의한 것입니다. 법신, 진여자리는 우주 전체에 퍼져 있습니다. 그런데 그것을 닦아야 한다는 이야기가 나옵니다. 법이 공한지 깨달아서 보신을 성취하면 비유하자면 거울에 먼지를 닦는 것입니다. 거울에 먼지를 어떻게 닦아내야합니까. 육도만행으로 닦아냅니다. 먼지를 닦는 것은 닦은 것 만큼 벗겨집니다. 거울 본모양대로 드러난 것 그것이 보신입니다. 육도만행으로 수행한 과보로 얻었기 때문에 보신이라고 합니다. 법신은 이치라면 보신은 지혜의 몸뚱이입니다. 법신자리는 열반이라고 하면 보신은 지가 됩니다. 증(證)을 다른 말로 해석하면 이지명합(理智冥合)입니다. 우리는 안으로 육근과 육식이 있어서 밖의 육진을 인식합니다. 안에 있는 육근이 밖에 있는 육진을 섭해서 안에 있는 마음이 밖에 육진을 따라가지 않는 것을 證이라고 합니다. 정혜(定慧)라는 것이 '육근섭경 심불수연(六根攝境 心不隨緣)'입니다. 안에 있는 육근이 밖에 있는 육진을 거두어 하나가 됩니다. 안에 있는 육근이 밖에 있는 것을 따라가지 않는 것이 定입니다. 근과 경이 한 덩어리가 되는 것입니다. 내가 남을 따라가던지 남이 따라오던지 하나가 되어야 합니다. 혜(慧)는 '심경구공 조감무혹(心境俱空 照鑑無惑)'입니다. 안의 마음과 밖의 경계가 한꺼번에 통해서 밖의 것이 오는대로 비칩니다. 사실대로 비치는 것을 慧라고 합니다. 거울에 묻은 것을 다 닦아내서 본 거울을 찾았다면 그대로 비칩니다. 새가 오면 새가 비치고 사람이 오면 사람이 비칩니다. 그것이 보신입니다. 조감(照鑑)한 것을 대각화신이라고 합니다. '월마은하전성원 소면서광조대천 연비산산공착영 고륜본불낙청천(月磨銀河轉成圓 素面敍光照大千 連臂山山空捉影 孤輪本不落靑天)' 이런 게송이 있습니다. 달이 은하를 갈아서 온전히 둥근 것을 이루었습니다. 초승달이 보름달이 되어 동그랗게 되는 것을 말합니다. 보신이 성취됨을 말합니다. 밝은 흰 빛이 대천 세계 어느 구석까지도 안 비친 곳이 없이 어디든 다 비칩니다. 보신을 성취한 것입니다. 보신을 성취한 법신은 둘이 없는 자리인데 육근이 따로 있고 육진이 따로 있는줄 압니다. 오백나한들은 그것을 모르더라 이 말입니다.

500나한

옛날 산속에 원숭이가 500마리가 살았습니다. 한날은 강가에서 보니까 둥그런 달이 비쳤습니다. 그것을 보고 원숭이들이 의논합니다. 저기 좋은 달이 있으니까 부처님께 공양을 올리자고 합니다. 달을 따기 위해 한 마리가 강과 가깝게 늘어진 나뭇가지를 잡습니다. 그 아래로 원숭이들이 꼬리를 잡고 매달립니다. 500마리가 다 매달리자 갑자기 맨 위의 녀석이 가지를 놓쳐버리자 달도 못따고 모두 빠져죽고 맙니다. 저 밖의 달이 나의 영혼인줄 생명인줄 모르고 내 몸 밖에 있는줄 알았던 것입니다. 그것이 나한들입니다. 부처님이 따로 있는줄 알기 때문에 부처님께 공양을 올리려 했던 것입니다. 자기가 부처인줄 몰랐던 것입니다. 비록 모두 물에 빠졌지만 그 생각이 좋았기 때문에 죽어서 500 나한이 되었습니다. 내 몸밖에 부처가 있고 광명이 있는줄 아는 것입니다. 나를 내놓고 부처가 없습니다. 달마종에서는 나를 떼어놓고 부처가 없다고 합니다. 내가 석가모니고 미륵불인 것입니다. 진여자리는 어느 구석에도 다 사무쳐 있습니다. 그래서 달마종에서는 코나 입으로 나오는 것이 부처다라는 것을 말하기 위해 코를 찌른다던지 방망이로 때리거나 하는 겁니다. '연비산산공착영(連臂山山空捉影)'는 원숭이(중국에서 山山을 원숭이라고 합니다.)들이 팔을 이어 공연히 그림자 달을 따려고 하는 것을 말합니다. 고륜본불낙청천(孤輪本不落靑天) 저 중천의 고륜은 본래 청천에서 떨어져서 물 속에서 들어가는 것이 아니다.

정견(正見)

正見을 쉽게 말해보겠습니다. 부처님이 성불한 후 우리에게 교화를 베풀기 위해 팔정도를 세웠습니다. 견해가 바르지 못하면 백가지를 배워도 부처님의 정견을 배워도 삿된 견해로 갑니다. 예를 들면 목욕물을 끓일 때 끓인 물이 많으면 찬물을 부어도 뜨거운 물입니다. 하지만 찬물통에 뜨거운 물 한 바가지를 넣으면 전부 찬물이 됩니다. 그래서 삿된 사람이 정법을 설하면 정법이 다 사그러지고 바른 사람이 사법을 설하면 사법이 전부 정법이 됩니다. 그렇기 때문에 견해가 바로 서야 합니다. 바른 생활을 정명(正命)이라고 합니다. 반대로 삿된 생활, 인신매매, 도박 등 범죄를 저지르며 사는 것을 사명(邪命)이라고 합니다. 우리는 바른 생각을 하고 바른 생활을 해야 합니다. 그래서 정명(正命)을 하려면 정사(正思)를 해야 합니다. 그리고 정어(正語)를 해야 하고 정업(正業, 몸으로 하는 것)을 해야 합니다. 그런데 출가한 사람은 정정(正定)을 닦습니다. 불제자 가운데도 세속 생활을 하는 사람이 있고 출가한 생활을 하는 사람이 있습니다. 正思, 正語, 正業, 正定을 합쳐서 정정진(正精進)을 해야 합니다. 正精進을 하다보면 正念이 나옵니다. 이것이 팔정도입니다. 하루종일 정념(正念)이 계속 되는 사람 있습니까? 평생동안 正念을 해야합니다. 정념(正念)을 정해탈(正解脫)이라고도 합니다. 삼국유사를 보면 처참한 이야기가 하나 있습니다. 의상스님 제자 진정(眞定)의 이야기인데 신라 때 경주에 아주 가난한 사람이 있었습니다. 그 사람은 어머니를 모시고 군부에서 근무합니다. 거기서 일하면서도 나와서 품팔이를 합니다. 그 집 재산이 다리 부러진 솥 하나 밖에 없었습니다. 어느 날 그 집에 스님이 와서 시주를 해달라고 하자 그 어머니가 복을 짓는줄 알고 솥을 시주해버립니다. 아들이 돌아오고 차마 이야기 못하고 머뭇거리니까 아들이 무슨 할말이 있느냐고 묻습니다. 그래서 그 이야기를 합니다. 그런데 아들은 그걸 듣고 괜찮다며 옹기그릇에 밥을 해먹으면 된다고 합니다. 그런데 태백산 밑의 부석사에서 의상 스님이 3,000명 대중을 거느리고 화엄경을 설합니다. 아들은 거기를 가고 싶은데 어머니가 있으니 갈 수가 없습니다. 아들은 의상스님에게 출가하고 싶다는 뜻을 어머니에게 말합니다. 그러자 어머니는 바로 자기는 걱정하지 말고 가서 출가하라고 합니다. '호기구어사방(糊其口於四方)' 사방에 입을 풀칠하며 다니면 된다고 합니다. 그리고 곧바로 밥 한 솥을 짓고 말합니다. "이건 지금 먹고 남은 것은 가는 길에 먹도록 하거라." 그래서 아들은 떠나 의상스님 밑에서 중이 되었습니다. 공부하다 3년 만에 어머니 부고가 왔습니다. 아들은 그 소식을 듣고 7일을 묵도하더니 의상 스님에게 자초지종을 이야기 합니다. 그리고 "스님께서 부디 저희 어머니를 천도해주셨으면 좋겠습니다."하니까 의상스님이 3,000제자를 추동이란 곳에 데려가서 100일 동안 화엄경을 설했습니다. 그것이 추동게입니다. 그 100일 기도를 마치니까 그날 꿈에 어머니가 꿈에 나타나서 '네 덕에 천상으로 간다.'고 하고 사라졌답니다. 그러니 중노릇을 잘하면 어머니는 극락에 갑니다.

무문관 강설 제2

[관응강설]
연기, 부처, 마음, 공자, 능소, 생명체, 진여

전변과 적취 - 시간인과와 공간인과

어제는 첫 시간이라 말을 많이 했습니다. 지난 시간에는 불교 이
전 학문을 이야기했는데 바라문 계통의 학설이 여간 복잡한 것이
아닙니다. 바라문 계통의 사상을 보면 사람 중심에서 논하는 것
이 있고(육사외도六師外道) 학설을 중심해서 논하는 것이 있습니
다.(육십이견六十二見) 62사견(邪見)이라고도 하는데 사(邪)를 넣
기도 안 넣기도 합니다. 邪는 正見이 아님을 의미하며 부처님의 학
설과 다릅니다. 어제는 正見을 하기 위해 여러 가지 이야기를 한 것
입니다. 부처님 사상에 들어가면 성문, 연각까지도 정견으로 치지
않습니다. 잘 알아야 합니다. 우리가 참선을 하고 공부를 해서 해탈
을 하려면 정견을 가지고 공부해야 쉽습니다. 정견을 위해 화두 드
는 방법을 이야기하는데 화두에 들기 까지 이야기를 더 들어야 합
니다. 바라문 계통 사상은 전변계 학설입니다. 이들은 부처님의

입장에서 보면 모두 사견인데 왜 사견으로 보는지 알아야 합니다. 브라흐마란 깨끗한 우주 전체의 바탕입니다. 그것이 미끄러져 전변하여 사람도 되고 만물이 되어 욕심이 생기고 잘못이 생깁니다. 범(브라흐마) 속에 나쁜 기운이 들면 전변하여 나쁜 것이 되지만 범 속에 나쁜 것이 없으면 전변해도 나쁜 것이 나오지 않습니다. 여기서 시간적 인과관계를 봅니다. 시간적 연기론이라고도 합니다. 용수의 중론에는 이렇게 썼습니다. "이것이 나오기 때문에 저것이 나온다.(차생고피생此生故彼生)"고 합니다. 시간관계가 됩니다. 전변설 다음에 적취설이 나옵니다. 물질과 정신이 나뉘어 요소가 합하여 생겼다 없어졌다 하는 것이 공간적 인과관계로 봅니다. "이것이 있기 때문에 저것이 있다.(차유고피유此有故彼有)"고 합니다. 연관관계를 공간적으로 뻗쳐놓습니다. 여러분들은 일반적으로 시간적으로 인과관계를 말하지 공간적 인과관계를 말하지 못합니다. 이것은 대학에서 선생 노릇하는 사람도 잘 모릅니다. 범에서 시간적으로 전변해도 번뇌망상이 생기고 욕심이 생기는데 바라문 계통에서는 번뇌망상을 인정합니다. 인정을 하기 때문에 안 끊깁니다. 그래서 정견이 아닙니다. 전변이 되어서 욕심이 생겼다면 그 때문에 내가 생기고 내가 있어서 욕심을 내게 됩니다. 수정주의에서는 정을 닦지만 나를 가지고 닦습니다. 달마종은 그런 것이 아닙니다. 그러면 범에 돌아갈 수 없습니다. 나를 끼고 하기 때문에. 그걸 장미대오(將迷待悟)라고 합니다. 가만 앉아서 깨닫기를 기다리는 것입니다. 아무리 해도 안됩니다. 정견이 못 됩니다. 참선을 해도 알고서 해야 합니다. 번뇌를 인정하면 안됩니다. 유가의 학설도 그런 것이 있습니다. 유가에서는 중도(中道)를 이야기합니다. 속세를 따지면 中하나로 다 풀립니다. 공자 당시 자막(子莫)이란 이가 있었습니다. 中을 잡으니 中이 안됩니다. 집착하면 안 됩니다. 나란 집착을 가지고 닦으면 아무 것도 안되는 것입니다. 그렇게 장미대오하면 아무리 끊으려해도 안되고 번뇌가 어디로 오는지도 모르고 여기에 문제가 있습니다. 그래서 전변설에서는 시간적 인과관계 연기론를 논하는데 거기서는 나를 인정합니다. 번뇌가 있다고 인정하기 때문에 정견이 못됩니다. 그 다음 적취설에 가서 다원론이기 때문에 물질과 정신이 두 쪽이 났기 때문에 안 됩니다.

부처와 성불

불교는 생명체를 하나로 보고 하나인 동시에 작용인 업을 따라가서 만물이 되는데 그것이 하나의 법칙으로 나눠진 것이 아니라고 합니다. 하나로 그대로 있습니다. 깨닫지 못했을 뿐이지 몸이 갈라졌다고 해서 법성이 변해서 달라진 것은 아닙니다. 그대로 있었던 것을 몰랐던 것뿐입니다. 하나의 모습만 알면 그대로 앉아서 부처가 됩니다. 벌레는 벌레 몸으로 성불하고 사람은 사람 몸으로 성불하게 됩니다. 생멸이 다 없어지면 그대로 성불입니다. 이 이야기가 달마종입니다. 부처님 가르침이나 달마 가르침은 번뇌를 인정하지 않습니다. '너희들이 몰랐다.'는 것입니다. 모르는 것은 까닭이 있는 것은 아닙니다. 흡사 그림자가 사람 같습니다. 사진을 찍어보면 사람 같지만 사진 속에는 피나 뼈가 들지 않았습니다. 번뇌망상은 뼈가 없는 것입니다. 본래 혼도 없고 뼈가 없는 것입니다. 일법계를

사무쳐 통달하지 못했기 때문에 어긋나는 생각일 뿐이지 법성자리
가 사람으로 바뀌어 나온 것이 아닙니다. 몰랐다 뿐이지 알면 그만
입니다. 바뀌어지는 것은 아닙니다. 업을 따라 사람도 되고 짐승도
되고 만 가지가 됩니다. 작용입니다. 업을 따라서 변했다고 해서 법
성이 변하는 것은 아닙니다. 그대로 있는데 눈을 감아서 환한 세계
를 못 보는 것입니다. 우리가 법성자리 하나 속에서 벌레 세계도 있
고 사람 세계도 있고 식물 세계도 있습니다. 업의 전시장입니다. 그
래서 견성한 사람은 업을 보지 않습니다. 본성, 성품을 보지 상을
따라 나가지 않습니다. 눈으로 보는 것은 상이고 귀로 듣는 것은 이
름입니다. 잘 보는 사람은 면상에 팔리지 않습니다. 잘 못보는 사람
은 언덕이 있고 내가 있고 산이 있지만 잘 보는 사람은 흙덩어리 하
나로 봅니다. 본성을 봐야 합니다. 본성을 보지 못하면 높은 것도
있고 낮은 것도 있고 너도 있고 나도 있고 안으로는 육근도 생기고
밖으로는 육진이 생깁니다. 그래서 공부하는 사람은 깨닫지 못하기
때문에 근과 식이 생기는데 그것을 없애기 힘드는데 그것을 없애
는 방법은 화두드는 것입니다. 업의 전시장(업상)이 전상되어 안으
로 보는 성질 주관이 생기고 밖으로 현상이 되어서 삼신이라고 합
니다. 근경식 세 가지는 선후가 없습니다. 한꺼번에 생깁니다. 앞
뒤도 없습니다. 우리는 주관과 객관이 있습니다. 주관을 따라 객관
을 따라갑니다. 거기서 고가 생깁니다. 눈으로 색을 받아들이고 귀
로 소리를 받아들일 때 고가 생깁니다. 받아들이는 것이 고입니다.
이것이 없어야 합니다. 우리는 안으로 근이 있고 밖으로 경이 있고
그 속에서 식이 생깁니다. 식이 관여하는 바람에 경계를 따라갑니

다. 속의 근과 식이 경계를 따라가니까 괴로워지는 것입니다. 근경을 가지고 사는 사람들은 생각을 아무리 크게 내도 하나가 되지 못해서 속에 있는 근과 식이 밖의 경계를 따라가려하나 경계를 따라가지 못합니다. 함(그릇)을 보면 밑에 몸이 있고 위에 뚜껑을 덮으면 하나가 됩니다. 지혜와 이치는 뚜껑이 지혜에 해당하고 이치는 함에 해당합니다. 뚜껑과 함이 붙어버리면 하나같이 보입니다. 통이 크고 뚜껑이 작으면 하나로 안 보입니다. 우리의 근과 식이 밖의 경을 따라 하나가 되지 못했기 때문에 저기 차올라오면 경계가 보이고 밖의 소리가 들립니다. 하나로 안 찼기 때문입니다. 이지명합이 안되고 우리는 근과 경이 서로 한 덩어리가 되지 않습니다. 하나가 되면 근과 경이 탕연히 녹을 텐데 우리가 반드시 근이 있어 바깥의 경을 내다보기 때문에 남이 있고 내가 있게 되는 것입니다. 근경이 없어져 부처님이 되어버리면 저 밖의 경계가 따로 없어집니다. 그것을 열반이라 하고 비치는 지혜는 아뇩다라삼먁삼보리라 합니다. 비치는 성질은 보신이라고 합니다. 비쳐지는 바탕자리는 법신이라고 합니다.

공자의 격물치지

공자는 하나로 되어 있을 때 중이라고 합니다. 그것을 조심해서 바르게 합니다. 대학의 팔조목에 들어가면 그것을 격물치지라고 합니다. 유가사람들도 할 줄 알았던 겁니다. 흐리한 기운이 나와서 밖에 있는 생명을 본질에 끝까지 사무치지 못하기 때문에 중간까지 가고 절반도 못가기 때문에 밖의 경계가 보이는 것입니다. 격물치지에 대해 이야기하면 분서갱유 때문에 책이 제대로 전해지지 못했습니다. 그래서 격물치지를 보면 주석이 없는 부분이 있습니다. 그래서 송나라 4현이 궁리하였는데 정명도, 정이천 형제와 주자가 착각을 했습니다. 그래서 격물치지를 물건이 있는데 그 속에 이치가 들었다고 합니다. 낱낱 물건 속에 이치가 있다고 합니다.

정견을 바로 알려면 지를 완전히 회복하려면 물건의 이치를 하나씩 연구를 해서 건수가 많으면 하루아침에 활연관통이 된다고 합니다. 확 알아진다는 것입니다. 불교의 문자를 갖다 쓴 것이라 맞지 않는 소리를 했습니다. 지는 아는 자리입니다. 희노애락이 발하지 않은 중자리는 하나가 되었을 때를 말하고 지가 움직여 나가면 물건이 된다고 합니다. 마음이 움직인 빛깔이 물이라고 하는데 불교 학설입니다. 물건은 발동된 놈이고 지는 능히 발동할 놈이고 물건이 하나일 때 반듯하게 하면 밖으로 나올 때 반듯해진다고 합니다. 이것은 눈을 뜬 봉사와 같습니다. 격물치지는 그렇게 보는 것이 아닙니다. 육행, 육등, 육례가 있습니다. 말몰고 활쏘고 글씨쓰고 하는 것을 삼물(三物)이라고 합니다. 三物을 잘 다루다보면 수학도 하고 정치하는 방법이 나온다는 것입니다.

능소, 주관과 객관

사람들은 근을 속에서 가지고 경을 대하면 마찰이 생깁니다. 마찰이 생기는 것을 괴롭다고 합니다. 우리는 목적이 성불하는 것이라 근경이 탕연하여 항상 대하는 것이 즐거워야 합니다. 우리가 물건을 따라가지 못하니 괴로움이 생기는 것입니다. 우리가 눈으로 보고 귀로 들으면 다 하고 싶습니다. 하고 싶은 그것을 행동을 해서 행동이 하고싶은 욕심을 따라가지 못하니까 괴로움을 느낄 수 있습니다. 내가 아는 지혜가 열반의 이치 생명에 사무쳐 하나가 못되니까 그런 것이 나오는 것입니다. 능엄경에 이런 말이 있습니다. 우리는 본성을 법성자리라고 이름지었습니다. '각비소명 인명위소 소기망립 생여망능 무동이중 치연성이(覺非所明 因明爲所 所旣望立 生汝妄能 無同異中 熾然成異)' 우리는 안으로 육근이 있고 육식이 생기기 때문에 능소가 생깁니다. 화두 드는 것은 능소를 없애기 위해서입니다. 마음 내는 것과 일 해나가는 것이 하나가 못 될 때 생각 내는 것과 생각한 것이 안 될 때 궁한 것이 뜻대로 안되니 괴로운 것 아니겠습니까. 본각자리는 法입니다. 유가의 中입니다. 희노애락이 미발한 것, 출발하기 전의 본래 것을 中이라고 합니다. 본성자리를 본각, 법성이라고도 합니다. 깨달으려고 애쓰는 마음 각은 밝힐 바가 아닌데 밝히려고 하는 생각을 인하여 안 밝혀지는 바가 성립됩니다. 객관이 생겼다는 말입니다. 객관이 이미 하나 성립되니 안으로 망능이 생깁니다. 주관이 생깁니다. 주관, 객관이 생기니 걱정입니다. 주관과 객관이 없어지면 내가 없어집니다. 내가 없으면 너가 따로 없습니다. 하루는 아난이 가섭 존자에게 "세존께서 존자에게 열반묘심을 전했다고 하는데 무엇입니까?"하고 물었습니다. 그러자 '저 앞의 깃대를 가지고 오라'고 합니다. 주관을 없애고 와야 한다는 말입니다. 주관이 있으면 못 알아듣는다는 말입니다. 나란 표준이 있으니까 괴로움이 생깁니다. 내가 있고 남이 있는 것입니다. 또 마조 스님에게 석두 스님이 찾아가 "어떤 것이 불법대의입니까?"하고 묻자 마조스님이 "서강에 있는 물을 다 마시고 오면 가르쳐주마."고 합니다. 작은 입으로 강물을 어떻게 마십니까. 능소가 없어야 된다는 소리입니다. 그것 없으면 편합니다. 천하태평하게 되는 것입니다. 다시 돌아와서 소는 밖으로 모르는 것을 말합니다. 밖으로 모르는 것이 있기 때문에 망능이 생깁니다. 밖으로 소가 생기고 안으로 능이 생겼기 때문에 같고 다름이 없는 하나의 법성에서 몸뚱이가 생기고 중생, 세상이 생긴 것입니다. 문제는 하나가 크고 하나가 적으면 우리 욕심은 크고 되어가는 것은 적으니 괴로운 것이 아닙니까. 문제가 생깁니다. 능소가 합해지면 앞뒤가 없어져버립니다. 시간과 공간이 없어져버립니다. 전변설에서는 나를 인정합니다. 육사외도와 62견의 사상이 나누어지지만 전부 오온을 직해서 내가 있다고 하는 것입니다. 범부들은 내 몸뚱이가 생명이라고 생각하는 것입니다. 내가 있다는 것입니다. 오온은 있거나 말거나 오온 이전에도 내가 있다는 학설이 있습니다. 오온이 흐트러져도 내가 있다는 학설이 있습니다. 시간은 무궁한 것으로 보기 때문에 상견(常見)이라고 하고 오온과 같이 있다가 오온이 없어지면 없어지고 끊어져서 단견(斷見)이라고 합니다. 육사외도와 육십이견이 아무리 많아도 그것을 벗어나지 못합니다.

하나의 생명체

불교는 그것이 아닙니다. 내가 없다는 것입니다. 하나의 법성 그대로가 여러분의 오온 속에 비칠 뿐입니다. 천강의 달이 연못 속에 있는 것일 뿐 저 달은 하나인 것입니다. 여러분이 가지고 있는 것은 전부 그림자입니다. 그림자를 오염체로 알지 못하고 업으로 줄어든 나란 생각 속에 조금 비친 것을 나라고 집착하는 것입니다. 희미한 것이 왜 희미한지 아는지 모르겠습니다. 하나인 법계를 깨달으면 환한 법계가 나오는데 하나의 법계를 깨닫지 못해 침침해진 것입니다. 동(同)과 이(異)가 없는 하나 가운데서 치연하게 내 몸이 생기는 것입니다. 하나가 이해가 안된다면 아직 근과 경을 가지고 들어서 그런 것입니다. 마음자리가 법성에 그대로 회귀하지 않으면 희미해집니다. '회매위공 공회암중 결암위색 색잡망상 상상위신 취연내요 취외분일 혼요요상 이위심성 일미위심 결정혹위색신지내 불지색신외박산하 허공대지함시묘명진심중물 비여백천징청대해기지 유인일부왕체 월위전조 궁진영부(晦昧爲空 空晦暗中 結暗爲色 色雜妄想 相想爲身 聚緣內搖 趣外奔逸 昏擾擾相 以爲心性 一迷爲心 決定惑爲色身之內 不知色身外泊山河 虛空大地咸是妙明眞心中物 譬如百千澄淸大海棄之 唯認一浮汪體 月爲全潮 窮盡嬴浮)' 우리가 편히 앉았다가 잠드는 것처럼 본성은 본되 밝은 것입니다. 법성자리, 생명체는 어떤 곳에는 밑없는 바리때거나 구멍없는 통소라고 하기도 합니다. 여러 가지 이름이 있어도 생명체는 하나입니다. 생명체, 우리가 가져쓰는 마음이 내 몸속에만 국한된 것이냐 세계 전체에 퍼져있느냐를 모릅니다.

마음의 종류

마음에 네 가지 종류가 있다고 하는데 육단심, 연려심, 집기심, 견실심입니다. 그것은 설명을 자세히 해놓은 것입니다. 우리가 보는 허공이 우리 마음 가운데서 나온 것이라는 것입니다.

허공이 우리 각 자리에서 나온다고 합니다. 그것이 태평양바다같이 큰 바다에서 거품 하나 생긴 것 같습니다. 그 물거품에 불과하다는 소리입니다. 샘이 있는 시방국토가 우리의 희미한 공 속에서 생긴 것입니다. 거품이 가라앉으면 허공도 다 내려앉습니다. 공가운데 모두 실려있는 욕계, 색계, 무색계가 실물일 턱이 없습니다. 실물이 아닙니다. 매(昧)하니까 꿈 가운데의 헛것이 보입니다. 산이물이 고정된 것이 아닙니다. 여러분이 크게 깨우치면 시방의 허공이 탁 내려앉는 것을 보게 될 것이라고 하고 있습니다. 있는 줄 압니다. 희미한 허공에서 모든 국토가 생기고 인생이 나고 뱃속에서 감정, 심정이 생기는데 그 속에서 마음이 작용합니다. 허공이 희미해질 적에 그 기운이 허공으로 보입니다. 깨면 허공이 아닙니다. 허공 가운데 벌어진 세계가 실물이 아니라는 것입니다. 꿈 가운데 실린 것과 같은 것입니다. 사람은 사람 꿈을 꾸고 벌레는 벌레 꿈을 꿉니다. 벌레는 벌레대로 육진, 육경이 있고 사람은 사람의 것이 있습니다. 모두 자기에게서 나온 줄 모릅니다.

희미한 기운이 공이 되고 공은 희미하고 어두운 가운데 생긴 것입니다. 어둠이 맺어져 색이 되고 오온 가운데 색입니다. 색이 희미한 가운데 나온 망상과 섞여서 상(相)은 색, 몸이 되고 상(想)은 수상행식이 되어 둘이 합쳐 생명체가 됩니다. 이는 육식과 육근으로 항상 주관과 객관이 대립해서 밖으로 눈은 색을 반연하고 귀는 소리를 반연하고 코는 냄새를 반연하고 혀는 맛을 반연합니다. 반연한 것이 하나 둘 모여서 안으로 흔들립니다. 밖으로 그 놈이 나가서 분리하는데 그 놈이 합쳐서 근과 경이 혼연한 모양으로 몸을 삼습니다. 허공이 내 마음에서 나고 그 가운데 세계가 벌어지고 만물이 있는데 나도 만물의 하나로 몸이 생긴 것입니다. 몸 속의 심장이 생각을 내는 곳이라 알고 있습니다. 요즘은 뇌에서 생각이 나온다고 합니다. 부처님에게는 한심한 아무 것도 아닌 소리입니다. 다시 돌아가서 한번 미(迷)해서 마음이 들었다고 생각합니다. 그건 육단심이지 진실심이 아니고 분석하면 집기심도 아니고 연려심도 아닙니다. 한번 迷해서 심성을 삼으면 미혹해서 마음이 색신 안에 있는 줄 알아버립니다. 안의 색신과 밖으로 산하대지와 허공대지가 묘명진심 가운데 생긴 물건인 줄 모릅니다. 몸 속에 생명이 하나 들었다고 생각하는 것이 흡사 백천의 바다가 있는데 그 하나의 물방울을 보고 전 바다인줄 전 조수인줄 알고 있다는 것입니다. 안에 근이 있고 밖에 육진경계 색성향미촉법이 그렇게 해서 그런 줄 모릅니다. 이것을 설명하려면 시간이 걸립니다. 밖의 산하대지가 내 그림자로 봅니다. 서산스님(휴정)은 견성한 도인입니다. 서산스님의 오도송을 봅시다. 물소가 물위를 걸어다니는 짐승자리를 나왔다는 소리입니다. 큰 땅과 허공이 쪼개집니다. 대지, 허공은 우리 망상으로 얽힌 것입니다. 진여가 밖으로 나오니 여래라고 합니다. 망상을 깨지 못한 회매유공(晦昧有空)한 기운이 다 녹아내립니다. 일천개고와 만 가지 사량이 분별하여 빨간 화로에 불을 피우는데 그 위의 한 점 눈입니다. 천개만사량(千計萬思量) 천가지 계획 만가지 생각들이 홍로일점설(紅爐一點雪) 붉은 화로 위에 한 점 눈이로다 이우수상행(泥牛水上行) 진흙 소가 물 위로 다니나니 대지허공열(大地虛空

쬇) 대지와 허공이 다 찢어지도다. 근진식을 소탕시키면 자타가 없어지고 하나가 보입니다. 부처님은 둘이 없습니다. 그 때가 되면 내가 부처가 됩니다. 그러면 진묵스님이 말했던 것처럼 됩니다. 그래서 사람들이 그것도 모르고 진묵스님이 석가여래의 후손이라고 쓸데없는 말을 합니다.

진여자리, 자연법칙, 중(中)

능소가 없어지는 이야기를 해야 합니다. 어떤 사람이 바닷가에서 뱃사공 노릇을 하다가 저녁에 집으로 돌아갈 때에 밤에 누가 훔쳐갈까봐 겁이 났습니다. 그래서 배를 짊어져 산골의 구릉에 감춥니다. 그래도 의심이 나서 산을 짊어져서 바다 가운데 감추었습니다. 이만하면 누가 가져가겠냐고 생각했는데 힘 있는 놈이 가져가 버렸습니다. 힘 있는 놈을 노자는 자연법칙이라고 합니다. 자연의 법칙을 우리는 인연이라고 합니다. 자연을 보면 하룻밤 사이에 수많은 그 꽃들을 피우는 것을 보면 대단합니다. 이 사람들도 맥이 돌고 피를 돌게 합니다. 이 생명자리가. 숨을 쉬게 하고. 오장육부를 만들어 소화도 시키고. 이것이 여러분들의 힘으로 되는지는 모르겠습니다. 일체중생과 일체 삼라만상이 돌아가는 법칙 그것이 생명입니다. 이 막대기에도 다 들어있습니다. 진여자리는 만물에서 떼어놓을 수 없습니다. 그래서 성인들이 깨달아야한다고 합니다. 하나를 깨면 저절로 그런 소리가 나옵니다. 여러분도 공부를 하다가 소견이 돌아가면 여러분 말이 부처님과 같아집니다. 생명이 혓바닥으로 나오는 말이 바르고 질서가 잡히면 부처님 말과 같아집니다. 우리가 시계를 보면 바늘이 있습니다. 우주법칙을 제 자리에만 갖다 놓으면 바늘 하나가 백억만년을 돌아가도 안닳습니다. 제 위치에 못 있으니까 마찰이 되어 닳는 것입니다. 우리도 마음을 제 위치에 딱 놓으면 부처가 되어 괴로움이 사라집니다. 유가에서는 희노애락 미발을 중이라고 합니다. 희노애락이 출발하기 전의 본바탕 자리를 중이라고 합니다. 그 밸런스가 어긋나지 않는 것을 화라고 합니다. 그래서 중은 천하의 큰 근본이 되고 화는 천하의 사무친 깨달은 것이 됩니다. 중(묘용)과 화(묘체)를 얻으면 격물치지를 하게 됩니다. 천지가 제 자리를 잡고 천지만물이 생육장성하고 결실을 한다고 합니다. 중과 화를 얻으면 성불하는 것입니다. 하늘과 땅이 제 자리에 잡힙니다. 잡히면 만물이 생성작용을 한다는 것입니다. 지극한 성(誠)자리에 천지 자리가 항상 쉴 새가 없습니다. 항상 창조를 하고 있습니다. 주야로 창조합니다. 창조하기 때문에 육성을 해주기 때문에 우리 인간도 오늘날까지 숨을 쉬고 있습니다. 법성자리가 숨 쉬게 해줍니다. 그걸 자꾸 내 힘으로 한다고 하면 안됩니다. 우주 전체가 생명입니다. 이 몸은 처음부터가 일법계에 통달을 못했기 때문에 거기서 어긋나는 뜻이 발생해서 말이 되고 몸이 되고 적체되어 오온으로 변신을 한 것입니다. 애초에 법성, 생명의 본질에 어긋나는 것이 모인 것이 오온입니다. 지금부터라도 오온에 맞도록만 해나가면 부처님이 되는데 오온에 어긋나는 신업과 구업은 본래 있는 것이 아닙니다. 그림자 속에는 창자가 없습니다. 그림자 속에는 오장육부도 없거니와 뼈, 심장도 없습니다. 오온 가운데 본래 생명이 비치기는 해도 생명이 만들어놓은 한 작품이지 생명 그 자체가

될 수 없습니다. 마음과 부처와 중생 세 가지가 차별이 없다고 화엄
경에서 말합니다. 예수교로 말하면 성자, 성신, 성부가 똑같은 것
입니다. 아까 배 이야기로 돌아갑시다. 배를 산에 감추고 짊어져 바
다 가운데 감추고 그만하면 누가 훔쳐갈 것인가 했죠? 밤에 힘 있
는 놈(우주법칙)이 오늘 저녁부터 아침 사이에 옮겨갔습니다. 그 위
치가 아닙니다. 여기에 장자가 주를 썼습니다. 장자 대종사 편에 있
는 말입니다. 장대소유의(藏大小有宜) 크고 작은 것을 감추는 것이
마땅함이 있다고 합니다. 분필은 분필궤에 들어가고 그 통은 좀 더
큰 중간 통에 들어갑니다. 그 감춘 궤짝을 큰 궤에 감추고 큰 궤를
방 안에 감춥니다. 유유소둔(猶有所遁) 오히려 도망하는 바가 있다
는 것입니다. 생멸변천을 받는다는 말입니다.

능소가 없어짐

변동 안되게 감추는 방법이 있습니다. 장천하어천하 이무유소둔
차항물지대전(藏天下於天下 而無有所遁 此恒物之大傳) 만약 천하
를 천하에 감추면 능소가 없어집니다. 이 안경집을 안경집에 감추
어버립니다. 능과 소가 없어집니다. 대소가 없어집니다. 한 덩어리
입니다. 그러면 항상 편합니다. 눈으로 보고 귀로 듣는 것을 거두
어 일념에다 감춥니다. 일념이 되면 내가 없어집니다. 자타가 없어
집니다. 석가여래가 따로 있고 내가 따로 있는 것이 아닙니다. 생명
체 돌아가면. 돌아가서 천하를 천하에 감추면 하나가 되어 도망가
는 것이 없습니다. 이것이 항상 변함없는 큰 물건의 대전입니다. 내
가 어지간히 거짓말 많이 했습니다. 능소가 생겨서 밖에 경계가 생

겨서 밖에 석가모니, 미륵불, 관세음보살, 벌레, 새, 곡식 등 수도 없이 많은 물건들이 생깁니다. 능소가 없으면 '절대'라고 합니다. 상대가 끊어진 것입니다. 처음에는 산도 있고 들도 있는데 조금 더 들어가면 땅이 있고 돌도 있습니다. 그러다 아주 복판에 가면 돌멩이도 없는 곳이 나옵니다. 하나로 통하는 곳이 나옵니다. 땅 속에서도. 우리도 생각이 다 끊어지면 하염없는 무입니다. 물건도 극치에 가면 무의 바탕이 나옵니다. 미사일을 보면 시방세계를 거울같이 다 들여보는 곳이 있습니다. 미국에서 하는 것이 소련 미사일에 다 비치고 합니다. 우리가 보고 듣는 것을 거두어서 생명의 바탕 자리에 갖다놓으면 시방세계에 생기는 것이 한꺼번에 비치게 됩니다. 물질로도 기계를 만들고 하는데 물질인 허공이 나기 전에 바탕에 들어가면 하나이지 둘이 없는 자리입니다. 거기 들어가면 여러분이 편안하고 안락합니다. 거기 들어가면 남녀간의 정과 같은 그런 것이 아닙니다. 기막히게 즐겁다는 것입니다. 그래서 극락이라고 합니다. 우리는 나란 집착을 가져 굳어졌기 때문에 작은 것에 큰 것을 넣을 수가 없습니다. 나라는 집착을 버리면 안으로 육근과 밖의 육진이 저절로 없어지는데 만약 식이 뿌리라고 하면 근과 진이 싹이니까 뿌리가 마르면 싹도 저절로 마르게 됩니다. 근진이 탕연해서 그때 가면 부처가 따로 없고 중생이 따로 없습니다. 사실 지금도 그렇습니다. 부처와 중생이 따로 있는 것이 아닙니다. 그 때 가면 과분불가설이라고 해서 말로 설명할 수 없습니다. 여러분이 성불했을 때 여러분 스스로가 알지 사람들에게 설명이 되지 않습니다. 설명하면 망발이 됩니다.

무문관 강설 제3

(1) 무문관 제1칙 조주구자(趙州狗字)

조주의 개(趙州狗子)

趙州和尚, 因僧問, 狗子還有佛性也無. 州云, 無.

조주 화상에게 어떤 승려가 물었다.

"개에게도 불성(佛性)이 있습니까?"

조주가 말했다.

"무(無)!"

■ 무문송

狗子佛性, 全提正令. 纔涉有無, 喪身失命.

개의 불성,/ 불법[正令]을 온전히 드러냈도다.

조금이라도 '있다, 없다'에 걸리면/ 목숨을 잃으리라.

■ 무문은 말한다

참선은 모름지기 조사의 관문[祖師關]을 꿰뚫어야 하고, 묘한 깨달음은 반드시 생각의 길[心路]이 끊어져야 한다. 조사의 관문을 꿰뚫지 못하고 생각의 길이 끊어지지 않았다면 모두가 풀과 나무에 빌붙어 사는 귀신일 뿐이다.

그렇다면, 말해보라! 어떤 것이 조사의 관문인가? 다만 이 한낱 "무(無)!"란 말이 바로 선종의 한 관문이다. 그래서 이것을 가리켜 '선종 무문관(禪宗無門關)'이라 한다. 이것을 꿰뚫을 수 있는 사람은 조주(趙州)화상을 직접 뵐뿐만 아니라, 역대의 조사(祖師)들과 손을 잡고 함께 행동하며, 눈썹을 맞대고 같은 눈으로 보고 같은 귀로 들을 수 있으니, 어찌 기쁘고 유쾌하지 않겠는가!

이 관문을 꿰뚫고 싶지 않은가? 365개의 뼈마디와 8만4천 개의 털구멍을 가지고 온몸에 의심덩이를 일으켜 이 "무(無)!"라는 말을 참구하라. 밤낮으로 들어보되, '허무하다'는 알음알이도 짓지 말고 '있다', '없다'의 알음알이도 짓지 말라. 마치 뜨거운 쇠구슬을 삼킨 것 같아서 토하고 토해도 나오지 않게 된다. 이전의 잘못된 지식과 관념을 모두 없애서 오래도록 잘 익히면 자연스레 안팎이 한 덩어리를 이룰 것이다.

마치 벙어리가 꿈을 꾼 것과 같아서 다만 스스로 알 수 있을 뿐이나, 문득 드러나면 하늘을 놀라게 하고 땅을 울려서 관우 장군의 큰 칼을 빼앗아 손에 쥔 것처럼, 부처를 만나면 부처를 죽이고 조사를 만나면 조사를 죽이고, 삶과 죽음의 언덕가에서 커다란 자유를 얻어 중생살이[六道四生] 가운데에서도 삼매를 즐긴다.

그렇다면 어떻게 들고 있을 것인가? 평생의 기력을 다하여 "무(無)!"란 말을 들어보라. 만약 끊어짐이 없다면 법의 촛불에 단박 불붙듯 될 것이다.

■ 관응강설

무문관 첫 번째는 조주구자(趙州狗子) 입니다. 48칙 모두 글자가 네 글자로 제목이 되어있습니다. 구자라하면 아들 자 字가 있습니다. 이걸보면 개새끼라 하기 쉬운데 아닙니다. 중국에서는 물건 밑에 子를 놓기도 합니다. 개의 새끼가 아니라 개라는 말입니다. 국자에 자를 넣는 것처럼 물건 밑에 놓는 글자입니다. 어떤 스님이 부처님 말씀을 보니 꿈틀거리는 벌레까지 불성이 있다는 것입니다. 그러니까 개도 불성이 있겠죠. 그래서 그 스님이 궁금해서 조주스님에게 가서 묻습니다. "저기 누워있는 개도 불성이 있습니까?" 일단 있다고 합니다. 그러자 그 중이 "보통 한 개씩 있으면 어떻게 저 가죽을 뚫고 들어갔을까?"하고 생각합니다. 그 후 궁금증을 풀지못해 다른 사람에게 다시 물으니 그 때는 불성이 없다고 말했습니다. 화두를 어떤 곳에 가면 공안(公案)이라고 합니다. 어떤 사람이 조주에게 어떤 것이 부처님이냐고 물으니 나라, 국법의 명령과 같다고 합니다. 판사가 일단 판결을 내리면 다른 판사가 못 고칩니다. 절대적 권한이 있습니다. 판사가 법률 전체에 응해서 판결을 내리면 못 고칩니다. 철칙입니다. 조사의 법문도 마찬가지입니다. 공안도 말하면 못고치는 것이 법률의 법령과 같습니다. 公案이란 공가(公家)의

안독(案牘)이란 것입니다. 법률 판결장과 같다는 말입니다. 불교에서 조사의 법령도 국가의 법률과 같다는 것입니다. 변동할 수 없습니다. 조주스님이 뜰 앞의 잣나무라고 했습니다. 여러분은 이 소리가 뭔 소린지 알겠습니까? 얼토당토하지 않는 소리를 합니다. 상식을 초월하는 이야기니까 무슨 말인지 모르겠다는 겁니다. 말을 하면 말이 돌아가는게 있는데 규칙이 어디로 갔는지 모르겠는 겁니다. 머리나 꼬리가 어떻게 되었는지 모르는 겁니다. 그 말머리를 살펴보는 것이 화두입니다. 조주스님이 없다고 한 것이 본칙입니다. 이건 옛날부터 있는 말입니다. 무문이 처음으로 만든 이야기가 아닙니다. 여기서 인(因)은 어떤 때에 라는 뜻입니다. 우리는 몸도 있다고 생각하고 저기 나무도 있다고 생각합니다. 모두 有로만 봅니다. 화두는 본면목을 깨치지 못해도 無라는 화두를 들으면 이익이 있습니다. 유에 집착하는 중생입니다. 無 字는 허다한 악지악각을 밀고 부수는 것입니다. 불도저와 비슷한 것입니다. 우리는 나라는 집착이 있기 때문에 안으로 육근이 있고 밖으로 육진이 있습니다. 물건을 보면 우리 눈을 통해 머리에 사진이 찍힙니다. 나라는 녹음기를 통해 자꾸 찍힙니다. 그것이 다섯 가지로 쌓이기 때문에 오온이라고 합니다. 장 떠먹고 국 떠먹는 것이 다 찍힙니다. 여러분은 몸 속에 세포가 몇 개 있는지 세어봤습니까? 이 분필을 부수면 가루가 몇 개 나오는지 알겠습니까? 저 서까래도 부수면 나무 가루가 몇 개나 나올까요. 크기에 따라 다르겠지만 극단까지 가면 한없이 나옵니다. 이 세상 물건 모두 부수면 가루가 나옵니다. 여러분은 이 컵 속의 물이 하나로 보이겠지만 태평양 물이 하나로 보입니까? 하나가 아닙니다. 가루를 의미하는 분(粉)을 이렇게 썼습니다만 쌀 미를 안 붙여도 나누어진 분자가 됩니다. 어떤 곳에서는 입(粒) 자를 씁니다. 굳이 쌀 미 안 써도 미립자를 쓰면 됩니다. 고체는 말할 것도 없고 이 액체도 맺혀서 하나로 보이는 것입니다. 이 물을 주전자에 넣고 끓이면 수없는 물방울이 생깁니다. 그렇다면 태평양 물을 끓이면 굉장히 많이 나오겠죠. 구름이나 안개가 그런 것인데 온도가 바뀌면 받혀서 떨어집니다. 물을 솥에 넣고 끓이면 솥뚜껑에 걸려 떨어집니다. 비도 그것과 비슷합니다. 액체나 고체나 기체나 분자로 되어있습니다. 우리가 봉지 안에 공기를 넣고 막으면 못나옵니다. 타이어처럼 공기 분자가 고무 분자를 못 뚫고 나오는 것은 분자의 집합이 그보다 크냐 작냐의 차이입니다. 우리가 보면 벽같은 것이 막힌 것 같지만 이것은 분자가 집합된 것으로 라켓 네트 마냥 환하게 틔여 있습니다. 일체 물건이 다 그렇습니다. 우리가 소리를 내면 벽이 막혀 있어도 소리가 들립니다. 그 사이가 뚫려있기 때문에 그렇습니다. 고체나 액체가 분자로 되어있습니다. 이 한 컵 물의 거품을 수포(水泡)라고 합니다. 그렇다면 우리 몸은 무슨 거품으로 되어 있을까요? 우리는 좀 더 뻑뻑한 거품으로 되어 있습니다. 피는 물보다 진하지요? 고기로 되어 있습니다. 여기서 머리와 다리를 떼면 고기집이 남습니다. 우리는 피보다 진하고 살집으로 된 거품이 있습니다. 고기 육(肉) 자를 부수로 하면 달 월(月)로 씁니다. 이 고기 덩어리와 거품 포(泡)의 包를 가져오면 세포의 포(胞)가 됩니다. 그 거품은 매우 작지만 자랍니다. 그래서 세포라고 합니다. 우리 몸은 세포로 되어 있기 때문에 성인 25살 쯤 된 사람 하나 세포를 보면 약 400조 조각이 된다고 합니다. 내가 한 시간 쯤 말하면 말하는데 몇 천, 몇 만개가 나가는지 모릅니다. 손해를 많이 보고 있습니다. 눈 어두운 사람은 초저녁의 불이 새벽까지 가는 줄 압니다. 불도 시시각각으로 신진대사가 되어서 공중으로 나가고 뒤에 세포가 붙어 불이 붙어있는 것입니다. 여러분 몸도 피가 돌고 맥이 뛰는데 그 동안 먼저 것은 사라지고 새로 나오는 것이 연속되는 것입니다. 이 몸이 가만히 있는 줄 아십니까? 이 몸은 아주 무상한 것입니다. 조금도 가만있지 않습니다. 이 400조 조각이나 되는 것이 어떻게 갈리느냐? 400조 조각이 만 6년을 두고 신진대사가 일어나서 6년 전의 세포는 하나도 없습니다. 이것은 우리가 먹고 보고하면서 그렇게 되는 것입니다. 그래서 착한 업을 하면 착한 기운이 모이기 때문에 얼굴이 좋게 됩니다. 나쁜 업을 하면 얼굴이 보잘 것 없이 됩니다. 화두에 들어서 잡념을 없애고 본성에 가까운 생각을 하게 되면 좋은 세포가 생깁니다. 그래서 화두를 계속하면 나쁜 세포가 정화가 되어서 좋은 세포로 변합니다. 저 뜰 앞에 큰 나무가 있다고 합시다. 그것은 반듯하게 서 있는데 어떤 힘없는 사람이 동쪽으로 비스듬하게 하는 것이 좋겠다고 생각합니다. 그래서 아침마다 나가서 손으로 나무를 떠밉니다. 그러면 우주에 있는 힘이 그 손가락을 통해서 우주의 간섭력이 작용합니다. 나중에 가면 그 나무가 삐딱해집니다. 나무도 그런데 우리가 마음 가운데 화두가 있으면 잡다한 생각들이 침범을 할 수 없습니다. 나중엔 그 화두가 강철처럼 됩니다. 화두를 소 찾는 것에 비유하기도 합니다. 자꾸 소를 찾다보면 소가 빛이 납니다. 더 지나면 찾는 생각만 남고 소가 없어집니다. 소는 없어지고 사람만 남습니다. 더 가면 소 뿐만 아니라 사람도 없어집니다. 이걸 알고 참선을 하면 순식간에 합니다. 본래 우리 마음 가운데 잡념이 없습니다. 본성자리만 잡으면 잡념은 저절로 없어집니다. 그래서 신심명에 보면 잡념만 없애면 된다고 합니다. 저 하늘의 달이 구름에 가려서 안 보이는 것처럼 구름만 없애면 됩니다. 우리가 처음에 화두를 하면 잘 안 들립니다. 쇠탄환을 씹는 것 같이 정말 안 씹힙니다. 그래서 화두에 들면 나중에 쇠로 만든 소가 모기 입으로 쏙 들어간다고 합니다. 화두로 사람이 들어가던지 화두가 사람으로 들어오던지 합니다. 하나만 되면 됩니다. 그래서 화두를 열심히 들면 화두와 하나가 됩니다. 지금부터 약 300년 전에 저 묘향산에 백운이란 수좌가 있었는데 무식했습니다. 낫 놓고 기역자도 모를 정도로 무식합니다. 글자를 모릅니다. 공부를 해야하긴 하는데 알 수가 없습니다. 그런데 어디서 無 자 화두를 들면 좋다고 들었습니다. 어떻게 하느냐고 물으니 무 하며 계속 생각하면 된다고 합니다. 생각을 하면 이전의 생각이 사라지면 딴 생각이 머리를 내밀며 나옵니다. 가끔 앞의 생각과 뒤의 생각이 연결이 안되는 경우가 있습니다. 그걸 건망증이라고 하는데 그래서 사람이 까먹으려고 하면 또 옆에서 일러주고 해서 앞 생각과 뒷 생각이 이어져서 건망증이 회복되는 경우가 있습니다. 그렇게 무 생각을 하며 몇 해를 합니다. 그러자 몸이 가뿐해지더랍니다. 몸이 가뿐해진 후 나중에는 몸이 안 보이더랍니다. 몸이 안 보이니 저 벽이나 산이 안 보이게 됩니다. 여러분 눈에 공기가 보입니까? 만약 공기가 저 바위처럼 보이면 부딪힐까봐 자유롭게 못 다닐 겁니다. 우리에게 공기처럼 물고기에게서는 물이 안 보입니다. 수상행식 오온이 전부 공해지면 어떻게 될까요? 굉장할 것입니다. 우리가 몸이 있다고 알기 때문에 몸을 편안하게 하려고 고생을 하는 것입니다. 오온 개공을 하면 좋은데 여러분은 한 가지도 못했습니다. 색공도 못했죠? 몸이 하루만 안 먹어도 배가 고프고 밥을 한 그릇만 먹어도 되는데 두 그릇을 먹어 배가 불러 못쓰겠고. 더우면 더워서 추우면 추워서 보기 싫은 것, 듣기 싫은 것 이런 것 때문에 쭈그러집니다. 이것은 집착을 하기 때문입니다. 집착을 안 하면 고생할 것이 없습니다. 지나가다 '불이야!' 하는 소리를 들으면 사람들이 놀랩니다. 이것은 자기 집에 불이 난 것이 아닐까 싶어서 그런 것입니다. 그래서 다른 곳에서 났다고 들으면 편안해집니다. 나중에 백운스님은 몸이 공해지고 천지만물이 공해져 몸을 들면 마음대로 날아다닙니다. 산의 석벽이 몸이 지나가는데 방해되지 않습니다. 나중에 연봉이란 스님을 찾아가서 자기가 공부가 이 정도 되었는데 잘 된 것이냐고 묻습니다. 그렇다면 쇠독에 들어가보라고 합니다. 쇠독에 뚜껑을 덮었는데 어느 순간 밖에 나와 있었습니다. 아름드리나무도 자꾸 작용을 해서 바꾸었듯이 우주 전체의 힘이 와서 작용하는데 내가 화두에 들면 우주 전체의 총동력이 와서 작용합니다. '무'자 화두를 들면 이처럼 좋아집니다. 마음을 잘 가다듬으면 사격, 수영도 잘 됩니다. 수영을 하면 처음에는 물이 보이지만 나중에는 물이 안 보입니다. 아이스 쇼도 얼음이 안 보입니다. 정신만 가지고 왔다갔다 하는 것입니다. 객관, 육진경지가 보이면 안 됩니다. 육진경지와 안의 육근경지가 소탕되어야 하나의 생명이 보입니다. 육근과 육진이 칸막이가 되기 때문에 남이 있고 내가 있지 깨달으면 없어집니다. 세상 사람들이 허공이 여러 개가 있다고 생각하는데 허공은 하나입니다. 허공 속에 무수하게 집을 지어놓고 이것은 내 집이라고 하는 것입니다. 허공이 어디 갈라집니까? 담 쌓아도 통하지요? 아무리 막아도 안 막아집니다. 불로 태워도 안 태워지고 칼로 끊어도 안 끊어집니다. 우리 생명도 허공보다 더 근본이 되는 것입니다. 허공도 안 나누어지듯이 생명자리도 마찬가지입니다. 문자 화두에 들어서 나도 없어지고 세상도 없어지면 그만 한 덩어리가 됩니다. 그때 가면 내가 석가모니가 되기도 하고 벌레가 되기도 하고 짐승이 되기도 합니다. 그래서 성인들이 도를 통하고 하나라고 합니다. 우리 생각이 흐릅니다. 현재가 있고 과거, 미래가 있습니다. 안 흐르면 그대로입니다. 마음 흐르는 것 이것만 막아도 괜찮습니다. 영국 런던에 시집을 안 간 처녀가 있었습니다. 어떤 남자랑 만나서 연애를 했는데 남자가 여자를 배반해버렸습니다. 그러자 여자가 기가 막혀 마음의 흐름이 끊겨버렸습니다. 그러자 때만 되면 남자를 만났던 장소로 갑니다. 그 여자가 83살까지 살았는데 28살의 얼굴이 그대로 있었다고 합니다. 마음에 흘러가는 기운이 끊어지니까 늙는 방법이 없어진 것입니다. 애정으로도 그렇게 되는데 정당한 생각으로 잡으면 안 늙습니다. 시계 바늘이 모두 맞으면 백만년을 돌아도 마찰이 안 생겨서 닳지 않습니다. 마음길이 끊어지면 시간이 없어져 버립니다. 흘러가는 물은 제방을 쌓으면 막아집니다. 제방을 막아 한데 모이면 구름도 비치고 다 비칩니다. 우리 마음도 같습니다. 우리 마음도 흘러가면 제 구실 못합니다. 마음이 한 군데 모이면 보입니다. 눈으로 색을 따라가고 귀로 소리를 따라가는 것이 시계바늘과 같습니다. 시계바늘 세 개가 톱니바퀴에 의해 돌아갑니다. 톱니바퀴가 하나는 작고 하나는 큰데 둘은 안고 돕니다. 밖의 객관의 상황에 따라서 주관 생각이 자꾸 움직입니다. 그러니 시간이 생깁니다. 그러니 모두 늙습니다. 석가모니는 시간이 없어졌습니다. 우리는 시간에 빠져서 시간의 지배를 받기 때문에 시간이 생깁니다. 공간을 차단해서 밖의 것이 안 보입니다. 우리가 공부를 하면 시간과 공간의 테두리가 무너집니다. 시간의 테두리가 무너진 것을 겁외소식(劫外消息)이라 하고 공간의 테두리가 무너진 것을 격외소식(格外消息)이라고 합니다. 제방을 막으면 물이 흘러가지 않습니다. 우리는 과거 업으로 잔뜩 씨앗이 담겨 있습니다. 그것이 흘러갑니다. 불이 타는데 땔감을 안 넣으면 어떻게 될까요? 보는 것은 있지만 산이 없으면 어떻게 될까요? 연애를 해도 둘이 있어야 연애를 하지 하나만 있으면 안 됩니다. 그러므로 주관만 있고 객관이 없어도 되는 것입니다. 육근은 자꾸 밖의 육진을 따라 움직이는 것입니다. 이것이 흐름입니다. 톱니바퀴 돌듯이 말입니다. 불에 땔감을 넣으면 자꾸 불이 타듯이 식을 넣으니까 불이 꺼지지 않는 것입니다. 모르는 문제에 대해서는 생각이 흘러가지 못합니다. 막힙니다. 그러면 '이것이 무엇인가'하는 생각이 들어 눈이 밝아지는 것입니다. 속에 마음이 들었다고 생각하는 그 생각이 흘러가지를 못하니까 '이것이 무엇인가'하는 생각에서 밝은 생각이 나오는 것입니다. 그러다보면 육근과 육진 아뢰야식이 탁하고 폭탄 터지듯 터져버립니다. 여러분들이 곤란할 때 미운 것이 무엇인가하며 잡고 보면 잡을만한 것이 없습니다. 무소득입니다. 서운하던지 밉던지 곱던지 딱 붙들고 이 것이 무엇인가하고 찾으면 핵심을 잡으려보면 원래 있는 것이 아니라는 것입니다. 곤란도 원래 있는 것이 아닙니다. 있는 것 같은 생각은 허망한 생각입니다. 실물이 없다는 것입니다. '이것이 무엇인가'하고 물건을 잡으려고 하면 아무것도 없습니다. 미운 것이 무엇인가하고 보면 알맹이가 있고 체성이 있는 것이 아닙니다. 딱 잡고 살피면 공한 것입니다. 있는 게 아닌데 사람들은 있는 줄 알고 자꾸 고함을 느낍니다. 자꾸 살피면 없는 것입니다. 깨닫지 못하면 없는 것을 있는 것으로 생각합니다. 화두가 되어야 이 소리가 잘 이해가 될 겁니다. 지관타좌(只管打坐)는 화두 드는 방법입니다. 화두는 분별망상으로 따져서 들면 안 됩니다. 제2생각, 제3생각을 하면 안 됩니다. 부지(不知)의 덩어리를 사량심으로 따지면 안 됩니다. 화두는 不知로 생각의 흐름을 막는 것입니다. 그러면 사량심이 힘을 못 씁니다. 생각이 옮겨가면 안되는 것입니다. 어떤 사람이 사업이 잘 안되어 죽고싶은 생각이 들어 나무로 가서 목을 맵니다. 그럼 이번 생의 몸은 뚝 떨어지는데 그 집착이 나뭇가지에 붙어버립니다. 그것이 평소에는 작용을 안 합니다. 그런데 그 목매달 때와 비슷한 상황이 되면 작용을 합니다. 그러면 지나가던 사람이 그 나무에 목을 매 죽기도 합니다. 그 생각이 유령도 되지만 사람에 붙으면 사람이 되고 동물에 붙으면 동물이 되고 식물에 붙으면 식물이 됩니다. 그래서 그 나뭇가지에 붙은 것이나 여러분 몸에 붙은 것이나 다를 것이 없습니다. '이것이 무엇인가' 생각하면 생각이 밖에 나가지 않고 거기에 생각이 고입니다. 사량심으로는 안됩니다. 그게 두 가지로 갈라질 줄 모릅니다. 전기도 보면 음성과 양성을 띄어놓으면 불이 안 옵니다. 붙여놓으면 불이 옵니다. 주관과 객관이 붙어 한 덩어리가 될 때 전기가 들어오듯이 지혜가 나옵니다. 능소가 합해지면 지혜가 나옵니다. 합해지면 찾는 것도 없고 찾아지는 화두도 없는 것입니다. 하나라도 남으면 합한 것이 아닙니다. 주관과 객관이 한꺼번에 없어질 때에 심경이 모두 공해집니다. 화두를 들면 그렇게 됩니다. 망상을 하면 백장야호가 됩니다. 심리작용이란 것이 참 이상합니다. 저기 큰 공장이 있는데 기계가 돌아갑니다. 수천 명이 일을 하는데 어떤 인부가 잘못하다가 기계에 의해 손가락이 하나 끊어집니다. 그 아찔한 생각 때문에 염파가 붙습니다. 그런데 공교롭게도 나중에 다른 사람도 똑같은 그 기계에 의해 손가락이 끊어집니다. 심리작용은 함부로 할 것이 아닙니다. 남을 미워하고 저주하면 잘못됩니다. 어떤 사람이 연애를 하고 있다가 더 좋은 혼인자리가 생기자 거기 가서 혼인을 합니다. 그래서 버림받은 여자가 저주를 하니까 남자의 자식은 낳으면 바보가 나옵니다. 그런 경우가 있습니다. 심지작용을 잘 쓰면 무한한 힘이 나오고 잘 못쓰면 그렇게 되는 것입니다. 옛날에는 관문을 넘어가려면 증표를 보여주는데 그림을 두 조각으로 나누어 갈라진 나머지 한쪽씩을 맞춥니다. 그것을 부적이라고 합니다. 조사가 불성이 없다고 한 것도 관(關)입니다. 그것을 알면 성인이 됩니다. 알지 못하면 범부로 남습니다. 화두를 바로 들면 성인이 되고 못들면 범부가 됩니다. 이것을 잘 들어야 범부가 성인이 됩니다. 고기가 용이 되려고 해도 힘이 듭니다. 어변성룡(魚變成龍) 범부를 고쳐 성인이 되려면 화두를 들어야합니다. 듣는 사람과 던진 화두가 하나가 되어야 합니다. 우리는 흘러가는 물과 마찬가지로 생각이 드는데 우주란 법계와 어긋나는 나라는 집착이 법계와 유통이 안됩니다. 범부된 몸은 망상이기 때문에 백천 중생이 갈라져도 한 덩어리 법성 자리는 관하는 것이 없습니다. 상응이 안되는 망상으로 몸이 된 것입니다. 운동 가운데 요가란 것이 있습니다. 요가는 진리에 상응하는 것을 말합니다. 생명자리와 상응이 되어야 기운이 나오는데 생명과 상응이 안 되는 생각으로 업을 지으면 상응 안되는 것입니다. 불생멸은 법성자리입니다. 불생멸과 생멸이 합해져서 하나라 할 수도 없고 둘이라 할 수도 없는 것을 아뢰야식이라고 합니다. 법성과 상응 안 되는 생각으로 참선하면 백날해도 안됩니다. 나란 생각을 잊어버리고 놓아야 합니다. 벙어리가 꿈을 꾸었는데 거기서 아기를 낳고 젖을 먹였는데 남들에게 말은 못하지만 자기는 훤하게 압니다. 견성도 마찬가지입니다. 입으로 이야기는 안 되어도 자기는 훤합니다. 그래서 조사들이 누가 물으면 가까이 오라고해서 때리는 것입니다. 그렇게되면 깨는 것입니다. 생명자리를 깨고 경천동지하면 힘이 납니다. 그래서 삼국지의 관우 장군이 큰 칼을 들고 적을 죽이는 것과 같다고 하는데 부처를 만나면 부처를 죽이라고 하는 것도 거리낌이 없다는 말입니다. 염제(拈提)의 염창이라고도 하는데 拈은 평창(評唱)한다는 말입니다. 덧붙여 평론한다는 말입니다. 提는 제점(提撕)한다는 말입니다. 조사에게는 쓰는 칼이 두 가지가 있는데 활인검과 살인검입니다. 실제 조사에게 살인검은 없습니다. 활인검을 써도 번뇌가 있는 사람은 살인검으로 받아들일 뿐입니다. 실제로 죽이는 일은 안 합니다.

죽여도 번뇌를 죽이는 것이지 사람을 죽이는 것은 아닙니다. 오늘 할!을 한 것이 맹활(盲活)이 되어버려 쓸모없는 할이 되어버렸습니다.

무문관 강설 제4

(2) 무문관 제2칙 백장야호(百丈野狐)

백장과 들여우(百丈野狐)

百丈和尚凡參次, 有一老人, 常隨眾聽法, 眾人退老人亦退, 忽一日不退, 師遂問. 面前立者復是何人. 老人云, 諾某甲非人也. 於過去迦葉佛時, 曾住此山. 因學人問, 大修行底人, 還落因果也無. 某甲對云, 不落因果, 五百生墮野狐身. 今請和尚, 代一轉語, 貴脫野狐. 遂問, 大修行底人, 還落因果也無. 師云, 不昧因果. 老人於言下大悟, 作禮云, 某甲已脫野狐身, 住在山後, 敢告和尚, 乞依亡僧事例. 師令維那白槌告眾, 食後送亡僧. 大眾言議, 一眾皆安, 涅槃堂又無人病, 何故如是. 食後只見師領眾, 至山後巖下, 以杖挑出一死野狐, 乃依火葬. 師至晚上堂, 舉前因緣, 黃蘗便問, 古人錯祇對一轉語, 墮五百生野狐身, 轉轉不錯, 合作箇甚麼. 師云, 近前來與伊道. 黃蘗遂近前, 與師一掌. 師拍手笑云, 將謂胡鬚赤, 更有赤鬚胡.

　　백장 화상이 설법할 때마다 한 노인이 항상 대중을 따라 법문을 듣다가 대중들이 물러가면 노인 또한 물러가곤 했는데, 하루는 설법이 끝나도 물러가지 않고 있기에 스님께서 물었다.

　　"당신은 도대체 뉘시오?"

　　노인이 말했다.

　　"네, 저는 사람이 아닙니다. 과거 가섭불 시대에 이 산에 머물고 있었는데 어떤 학인이 '깨친 사람도 인과(因果)에 떨어집니까?'라고 묻기에 '인과에 떨어지지 않는다.[불락인과 不落因果]'라고 대답했다가 5백 생을 여우 몸에 떨어졌습니다. 이제 청컨대 스님께서 제 대신 한 마디 말씀을 해주시어 여우 몸을 벗어나게 해주십시오." 그리고는 물었다.

　　"깨친 사람도 또한 인과에 떨어집니까?"

　　스님께서 말했다.

　　"인과에 어둡지 않느니라.[불매인과 不昧因果]"

　　노인은 말끝에 크게 깨닫고 절을 올리고 말했다.

　　"저는 이미 여우 몸을 벗어나서 산 뒤쪽에 있으니 송구스럽지만 화상께서는 승려의 예우에 따라 처리해 주시기 바랍니다."

　　스님께서는 유나(維那 ; 선원 대중을 지도하는 직책을 맡은 승려)로 하여금 목탁[백추(白槌)]을 쳐서 공양 후에 죽은 승려의 다비식이 있음을 알렸다. 대중들은 '모든 대중이 다 평안하고 열반당(涅槃堂 ; 노승이나 병든 승려가 머무는 곳)에도 또한 아픈 사람이 없는데 무슨 까닭에 그럴까?' 하고 수군거렸다. 공양 후에 스님께서는 대중을 이끌고 산 뒤쪽 바위 아래에 이르러 지팡이로 한 마리 죽은 들여우를 끄집어내어 화장을 하였다.

스님께서 저녁에 상당(上堂)하시어 앞서의 인연을 이야기하자 황벽이 곧바로 물었다.

"옛날 분이 한 마디 말씀을 잘못 대답하여 5백 생을 여우 몸에 떨어졌는데, 한 마디 한 마디 어긋나지 않았다면 도대체 무엇이 되었을까요?"

스님께서 말했다.

"가까이 오너라. 너에게 말해주마."

황벽은 앞으로 가까이 가서 스님의 뺨을 한 대 후려 갈겼다.

스님께서는 손뼉을 치며 웃으며 말했다.

"오랑캐[보리달마(菩提達磨)]의 수염만 붉다고 여겼는데 여기 붉은 수염 달마가 또 있구나!"

■ **무문송**

不落不昧, 兩采一賽. 不昧不落, 千錯萬錯.

떨어지지 않는다, 어둡지 않다. / 한 주사위의 두 가지 무늬일 뿐.
어둡지 않다, 떨어지지 않는다. / 천 번 틀리고 만 번 어긋난다.

■ **관응강설**

두 번째는 백장야호(百丈野狐)입니다. 백장스님은 마조스님 제자인데 어릴 적에 어머니 등에 업혀 절에 갔습니다. 어머니가 절을 하니 업혀 같이 절을 했습니다. 어린 백장은 어머니에게 부처님을 보고 뭐냐고 묻습니다. 부처님이라고 하니까 사람같다고 합니다. 어머니가 부처님에 대해 설명해주자 어린 백장은 자기도 부처가 될 것이라고 말합니다. 나중에 마조 도일스님을 찾아갑니다. 마조 스님은 강 서쪽에 살았다고 해서 강서 마조 스님이라고 합니다. 마조 스님이 앞서 가고 젊은 백장 스님이 뒤 따라가는데 강천에 물새가 날아갑니다. 마조가 저것이 무엇인가? 하고 묻자 백장은 "물새가 어디로 갔나봅니다." 라고 합니다. 그러자 마조 스님이 백장 스님 코를 확 잡아댕깁니다. 그러자 백장 스님은 "아야!"하고 소리를 질렀습니다. 그러자 마조 스님은 "어디로 갔긴 여기 있구먼."라고 말합니다. 우리 보통 사람들은 생명이 몸 속에만 든 줄 아는데 사실은 저 강천에 떠도는 기러기 속에 있는 기운과 내 몸의 기운이 연결되어 있습니다. 육근, 육진, 육식에 싸여있기 때문에 안 그런줄 압니다. 우리 불가뿐만 아니라 유가도 마찬가지입니다. 시경을 보면 "연비여천, 어약우연.(鳶飛戾天, 魚躍于淵.)"이라고 합니다. 솔개가 슬슬 하늘을 거슬러 올라가고 물고기가 웅덩이 속에서 풀쩍 뛴다고 합니다. 붕어 꼬리에서 흔들리는 기운과 저 기러기 나는 기운이 다른 것 같지만 사실은 하나입니다. 견성을 하면 그것이 하나로 보입니다. 견성을 못하면 따로 보입니다. 이것을 깨트려야 안으로 육근과 밖의 육진이 사그러들어야 자타가 없어집니다. 석가모니와 여러분이 둘이 아닙니다. 내가 깨달으면 석가모니가 성불한 것이 내게 다 비치는 것입니다. 역대 조사의 기운이 내게 다 오는 것입니다.

그래서 조사들이 지팡이를 들고 땅을 내려치는 것이 삼세제불과 역대 조사가 모두 여기 있다는 것을 말하는 것입니다. 막혀있을 때는 그 소리가 그렇게 안 들립니다. 백장 스님과 같이 처음 깨달은 것을 초참이라고 합니다. 그날 절에 돌아와서 아주 기뻐서 울고 웃고 미친 것 같습니다. 그러자 동료 스님이 왜 그러냐고 묻습니다. 그러자 이걸 알려면 마조 스님께 가서 물어보라고 합니다. 그런데 그 스님이 마조 스님에게 가서 물어보니 "백장이에게 가서 물어보라."고 합니다. 그런데 백장 스님이 정말 미친 것은 아닙니다. 과거의 생사고를 생각하면 슬프고 오늘 깨달은 것을 생각하니 기쁜 것입니다. 백장 스님이 재참이라고 한번 더 깨닫습니다. 하루는 마조 스님이 불러서 들어가 보니 불자(주장자, 죽비)를 딱 들고 서 있습니다. 그러자 백장이 그것을 가지고 법문을 합니까? 하고 묻자 마조 스님이 그걸 원래 자리에 갖다 놓습니다. 그러면서 마조 스님이 말합니다. "네가 후일에 입을 열고 사람들에게 어떻게 하겠느냐?"하고 불자를 다시 듭니다. 그것은 이것을 가지고 하겠느냐 여의고 하겠느냐를 물은 것입니다. 백장 스님이 가만히 있자 마조 스님이 큰소리로 "할!"을 합니다. 그걸 듣고 백장 스님이 사흘을 귀가 먹었다고 합니다. 대기(大機)의 機는 안전장치가 된 기계입니다. 자동차나 비행기 같이 그것을 터트려 그 기운을 발동시키면 됩니다. 누(漏)는 밖으로 새나오는 것으로 번뇌망상입니다. 단속을 잘 해야 합니다. 눈으로 귀로 흘러가는 것을 거둡니다. 모르는 화두를 두고 생각이 분별망상이 흘러가지 못하게 하면 한데 고입니다. 어두운 것이 초롱초롱해집니다. 정신이 한 곳에 모입니다. 그게 오래되면 심(근과 식)과 경이 공해지면 자타가 없어져 석가모니와 내가 하나가 되는 것입니다. 법계 자리가 하나이기 때문에 깨달으면 석가모니와 내가 하나 된다는 것은 거짓이 아닙니다. 작용이 체와 용이 한데 들어붙어서 한 덩어리가 되면 흔들림이 없는데 그것이 大機입니다. 백장 스님의 제자로 황벽 스님이 있습니다. 백장이 마조 스님에게 재참했던 이야기를 했습니다. 그러자 황벽이 자기도 모르는 사이에 말이 술술 나옵니다. 大用입니다. "마조일갈 백장득대기 황벽득대용.(馬祖一喝 百丈得大機 黃蘗得大用.)"이라고 합니다. 중국에는 아침 저녁으로 소참, 대참이라고 있는데 이런 이야기를 들어야합니다. 대기를 어떻게 못하면 대용이 안됩니다. 대기를 얻은 후에야 대용이 나옵니다. 대용을 얻었으면 대기를 얻은 것입니다. 대기를 얻은 것을 교리에서는 종통(宗通)이라고 합니다. 대용을 얻으면 말이 술술 나오니 설통(說通)이라고 합니다. 종통을 얻어야 설통이 나오는 것이지 종통이 되어야 옳은 불교를 전합니다. 포교사도 마찬가지입니다. 부처님의 법을 옳게 배우고 전해야지 옳게 배우지도 않고 전하면 그것은 자신의 소리입니다. 종통까지는 몰라도 사람이 오승(五乘)이 있는데 첫 번째는 인승(人乘)이라 하고 둘째는 천승(天乘), 셋째는 성문승(聲聞乘), 넷째는 연각승(緣覺乘), 마지막은 불승(佛乘)입니다. 이 가운데 적어도 요즘 도회지의 포교사들은 대부분 인승, 천승 정도만 아는 사람들입니다. 나머지 세 가지는 잘 포교되고 있지 않습니다. 인승, 천승만으로는 불교라고 할 수 없습니다.

불승에 들어가야 됩니다. 설법을 하는데 있어서는 삼법인이 들어야 합니다. 제행무상, 제법무아, 열반적정인데 이것이 되어야 정견이 되는데 그것이 되어야 설명이 다 됩니다. 정견을 가져야 된다는 것입니다.

　이제 본문으로 돌아갑시다. 어느 날 백장이 설법을 했는데 모두가 다 물러갔는데 한 사람만이 안 물러갑니다. 백장 스님이 누구냐고 물으니까 그 노인이 말합니다. "저는 사람이 아닌데 500생 전에 여기서 조실 노릇을 했습니다. 그 때 제자가 대수행인도 인과에 떨어집니까 하고 물었습니다. 그 때 인과에 떨어지지 않는다고 대답했습니다. 그 때 잘 몰라서 의심을 했는데 여우의 몸을 받고 말았습니다." 인과란 죄를 지으면 죄를 받고 복을 지으면 복을 받는 것입니다. 지금 모두 사람의 생각을 가지고 있기 때문에 사람으로 나타났습니다. 알기 쉽습니다. 속이 기쁘면 웃는 모습이 나옵니다. 마음이 불편하면 불편한 얼굴이 나옵니다. 마음 먹는대로 나오는 것이 몸이고 얼굴입니다. 얼굴의 얼은 혼(魂)을 의미하고 굴은 꼴로 형(形)입니다. 얼의 모양이란 말입니다. 옛날에 한 때는 얼꼴이라고 하기도 했습니다. 눈을 보면 생각을 알 수 있습니다. 도적질하는 사람은 보통 사람보다 눈이 다릅니다. 그래서 형사들이 눈을 보고 범인을 잡습니다. 그러니까 못 숨깁니다. 불편하면 대번 압니다. 기분 좋으면 대번 압니다. 그 여우는 대답을 했지만 의심을 했습니다. 의심을 떠나지 못하면 의심 때문에 여우가 되는 것입니다. 예를 들면 저 북쪽에 가면 얼음이 만년동안 녹지 않은 얼음이 있습니다. 만년 동안 찬 기운이 있으니 얼음이 지탱이 되는 것이지 찬 기운이 없으면 얼음이 유지될 수 있을까요? 여우몸도 의심을 빼지 못했으니까 여우몸으로 지탱을 한 것입니다. 그것만 빼내주면 되는 것입니다. 하지만 여러 아집과 잡념을 빼내주는 것이 부처님과 조사들입니다. 그러자 백장 스님이 다시 물어보라고 합니다. 여우가 다시 "대수행인도 인과를 받습니까?" 묻자 백장 스님이 "인과를 알고 있다."고 대답합니다. 장삼이사(張三李四)의 석삼, 넉사의 뜻이 있는 것이 아닙니다. 갑을(甲乙)이란 의미입니다. 아무개란 뜻입니다. 여기서는 여우를 의미합니다. 백장 스님의 말을 듣고 여우는 이제 여우 몸을 벗어났다고 합니다. 그리고 자신의 육체는 산에 있다고 하고 사라져버립니다. 그 다음 날 백장 스님이 종을 울리고 어떤 스님을 화장할 것이니 여러분도 같이 가자고 대중에게 알립니다. 그러자 모두들 어디 아픈 분도 없었는데 화장이라니 무슨 말인가 합니다. 모두들 '모든 대중이 다 편안하고 병든 이가 없는데 무슨 일일까?'하고 생각합니다. 그리고 백장 스님은 대중을 이끌고 산의 바위 밑에 있던 죽은 여우의 몸을 꺼내 화장을 시켜줍니다. 그 후 저녁에 법문을 할 때 그 이야기가 나오니까 제자인 황벽이 묻습니다. "한번 그릇된 대답을 하고 여우 몸이 되었으니 그르치지 않고 바로 대답하면 뭐가 되겠습니까." 그러자 백장 스님이 말해주겠다 하고 이리 오라고합니다. 하지만 황벽은 백장 스님이 깨우치게 해주려고 때릴 것을 알아차렸습니다. 그래서 백장 스님이 때리려고 하는데 황벽이 손으로 먼저 백장 스님을 탁하고 쳤습니다. 장(將)

은 이(以)와 같습니다. 이위(以爲)나 장위(將爲)나 같은 말입니다.
예를 들어 이 분필을 '이', '장' 가지고 글씨를 쓴다는 것입니다. 여
기서 무문왈(無門曰)이 바로 염제입니다. 그러니까 여우몸 받을 때
는 여우몸 된 것도 모르고 그것이 좋은지 나쁜지 파묻히고 마는데
알아차리면 여우몸을 가지고도 재미가 있는 것입니다. 이 16자 송
을 잘 봐야합니다. 여우가 여우몸을 받다가 여우몸을 벗었죠. 자기
가 말을 했지만 속으로 의심이 끼어 있었습니다. 나중에 백장을 만
나 불매인과(不昧因果)임을 알게 됩니다. 이 불락(不落)을 불매(不
昧)라고 했는데 똑같은 말입니다. 하지만 落과 昧의 차이를 설명해
야겠습니다. 죄를 짓고 죄에 떨어진 것을 落이라고 합니다. 昧는 모
르고 떨어진 것을 말합니다. 하지만 백장의 때와 달리 不昧라고 말
해야 벗어나게 되어있습니다. 그 때의 근기에 따라 법문을 쓰는 것
입니다. 노름할 때 주사위나 골패를 던집니다. 그 여섯 모양의 구
멍을 뚫어놓은 것입니다. 푸른 빛과 붉은 빛을 넣어놓습니다. 붉은
빛이 셋 나오고 푸른 빛이 둘 나오면 다섯이라 쳐줍니다. 만약 붉
은 빛과 푸른 빛이 똑같은 숫자가 나오면 하나로 칩니다. 그것이 양
체일세입니다. 불락이나 불매는 똑같은 소리지만 효과가 다릅니다.
하나는 여우몸이 되었고 하나는 해탈을 했으니 효과가 다른 것입니
다. 이 백장 스님하면 빼놓을 수 없는 이야기가 있습니다. 백장 스
님 때 율종이 널리 퍼져있었습니다. 백장 스님 때 육조로부터 선종
이 생긴지 얼마되지 않았습니다. 그래서 그 전에는 절도 없다가 백
장 스님 때부터 선종의 절이 생기기 시작했습니다. 선종을 세우고

오래 지속하기 위해 백장 스님도 법을 남겼는데 그것이 백장청규라
는 선종법을 남겼습니다. 그리고 산중에서 탁발을 하고 살기 어려
우니까 산중에 들어가 산을 개간했습니다. 자급자족을 하기로 했습
니다. 백장 스님이 선종에서의 공이 매우 크다고 할 수 있습니다.
자급자족을 하는데 본인이 방안에서 시키기만 하면 누가 말을 듣겠
습니까. 잡담이나 하고 놀 것입니다. 그런데 백장 스님은 똑같이 나
가서 일합니다. 그래서 아랫사람들이 미안해서 자기네들에게 가르
침도 주시는데 이런 일까지 하느냐고 쉬라고 합니다. 그래서 백장
청규의 첫 번째를 보면 하루의 먹을 것을 짓지 않으면 먹지를 않는
다고 나옵니다. '일일부작 일일불식(一日不作 一日不食)'입니다. 요
즘은 정말 편합니다. 여기 수백명이 있는데 전부 먹여주고 입혀주
고 합니다. 내가 천상을 가보지 않았지만 천상도 여기보다 낫지 않
을 겁니다. 백장 스님을 쉬게 하려고 어떤 사람이 백장 스님의 호미
와 낫을 숨겼습니다. 그러니까 백장 스님이 밥을 안 드십니다. 그걸
보고 안되겠다 싶어서 다시 갖다 놓으니 아침부터 다시 일을 하시
더니 공양을 드시더랍니다. 화두도 중요하지만 백장스님의 뜻을 몸
에 체득해야 됩니다. 나는 여기저기 강연을 해도 이 이야기를 합니
다. 거기 가면 "여러분들의 자식들이 공장에서 일하기도하고 사무
를 보기도 하지요?"라고 합니다. 공장에서 인부들이 감독관이 눈을
돌리면 일을 안합니다. 일은 적게하고 돈은 받으려고 합니다. 그럼
그 공장이 쇠하겠습니까? 흥하겠습니까? 그런데 부처님은 일체중
생을 내 힘으로 건진다는 것입니다. 그런 사상입니다. 벌레나 사람

이나 살아있는 것은 내 손으로 건진다는 것입니다. 요즘보면 부처님 제자들은 부처님께 모두 불효한 짓을 하고 있습니다. 부처님의 뜻을 받드는 이가 적습니다. 그런 큰 뜻을 가진 교주의 제자들이 요즘 보면 한심합니다. 어떤 사람은 저더러 그 소리를 듣고 모진 소리를 한다고 하는데 모진 소리가 절대 아닙니다. 당연한 소리입니다. 선방에 가면 밥먹고 공부 안하면 조실 스님이 가만히 두지 않습니다. 방망이로 사정없이 때립니다. 요즘은 젊잖아서 때리지 않습니다. 내 힘으로 일체중생을 건진다는 정신을 가지면 어디를 가던지 환영받는 사람이 됩니다. 다른 사람의 힘을 빼앗아 나는 편하게 살겠다고 생각하면 같이 못 삽니다. 남 앞에 나서려면 노력을 배는 해야합니다.

(3) 무문관 제3칙 구지견지(俱胝堅指)
구지가 손가락을 세우다(俱胝堅指)

俱胝和尚, 凡有詰問, 唯擧一指. 後有童子, 因外人問, 和尚說何法要, 童子亦豎指頭. 胝聞, 遂以刃斷其指, 童子負痛號哭而去, 胝復召之. 童子迴首, 胝卻豎起指. 童子忽然領悟. 胝將順世, 謂眾曰, 吾得天龍一指頭禪, 一生受用不盡, 言訖示滅.

구지 화상은 누가 무엇을 물어 올 때마다 오직 손가락 하나만 들어보였다.

어느 때 구지 화상 처소에 한 방문객이 들렸는데 스님은 계시지 않고 동자만 있었다. "화상께서는 어떤 법을 설하시느냐?"라고 묻자, 동자도 역시 손가락을 세워 보였다.

절에 돌아온 구지가 이를 듣고 급기야 칼로 동자의 손가락을 잘라버렸다. 동자가 아파서 엉엉 울며 달아나는데 구지가 다시 그를 불렀다. 동자가 머리를 돌리자 이번에는 구지가 손가락을 세워 보였다. 이에 동자는 문득 깨달았다.

구지가 세상을 떠날 때가 되어서 대중에게 말했다.

"내가 천룡의 한 손가락 선을 얻어 일생을 쓰고도 다 쓰지 못했다."

그렇게 말을 마치고는 입적했다.

■ **무문송**

俱胝鈍置老天龍, 利刃單提勘小童. 巨靈抬手無多子, 分破華山千萬重.

구지는 늙은 천룡을 바보 취급하고/ 날카로운 칼로 동자를 점검하였네.

거령신이 아무렇지 않게 손을 들어/ 천만 겹 화산(華山)을 쪼개버린 것처럼.

■ **관응강설**

세 번째는 구지견지(俱胝堅指)입니다. 구지 스님은 법을 반평생이 되도록 외웠습니다. 구지 주문을 많이 외웠다고 해서 법명이 구지입니다. 하루는 저녁이 되었는데 비구니가 달려듭니다. 실제(實際)스님입니다. 일반적으로 절에서는 나갈 때 입는 삿갓, 행장, 지팡이를 어디다 감춰야 합니다. 부처님 법당 앞에 갖다놓으면 벌을 받습니다. 보통은 삿갓을 벗고 인사를 하는 법인데 실제 스님은 삿갓도 벗지않고 앞에 딱 서서 "여기서 바른 소리를 하면 하루 묵고

갈 것이고 아니면 바로 갈 것이다.”고 합니다. 대답을 못하자 그냥 가버립니다. 그러자 구지 스님은 밤새도록 속을 앓았습니다. ‘내가 대장부로써 비구니에게 치욕을 당했으니 꼴이 아니다.’고 생각합니다. 그런데 열흘 정도 앓다보니 갑자기 하늘에서 책이 하나 나오더니 “어디 갈 것도 없이 며칠만 있으면 좋은 선지식이 와서 스님을 개발해줄 것입니다.”고 합니다. 그렇게 며칠 지나니까 천룡 화상이 와서 법문을 들었는데 법문을 듣고 “도리가 어떻습니까?”하고 물으니 천룡 스님이 손가락을 하나 세웁니다. 그러자 대번에 알아챕니다. 천룡 화상에게서 법을 받은 것입니다. 얻은 법이라곤 고작 손가락을 세우는 것입니다. 손가락 하나로 내가 없어지고 우주 법계와 한덩어리가 되었습니다. 그래서 글자를 몰라도 부처님 도리는 환합니다. 그 후로 뭐든지간에 손가락을 세웁니다. 그런데 시봉하는 동자가 구지 스님이 손가락을 세우는 것을 봤습니다. 어느날 구지 스님이 어디 가서 없었는데 누가 찾아와서 동자에게 구지 스님이 어디 갔는지 물어봅니다. 그리고 동자는 찾아온 스님에게 무슨 일로 왔는지 묻습니다. 그러자 “스님께 법을 알러 왔다.”고 합니다. 그러자 동자가 자기도 좀 안다고 손가락을 하나 세웁니다. 속은 모르고 겉모습만 따라한 것입니다. 그래서 그 찾아온 스님은 가고 밤이 되자 구지 스님이 돌아왔습니다. 그런데 이 동자가 자랑을 한다고 구지 스님에게 이야기를 했습니다. 누가 왔는데 법문을 해주었다고 합니다. 그래서 구지 스님이 어떻게 했느냐고 물었습니다. 동자가 손가락을 세우자 구지 스님이 그 손가락을 칼로 잘라버립니다.

그러자 동자가 아프다고 내빼는데 구지 스님이 동자를 불렀습니다. 동자가 돌아보니 구지 스님이 손가락을 세워보였습니다. 그걸 보고 동자가 깨달았습니다. 구지 화상은 천룡 화상에게 배워서 손가락을 세워서 사람을 깨닫게 합니다. 눈에 안 보이는 힘이 큽니다. 그 힘이 있고 손가락을 세워야 하는데 동자는 힘도 없이 손가락을 세우니 그렇게 된 겁니다. 그래서 손가락을 세우려고 해도 손가락이 없는데 구지 화상이 손가락을 세우는 것을 보고 깨달은 것입니다. 그래서 제목도 구지 스님이 손가락을 세우는 것입니다. 나중에 구지 스님이 세상을 떠날 때에 대중에게 "나는 천룡 화상에게 배운 것을 평생을 해도 다 쓰지 못했다."고 말합니다. 사람은 죽었지만 법은 남겨놓고 갑니다. 알아채면 다 같습니다. 천룡, 동자, 구지뿐만 아니라 여기 있는 사람도 한 꼬지로 꿰는 것이 됩니다. 명태 20마리를 한 떼라고 합니다. 그것을 한꺼번에 꿰습니다. 옛날에 곶감을 접어서 100개를 10 꽃이에 꽂습니다. 한 꽃이에 꿴다는 것이 그런 것입니다. 그러면 어제 나온 조주나 삼세제불이나 같이 손을 잡고 뛰어다니며 노는 것입니다. 이제 염제를 봅시다. 능엄경에 도치법이 나옵니다. 여기서는 칼로 어린 아이의 손가락을 끊었다고 해서 구지나 천룡을 둔치하다 미련하다고 합니다. 하지만 이것은 농담입니다. 그런데 어린 아이를 견성하게 했으니 얼마나 장하냐고 합니다. 대단한 솜씨라고 합니다. 중국의 신화를 보면 천지를 개벽시키는 귀신을 거령(巨靈)이라고 합니다. 처음에 강산이 막혀 물이 흐르지 못했는데 거령이 손을 탁하고 치면 물이 흘러갑니다. 천룡이나 구지나 그런 솜씨를 가진 것입니다. 거령이 손을 탁 한번 치는 것이 별 것 아닙니다. 거령을 손을 탁하고 친 것의 한 쪽은 화산이 되고 한 쪽은 수양산이 되었습니다. 그 사이로 강이 흐르게 되었습니다.

무문관 강설 제5

(4) 무문관 제4칙 호자무수(胡子無鬚)

달마는 수염이 없다 (胡子無鬚)

或庵曰, 西天胡子, 因甚無鬚.

혹암이 말했다.

"서천(西天)의 오랑캐(胡子 ; 보리달마)는 어째서 수염이 없는가?"

■ 무문송

癡人面前, 不可說夢. 胡子無鬚, 惺惺添懵.

어리석은 사람 앞에서는/ 꿈 이야기를 하지 말라.

오랑캐는 수염이 없다는 말/ 밝고 분명한 것을 애매하게 만드네.

■ 관응강설

넷째 호자무수(胡子無鬚)입니다. 胡子는 달마를 가리킵니다. 달마를 보면 수염이 가득한데 여기서는 수염이 없다고 합니다. 달마는 인도의 행지왕의 셋째 아들입니다. 반야다라 존자를 만나 견성을 했습니다. 나중에 반야다라 존자가 열반에 들 때 달마에게 "동쪽에 지나란 나라가 있는데 네가 거기로 가서 대승법을 펴야 한다."고 합니다. 달마가 배를 타고 중국의 광저우에 도착합니다. 당시 광저우는 양무제의 땅이었습니다. 당시 중국은 남북으로 갈려져 있었는데 강남, 강북으로 갈라져 있었습니다. 강남에는 6조가 세워졌는데 그 가운데 다섯째 조정이 바로 양나라였습니다. 양무제는 소연이라는 사람이었는데 평민으로 살다가 천자가 되었습니다. 즉위한 이래 국토에 84,000개의 부도불탑을 세우고 중과 마찬가지로 육식을 하지 않습니다. 그래서 호가 불심천자(佛心天子)입니다. 양무제의 일족인 소앙(蕭昻)이란 자가 당시 광주자사였는데 눈이 노란 이상한 중이 서역에서 왔다는 말을 들었습니다. 그래서 자신의 친척인 양무제가 불교를 좋아하는줄 알고 보고를 했습니다. 양무제가 자기가 타는 가마(鳳輦)를 그쪽으로 보냅니다. 한 마디로 천자의 자가용을 보낸 것입니다. 그렇게 달마를 모셔옵니다. 그렇게하고 양무제는 자신이 했던 사업에 대해 실컷 자랑을 합니다. "짐이 국토에 팔만사천 부도불탑을 세웠는데 그 공덕이 쓸만합니까?" "하나도 없습니다." 그러자 양무제는 머뭇거리다 "성지제일(부처님의 진리)가 무엇입니까?"하고 묻습니다. 그러자 달마는 "텅 비어서 성인이 없습니다."고 말합니다. "짐이 들으니 당신이 서역에서 온 성인이라고 들었는데 짐의 앞에 있는 이는 대체 누굽니까?"고 양무제가 묻습니다. 달마는 "불심(不審)!(모르겠습니다)"이라고 대답합니다. 不審은 부지(不知)와 같은 소리입니다. 이 모른다는 것이 법문입니다. 성인이고 뭐고 간에 천지만물의 주인공되는 본성자리 그것을 말하는 것입니다. 그것을 아는 사람이 성인입니다. 달마가 텅 비어서 없다고 하는 것도 법문입니다. 끝도 없고 밑도 없는 불성자리를 말한 것입니다. 그대로가 법문인데 천자는 모릅니다. 본성자리이 자리가 만물을 아는 것입니다. 유가의 공자 말도 같습니다. 달마의 법문과 같습니다. "천지의 도는 한 말로 할 수 있다. 그 물건 됨됨이는 둘이 아니다. 그렇지만 그것이 만물을 내는 것은 범부들이 헤아릴 수 없다.(천지지도 가이일언 진기위물불이 이기생물불측 天地之道 可以一言 盡其爲物不貳 而其生物不測)"고 합니다. 한 말[一言]의 물건 됨됨이(법성, 생명체)는 둘이 아닙니다. 이 공자의 말은 달마의 말과 같은 것입니다. 만물을 낳는 것으로 우리 범부들이 알수 없기 때문에 달마가 불심(不審)이라고 한 것입니다. 비록 큰 성인이 있다 하더라도 그를 분별할 수 없는 것입니다. 도저히 사량분별로 알 수 없는 자리입니다. 그 물건이 둘이 아니라고 해도 내세울수는 없습니다. 하나에서 빠져나온 물건이 그 모체를 알 수 없는 것입니다. 모르기 때문에 신앙심을 내고 신봉하는 것이지 다 알면 숭앙할 필요가 없어집니다.

근래에 동산 스님이 있습니다. 해인사에 있는 종정스님과 문답을 했는데 동산 스님이 말합니다. "자네가 나를 언제 봤는가?"라고 말합니다. 그 말은 네가 아무리 그래봤자 나를 보지 못한다는 말입니다. 기막히며 섬뜩한 법문입니다. 법성자리는 보이는 자리가 아닙니다. 부처와 부처가 한 자리에 모였다고 해도 서로 보지 못하는 자리입니다. 달마의 이야기로 돌아와서 달마가 不審이라고 한 것이 법문인데 양무제나 양무제의 주변 사람들은 법문인줄 모릅니다. 무슨 재미가 있을 턱이 없습니다. 그러니 달마를 앞에 놓고 양무제가 꾸벅꾸벅 졸게 됩니다. 그 사이에 달마는 살며시 나가 양자강을 건너갑니다. 그래서 중악에 들어가 소림굴에 9년을 들어앉습니다. 당시 강남은 6조였지만 강북은 위나라 때였습니다. 달마가 묵묵히 수행을 하자 사람들이 그 매력애 빠져 귀의를 하게 되는데 시기를 하는 사람들도 생깁니다. 그 사람들이 돌팔매질을 해서 달마의 이가 두 개 빠지게 됩니다. 당시 절의 주지도 지내고 교에 통달한 신광(神光)이란 스님이 있었습니다. 키가 9척 장신으로 대장부답게 생겼습니다. 그런데 9년 동안 소림사에서 먹지도 않고 자지도 않은 달마의 이야기를 듣고 심상찮다고 생각합니다. 하루는 섣달 초이레날 눈이 많이 온 날에 소림굴 앞에서 뭘 가르쳐달라고 가만히 있는데 달마가 돌아도 안봅니다. 눈이 밤새도록 와서 어깨까지 옵니다. 그러자 신광이 진심을 내서 칼을 내어 자기의 오른팔을 끊어버립니다. 아찔한 소리가 나옵니다. 그러자 달마가 돌아봅니다. 신광이 가슴을 툭툭 두드리면서 "제 마음이 편치 못하여 스님께 편하게 되는 방법을 묻겠습니다."고 간절히 요청합니다. 신광도 그 때까지는 우리와 같았던 모양입니다. 내 몸 속에 마음이 하나 들었다고 생각한 모양입니다. 그러자 달마가 손을 내밀어라고 합니다. 그리고 "네 마음을 손바닥에 놓아보거라."고 말합니다. 마음을 가져오면 편하게 해주겠다는 것입니다. 그 때 비로소 신광이 마음을 찾아보기 시작합니다. 몸속에 아무리 찾아봐도 없습니다. 몸밖에도 없습니다. 안과 밖과 중간을 아무리 찾아봐도 없습니다. 신광이 아무리 찾아봐도 없으니까 "마음을 아무리 찾아봐도 찾지 못하겠습니다."고 말합니다. 그러자 달마는 "너의 마음은 이미 편안하게 되었다."고 합니다. 그 때 신광이 깨닫습니다. 그 후 신광의 법명이 바뀌는데 부처님의 혜명(慧命)을 받을 만 하다고 해서 혜가(慧可)라고 지어줍니다. 2조 혜가가 그 사람입니다. 이렇게 달마가 유명해지자 그를 독살하려는 이들도 나오는데 여러 번 독약을 마셔도 안 죽습니다. 그런데 나중에 항문을 막고 일부러 죽으려고 약을 먹습니다. 웅이산(熊耳山)에서 장사를 지냅니다. 그래서 석곽을 만들어 신도 신겨놓고 장사를 지냈습니다. 그런데 3년 후에 소문이란 사람이 서역에 사신을 갔다가 돌아오는 길에 고비사막, 파미르 고원을 지나가다가 달마 스님이 가는 것을 봅니다. 그래서 달마 스님을 본 소문이 보고 절을 꾸뻑합니다. "대사님 어디 가십니까?" "난 서역으로 돌아가네."하고 가더랍니다. 나라에 돌아오니까 양무제 다음 소정덕이 왕이 되어 있었는데 보고하는 끝에 달마 대사를 봤다는 말을 합니다. 그러자 3년 전에 죽어서 웅이산에 장사지냈다는 말을 합니다. 이상하니까 달마 스님의 무덤을 확인해보니 석곽은 무사한데 신고 있던 신은 한 쪽 밖에 없었다고 합니다. 그것은 죽음이란 것이 없다는 것을 말합니다. 본래 본성이란 이렇다 저렇다 할 수 없습니다. 불심을 모르는데 어떻게 말을 붙입니까? 모르는 것을 그대로 놔두면 안되겠으니까 뒤의 중생들을 위해서 말을 붙일 수 없는 자리에 말을 붙입니다. 부처님께서 열반에 드신 며칠 후 가섭 존자가 포교를 갔습니다. 그런데 스님들이 춤을 추고 있습니다. 그러자 가섭 존자는 "너희들 석가모니께서 열반에 드신 줄도 모르고 그렇게 춤을 추고 있느냐?"고 합니다. "석가모니가 계실 적에는 계율로 사람을 꼼짝 못하게 해서 대단히 고단했는데 돌아가시니 이제는 편하게 살자고 춤을 춘 것입니다."고 대답합니다. 아무튼 석가모니가 돌아가시니 8국의 왕이 와서 금으로 된 관을 만들어줬습니다. 그리고 "세존께서 어찌 그렇게 빨리 돌아가셨습니까."고 한탄하는데 그러자 금관 밖으로 발이 쑥 나오더라 이 말입니다. 달마 대사를 본 것도 그런 것입니다. 불성 자리는 죽는 것도 없고 사는 것도 없는데 그것을 실제로 본 것입니다. 달마 대사는 수염을 많이 기른 것 같은데 호자무수(胡子無鬚)라고 합니다. 달마가 수염이 없다는 말입니다. 불교에서는 머리카락을 무명초라고 합니다. 머리카락은 무명이 많은 사람이 많이 나온다고 합니다. 손톱과 발톱은 기운의 나머지가 나오는 것이고 머리카락은 피의 나머지가 나오는 것입니다. 머리가 많고 수염이 많고 털이 많은 사람이 건강하다고 합니다. 불교에서는 터럭을 대단하지 않게 여깁니다. 무명, 번뇌가 많으면 나온다고 여기기 때문입니다. 사람이나 동물 가운데 털이 많은 것은 업이 많다는 것입니다. 그래서 소나 돼지 개는 순 털만 있습니다. 그래서 중들이 머리를 깎습니다. 그러므로 호자무수(胡子無鬚)는 달마는 번뇌가 없다는 말입니다. 여기에 친견하면 어긋난다는 말은 친견하는 놈과 친견해주는 놈이 있으니 이미 두 덩어리입니다. 근진, 주관과 객관이 생긴 것이기 때문입니다. 주관과 객관이 한 덩어리로 붙어야 합니다. +와 −가 붙어야 전기가 일어납니다. 우리는 모두 떨어져 있습니다. 주관과 객관이 갈라져있어 맨날 주관이 객관을 따라가기 때문에 괴로운 것입니다. 시원찮게 깨달으면 안되는 것입니다. 여기서 달마를 친견한다는 것은 달마와 한 덩어리가 된다는 것입니다. 친견은 실제로 되는 것이지 말로 되는 것이 아닙니다. 깨달았다, 미했다고 하는 소리를 깨닫지 못한 사람들에게 함부로 이야기하면 안됩니다. 그것은 어두운 것을 덮어씌우는 것과 같습니다. 원래 완성되어 있고 멀쩡한 사람에게 맞지 않는 소리입니다. 무문이 북 소리를 듣고 깼다고 했습니다. 그러나 북소리가 동기는 될지언정 북소리가 깨는데 밑천이 되는 것은 아닙니다. '견명성오도(見明星悟道)'는 부처님께서 밝은 별을 보고 견성했다는 말입니다. 붉은 도화꽃을 보고 견성한 스님도 있습니다. 저 현사라는 사람은 발가락에 돌이 딱 차이자 견성을 했습니다. 그렇다고 해서 뒤에 가는 사람이 그것을 보고 자꾸 발가락에 돌을 차고해도 되겠습니까? 예전에 법당이 오래되어서 경을 놔둔 것이 풍비박산이 되어 밖에 날아다녔습니다. 소가 풀을 뜯어먹고 숨을 쉬다 그 책장을 한 장 날렸는데 공덕이 되어서 천상에 났다는 말도 있습니다. 어떤 개는 법당 옆에서 똥을 눴기 때문에 천상에 났다는 말도 있습니다. 그 이야기를 듣고 그 개나 소처럼 똑같이 하는 사람이 생깁니다. 그것을 구계우계라고 합니다. 견성을 못한 사람은 엉뚱한 곳에 팔려들어 갈 수 있습니다. '인성견오 오파비성(因星見悟 悟罷非星)'이라고 합니다. 별을 인해서 깨달음을 봤으나 깨달음을 마치면 그것은 별이 아니라는 말입니다. 그 때는 별도 없고 깨달음도 없습니다. 깨달음이 남아 있으면 안됩니다. '불축어물 불시무오(不逐於物 不是無悟)' 깨달으면 생활이 일부러 하려고도 하지 않고 안 하려고도 하지 않습니다. 이걸 말후구를 얻었다고 합니다. 최초구와 말후구가 있는데 말후구를 얻었다는 것입니다. 일부러 화를 피하려고도 하지 않고 일부러 화를 불러오지도 않는다는 것입니다. 눈으로나 귀로나 밖에 있는 저 물건, 육진을 따라가지 않습니다. 봐도 심드렁합니다. 욕심내거나 하지 않습니다. 멍청히 있지도 않습니다. 말후구를 얻은 사람의 이야기를 하나 하겠습니다. 덕산 스님 밑에 설봉 스님의 사형인 암두 스님이 있었습니다. 그 스님이 자신이 죽을 때 큰 소리를 한번 하고 죽는다고 합니다. 한 날은 난리가 났는데 모두 다 도망가고 없는데 암두 스님 혼자 남아 가만히 있습니다. 그러자 적군이 와서 암두 스님 목을 탁하니 칩니다. 그러자 "아얏!"하고 죽습니다. 큰 소리를 하고 죽었지요? 도망가지 않았습니다. 그것이 말후구를 얻은 사람의 행동입니다. 전라도에 이름이 이서구(李書九)인 강산(薑山)이란 사람이 있었습니다. 29살 먹어서 하루는 사람을 불러서 편지를 써줍니다. "네가 언젠가는 강원도 금강산으로 가거라. 가면 절이 있는데 뒤로 돌아가면 주방이 있는데 거기 보면 새카만 늙은이가 불을 땔 것이다." 그 영감에게 갖다주라는 말입니다. 그래서 며칠을 걸려 금강산에 갑니다. 절에 가서 그 부엌에 갔는데 노인을 만났습니다. 그래서 전해줬는데 그 노인은 전해받고 그 편지를 꾸깃꾸깃 하더니 불에다 던져버립니다. 그리고 산에 가서 도끼를 가지고 나무를 쾅쾅 칩니다. 그러다가 죽었는데 죽으니까 어디서 금관조복을 한 대신들이 수십명이 오더니 장사를 지냅니다. 그러고는 가서 전라감사에게 가서 보고합니다. 봐도 몰라서 무슨 일입니까 하고 물으니 도를 가르치던 자신의 스승이라고 합니다. 동문들은 모두 갔는데 자신은 멀어서 장례에 참석 못했다고 합니다. 불교 말후구를 얻은 사람은 그렇게 될 것을 알지만 안 피합니다. 말후구를 얻으면 어디를 가도 편합니다. 그러니까 달마가 무슨 말을 할 필요가 있겠습니까? 그래서 6년 동안 가만히 있었던 것입니다. 말할 일이 없습니다. 깨달으면 알아볼 사람만 알아봐서 혜가와 같은 사람들만이 찾아올 뿐입니다. 혜가 대사 한 사람을 제도하는 바람에 중국 천지가 선종으로 바뀌었습니다. 그러니 호자무수(胡子無鬚)란 이 소리가 군더더기 소리입니다. 몽매한 것을 더해주는 말 밖에 안 됩니다.

(5) 무문관 제5칙 향엄상수(香嚴上樹)
향엄이 나무에 오르다 (香嚴上樹)

香嚴和尚云, 如人上樹, 口啣樹枝, 手不攀枝, 腳不踏樹, 樹下有人, 問西來意. 不對即違他所問, 若對又喪身失命, 正恁麼時, 作麼生對.

향엄 화상이 말했다.

"가령 그대가 나무에 올라가서 입으로 나뭇가지를 문 채 손으로도 가지를 잡지 않고 발로도 나무를 딛지 않고 있는데, 나무 아래의 어떤 사람이 '조사께서 서쪽에서 오신 뜻'을 묻는다고 하자. 대답하지 않으면 그가 묻는 것에 어긋나고 만약 대답한다면 목숨을 잃을 것이다. 바로 이러한 때 어떻게 대답할 것인가?"

■ **무문송**

香嚴真杜撰. 惡毒無盡限. 啞却衲僧口, 通身迸鬼眼.

향엄은 참으로 터무니없고/ 악독하기가 이를 데 없네.

납승의 입을 틀어막고/ 온몸에 귀신 눈 솟게 만든다.

■ **관응강설**

다섯 번째 향엄상수(香嚴上樹)입니다. 향엄 이야기를 해야겠습니다. 향엄은 위산 스님의 제자입니다. 위산 스님은 한 날 향엄 스님에게 "네가 어떤 문자를 가지고 본성 자리를 말해보거라."고 합니다. 그것을 대답하려고 자기가 기억하는 별 말을 다 꺼냅니다. 그러니까 위산 스님은 말하는 족족 "불시(不是)"라고 합니다. 맞지 않는다는 말입니다. 그리고는 있는 경전은 다 펴놓고 찾아봤단 말입니다. 그런데 없습니다. 뭘 말해도 불시불시 不是不是하고 맙니다. 그래서 향엄이 분(忿)이 나는데 이 분이 나야 뭐가 되고 깨달음이 생깁니다. 대지를 분하게 해서 통하게 하는 것처럼 말입니다. 그래서 조사들이 처음 찾아온 사람들을 못살게 푸대접합니다. 육조도 오조 홍인을 찾아가니까 "영남 오랑캐는 불성이 없는데?" 소리를 들으며 푸대접을 받습니다. 그것은 제자를 위해 철두철미하게 한 소리입니다. 그런데 육조가 "사람은 남북이 있을지언정 불성이 어찌 남북이 있겠습니까?"합니다. 싹수가 있는 사람이었습니다. 아무튼 돌아가서 위산 스님이 향엄 스님의 분을 내게 해줍니다. 향엄이 이번 생에는 스님이 저렇게 푸대접하니 별 수 없다. 대충 살다 죽어야겠다고 생각합니다. 그런데 그렇게 생각해도 뭔가 미진한 게 있습니다. 하루는 위산 스님을 떠나 저 남양의 혜충(慧忠) 국사의 탑에 갔습니다. 그곳이 혜충이 육조에게 법문을 듣고 40년을 있었던 터입니다. 향엄이 그곳에서 토굴을 짓고 사는데 부지런해서 거기서 마당도 쓸고 풀도 뽑고 했습니다. 그래도 향엄이 그 후로도 계속 파고 드는 것이 있었나 봅니다. 마당을 쓸다가 기와 조각을 던졌는데 대나무에 부딪혀 땅 하는 소리에 깨달음을 얻습니다. 그리고 오도송을 지었습니다. "일격망소지 갱부가수치 동용양고로 부타소연기 처처무종적 성색외위의 제방달도자 함언상상기(一擊忘所知 更不假修治 動用揚古路 不墮悄然機 處處無踪跡 聲色外威儀 諸方達道者 咸言上上機)" 대나무에 한번 치는데 번뇌망상이 한 번에 없어졌다는 말입니다. 소지(所知)는 경지, 능지를 말합니다. 능지는 식근으로 근진식 세 가지입니다. 그 놈이 탁 내려앉아야 합니다. 백천 겁 동안 쌓아진 것이 내려앉습니다. 망소지가 되어야 합니다. 다시 내용으로 돌아가서 그 때부터 다시 닦고 다스릴 것이 없습니다. 하고싶은대로 하면 다 법에 맞습니다. 언행이 부처님의 언행과 같게 됩니다. 움직이고 쓰는데 옛 길(본분)이 드러납니다. 옛 길은 본분이 드러난다는 것입니다. 그리고 변변찮은 기틀에 떨어지지 않습니다. 가는 곳마다 종적이 끊어진다고 합니다. 하는 모양이 없어져버립니다. 하는 짓이 모두 성색(聲色)밖의 위의가 됩니다. 물들지 않은 경지에 이르렀다는 것입니다. 그러니까 시방(十方)의 도 닦은 사람들이 모두 상상기(上上機)라 이름 해주더라는 것입니다. 이와 같이 토굴 터에 암자를 짓고 살다가 깨닫습니다. 향엄이 그곳에서 멀리 향불을 피워 위산 스님에게 절을 했습니다. "만약 당시에 저를 위해 무엇을 일러주셨다면 오늘의 제가 있을 수 없습니다."하고 며칠 후에 위산 스님에게 와서 절을 합니다. 위산 스님이 상좌가 깨달았으니 기특해서 먼저 깨달음을 얻었던 앙산에게 가서 자랑을 합니다. 앙산이 향엄의 이야기와 오도송을 듣고 "이것은 분별심을 갖고도 할 수 있습니다."고 합니다. 그래서 향엄을 불러 서로 이야기를 해보게 합니다. 향엄이 말합니다. "거년빈미시빈 금년빈시시빈 거년빈무탁추지지 금년빈추야무(去年貧未是貧 今年貧始是貧 去年貧無卓錐之地 今年貧錐也無)" 작년의 가난한 것은 가난한 것이 아니었더니 금년의 가난한 것이 비로소 가난한 것이다. 작년 가난할 때는 송곳 세울 땅도 없더니 올해 가난은 송곳까지도 없어졌다. 그러니까 앙산이 아직 말후구를 못 얻었다고 합니다. 그러자 향엄이 한 마디 더 합니다. "오유일기 순목시이 약인불회 별환사미(吾有一機 瞬目示伊 若人不會 別喚沙彌)"라고 합니다. "내가 한 기틀이 있으니 눈을 깜빡여 그에게 보였노라. 만약 그렇게해도 알지 못할진대 따로 시자를 부르리라."고 말하니 그제야 앙산이 되었다고 말합니다. 향엄이 그런 사람입니다. 향엄상수(香嚴上樹)로 돌아갑시다. 上樹는 나무에 올라간다는 말입니다. 그런데 입으로 나뭇가지를 잡고 있어 말하면 떨어지는 상황입니다. 이러면 평소에 아무리 말을 잘한다고해도 소용없습니다. 그러면 분별망상을 일으키며 설치던 사로도 없어지고 종전에 분별로 설치던 활로도가 말짱 없어질 것입니다. 바꾸어집니다. 지혜가 나오고 번뇌망상은 없어진다는 말입니다. 그런 경지가 아니면 물을 곳이 어디 있느냐? 장래에 중생을 가르치는 미륵 보살을 기다릴 수 밖에 없다고 합니다. 여기 나오는 두찬(杜撰)은 글을 잘 짓지도 못하면서 지으려고 하는 것입니다. 이 사람 이름이 두묵(杜默)인데 평생 운이 안맞고 짝이 안맞는 말을 자꾸 씁니다. 두서없이 글 짓습니다. 그래서 여기서 향엄의 말이 보통 두찬이 아니라고 합니다. 입으론 말을 못해도 속으로는 망상이 얼마든지 끓을 수 있습니다. 온 몸에 귀신 눈(분별망상)이 수없이 풍풍 나온다는 것입니다. 솟구쳐 나온다도 됩니다.

(6) 무문관 제6칙 세존염화(世尊拈花)

세존께서 꽃을 들다(世尊拈花)

世尊昔在靈山會上, 拈花示眾. 是時眾皆默然. 惟迦葉尊者, 破顏微笑. 世尊云, 吾有正法眼藏, 涅槃妙心, 實相無相, 微妙法門, 不立文字, 教外別傳, 付囑摩訶迦葉.

세존께서 옛날 영산회상에서 꽃을 들어 대중에게 보이셨다. 그때 대중들은 모두 말이 없었으나 오직 가섭 존자만 빙그레 미소 지었다.

세존께서 말씀하셨다.

"내게 정법안장(正法眼藏), 열반묘심(涅槃妙心), 실상무상(實相無相)인 미묘한 법문이 있으니, 문자에 의지하지 않고 교설 이외에 따로 전하여 마하가섭에게 부촉하노라."

■ 무문송

拈起花來, 尾巴已露. 迦葉破顔, 人天罔措.

꽃을 들어 올렸을 때/ 이미 꼬리까지 드러났도다.

가섭은 빙그레 웃는데/ 사람과 하늘 어쩔 줄 모르네.

■ 관응강설

여섯 번째 세존염화(世尊拈花)입니다. 여기서 정법안장, 열반묘심, 실상무상, 미묘법문, 불립문자, 교외별전이란 말 다들 아실겁니다. 이 법을 가섭 존자에게 전한다는 것입니다. 여러 사람 앞에서 전한 것입니다. 부처님의 성은 구담입니다. 고타마입니다. 부처님의 얼굴이 노란데 그래서 구담 황면이라 하면 부처님을 가리키는 것입니다. 식육점에서 염소를 판다고 해놓고 개고기를 파는 것은 선문의 장사가 그와 비슷하다는 것입니다. 무문은 부처님보고 방약무인하다고 합니다. 방약무인은 간도 크고 엉큼하다는 것입니다. 세상의 백만 대중이 모였는데 모두 천한 사람을 만들어버려서 그렇다는 것입니다. 염소 고기가 맛이 좋다는데 중국 사람들은 즐겨 먹는다고 합니다. 장군이 전쟁 가서 싸우고 공을 이루면 모아놓고 염소고기 국을 끓여준다고 합니다. 그게 그렇게 맛있답니다. 그걸 굳힌걸 羊羹이라고 하는데 일본 사람들은 염소를 먹을 수 없으니 설탕이나 팥을 넣고 양갱, 요오칸이라고 합니다. 설탕을 넣어도 맛이 좋다고 해서 양갱이라 한 것입니다. 겉으로는 그렇게 맛있다는 염소 국을 붙여놓고 속으로는 개를 팝니다. 겉과 속이 다르게 장사를 하는 것입니다. 비싼 값 다 붙여놓고 할인해준다고 합니다. 그걸 현양매구(縣羊賣狗)라고 합니다. 부처님의 행동이 그와 다를 바가 없다고 하는데 이건 탁하고 치는 것입니다. 만약 그 당시에 가섭 혼자 웃었기에 가섭 한 사람에게 줬지만 대중이 모두 웃었다면 어떻게 전해줬을 것인가라고 합니다. 설사 가섭이 반대로 가섭조차 안 웃었다면 어떻게 되었을까요. 우리 법성체, 생명자리 우주전체 생명체를 정법안장(正法眼藏)이라고 합니다. 그 가운데는 온갖 밝은 기운이 다 간직되어 있습니다. 이것은 어딜 갖다놔도 바르고 법같고 불려져 나오고 소화가 안되는 곳에 놔두면 소화가 되고 다 되는 것입니다. 정도 되고 법도 되고 안도 되고 그 속에 모든 것이 간직되어 있습니다. 삼라만상, 열반이 다 들어있습니다. 실상무상, 미묘법문이라고도 할 수 있는데 그 자리는 문자로 이렇다 저렇다 할 수 없는데 그것이 바로 우리 마음자리입니다. 마음자리는 개인의 마음이 아니라 우주 전체의 생명체, 마음자리입니다. 그래서 어떤 사람이 주제넘게 남 줄 수도 없고 석가도 안 됩니다. 가섭도 자신이 뭐라고 그걸 받겠습니까. 주고받고 뺏고 할 수 없는 자리입니다. 공동생명체라 석가도 가섭도 이렇게 저렇게 할 수 없습니다. 만약 정법안장을 전수할 수 있으면 석가가 남을 속이는 소리라는 것입니다. 송을 봅시다. 부처님이 이렇게 꽃을 드니까 꼬리까지 드러난다고 합니다. 밑천이 다 드러났다는 말입니다. 다 드러났는데 눈을 뜨고도 못 봅니다. 어디 감추는 사람이 어디 있습니까? 가섭이 혼자 웃는데 인천(人天) 그 자리에 있던 백만 대중이 다 눈이 휘둥그레졌다는 것입니다. 가섭은 아니까 혼자 웃습니다. 모르는 것에 대해 설명하겠습니다. 옛날에 김삿갓(김병연)이 강원도에 갔는데 비가 오는 날 어느 집에 들어가니 늙은이가 앉아서 밭을 메고 있었습니다. 하룻밤 자고 가자고 구걸하니 그러자 늙은이가 자기 집에는 글 못하는 사람은 못 잔다고 합니다. 글을 한 구 주면 재워주겠다고 합니다. 글을 어떻게 지으면 되겠느냐고 물으니까 노인이 운자를 내고 제목을 줄테니 지어보라고 합니다. 귀머거리로 시를 지어보라고 합니다. 운자를 달라고 하니까 부(鳧)와 호(狐), 구(駒)를 줍니다. 그러자 시를 짓습니다. "인어경우독구(人語耕牛獨駒) 사람들은 밭가는 소를 이야기하는데 혼자 망아지 소리를 하네. 미간순동자의호(眉間脣動自疑狐) 미간이나 입술이 움직이는 것을 보고도 스스로 의심하는 여우여(자신을 보고 뭐라고 안했는지 의심합니다.) 불문포성하처기(不聞砲聲何處起) 총소리가 어디서 난지도 듣지 못하고 소문강천낙하부(笑問江天落下鳧). 웃으며 저 강천에서 떨어져 내리는 오리를 묻네." 그러자 하룻밤을 재워주더랍니다. 눈을 못보고 소리를 못듣는 것은 참으로 불쌍한 것입니다. 그런데 우리는 눈을 뜨고도 못 봅니다. 부처님과 가섭 존자의 수작을 모르고 멀뚱히 보기만 합니다.

무문관 강설 제6

(7) 무문관 제7칙 조주세발(趙州洗鉢)

조주의 발우 씻기(趙州洗鉢)

趙州因僧問, 某甲乍入叢林, 乞師指示. 州云, 喫粥了也未. 僧云, 喫粥了也. 州云, 洗鉢盂去. 其僧有省.

조주에게 어떤 승려가 물었다.

"저는 이제 막 총림에 들어 왔으니 스님의 가르침을 바랍니다."

조주가 말했다.

"죽은 먹었느냐?"

승려가 말했다.

"먹었습니다."

조주가 말했다.

"발우나 씻어라."

그 승려는 문득 깨달았다.

■ 무문송

只爲分明極, 翻令所得遲. 早知燈是火, 飯熟已多時.

다만 너무나 분명하기 때문에/ 도리어 얻기에 더디다.

일찍이 등불이 불임을 알았던들/ 밥은 이미 되고도 남았을 것을.

■ 관응강설

일곱 번째 조주세발(趙州洗鉢)입니다. 실제로 난 문자에 대해서 넉넉하지 못한 사람입니다. 나와 같이 있어본 사람은 대개 아는데 난 실제로 30이후에는 책을 안 봤습니다. 내가 출가를 선방에서 했기 때문에 책을 읽지 않았습니다. 내게 수학을 하는 사람이 있어도 책 안보고 가르쳤습니다. 서투른 점이 많습니다. 나는 유교 전통 가정에서 태어났습니다. 우리는 학교를 늦게 갔습니다. 10살을 넘어서 학교에 갔고 그 전에는 집에서 한문 공부를 했습니다. 어른들이 유학을 잘 해서 글을 배웠는데 그래도 가정교육을 괜찮게 받았습니다. 공자의 아버지는 숙량흘이다 어머니는 안징재라고 배웠는데 동양철학, 윤리를 가르치는 전문학교에서는 안징재를 안미재라고 합니다. 글씨가 틀린 것입니다. 내가 알았지만 가만히 듣기만 했습니다. 당시에는 대학 선생이라도 바로 아는 경우가 드물었습니다. 오늘 강의에 내가 문자를 옳게 알고 강의하는지 내 자신을 믿지를 못하겠습니다. 혹 틀려도 여러분들이 지적해주시기 부탁드립니다. 내 머릿속에 있는 책은 지금으로부터 50년 전의 책이지 그 사이의 책은 없습니다. 요즘 책을 모릅니다. 박학다식한 사람도 실수를 합니

다. 난 전문적인 학자도 아닌데 실수가 매우 많겠지요. 우리나라의 정다산 정약용이 아주 박학합니다. 어릴 적 부형을 따라 중국에 갔습니다. 거기서 젊은 재사가 왔다고 해서 모든 학자들이 야단이었습니다. 그래서 유명한 간판이 붙었는데 '오설능상(傲雪凌霜)'이란 글자입니다. 어떤 부호가 써달라고 해서 써준 것입니다. 그런데 그 부호가 받아놓고 못마땅한지 고개를 까딱거립니다. '오설능상(傲雪凌霜)' 아주 깨끗하다는 뜻인데 나중에 보니까 그것이 밀가루 파는 집에서 광고할 때 쓰는 것이었습니다. 풍속을 알 수 없어서 그렇게 된 것이었습니다. 맹자가 어렸을 때 홀어머니를 따라다니면서 세 번이나 이사했습니다. 맹모삼천(孟母三遷) 처음에 동쪽 집에서 돼지 잡는 집이 있어서 묻길래 '너를 주려고 잡는다.'고 하니 어린 맹자에게 거짓말을 할 수 없어서 패물을 팔아 돼지고기를 사 먹였다고 합니다. 그런데 중국에서 동쪽 집(東家)라고 하면 주인집이란 뜻입니다. 중국 사람들은 한 울타리 속에서 10대, 20대가 다 같이 삽니다. 그래서 집을 넓게 짓습니다. 남쪽과 동쪽에는 햇살 잘들고 공기가 잘 통하기 때문에 주인집이 나눠서 하고 남으면 셋방을 주는데 맹자 어머니도 그런 집에서 가난하게 살았던 것입니다. 그런 풍습을 우리들은 모릅니다. 설두 중현선사가 대중을 수천명을 거느리고 사는데 대중들이 변소를 어지럽게 해놓습니다. 저녁에 대중들이 다 잠들어서 자는데 등불 들고 가서 정리를 합니다. 그래서 사람들이 설두 중현선사가 음덕을 쌓은 곳이라고 해서 설헌이라고 했는데 중국에서는 변소를 설헌이라고 합니다. 그래서 똥에서 생기는 벌레

를 설헌충이라고 합니다. 파리란 놈은 온갖 곳에 다 앉습니다. 똥에
다가도 앉다가 밥에도 떡하니 앉습니다. 정말 체면이 없는 놈입니
다. 벌레 중에서 가장 말자되는 벌레입니다. 그래서 태말충이라고
합니다. 그런데 이 놈이 한 곳에는 못 앉는데 바로 불덩어리 위에는
못 앉습니다. 중생들도 그와 같아서 오직 부처님 위에는 못 앉더라
는 법문도 있습니다. 불교의 문화가 참 많이 바뀌는데 일본에서 현
옹(玄翁)을 '겐노오'라고 합니다. 쇠망치(큰쇠메)를 뜻합니다. 그런
데 이것이 중의 이름입니다. 문화가 이렇게 발달되고 변하기 때문
에 어떤 사람이 다 알겠습니까? 실수가 있습니다. 때문에 내가 글
을 새기고 설명하는데 잘못된 점이 한둘이 아닐 겁니다. 내가 옛날
에 학교 다닐 때 귀로 들은 것이지 내 재산은 없습니다. 잘못 배워
서 나온 것입니다.

　조주세발(趙州洗鉢)로 돌아가 봅시다. 사람은 사는 물건인데 사
는 것을 옳게하면 그만입니다. 공자는 도란 것이 잠깐도 떠날 수 없
다고 했습니다. 도부가수유리 가리비도야(道不可須臾離 可離非道
也) 도는 사는 자리를 말합니다. 선도(仙道)에 가도 도덕경이 있는
데 道는 우주에 꽉찬 사는 기운을 말한다고 합니다. 생명의 당체를
말합니다. 유교에서는 中이라고 하기도 합니다. 이것은 성(誠)이라
고 바뀌기도 합니다. 우리 법칙은 사는 기운인데 우주 법칙은 조금
도 변동이 없습니다. 질서정연하고 거꾸로 어두워지는 법이 없다고
해서 誠이라고 합니다. 그래서 천지의 도는 한 말로 할 수 있다고
했는데 생명체, 정성 誠자 하나인 것입니다. 誠字가 생명입니다.

誠, 우주 법칙은 변동이 없습니다. 숫자로 해도 6x6=36, 9x9=81 조금도 변동이 없습니다. 誠 거짓이 없는 것이 생명인데 우리 인간들은 천지의 법칙을 그대로 지키지 못합니다. 중용을 보면 誠은 하늘의 도이고 성지(誠之)는 인간의 도라고 합니다. 之하는 것이 사람의 도란 말입니다. 노자 도덕경에서는 법칙을 도라고 하는데, 그것을 인간 생활로 빼내는데 인간 생활을 통해 나오고 발전한 것 그것을 덕(德)이라고 합니다. 불교의 진여나 유가의 중용이나 도가의 도덕이나 똑같이 통하는 소리입니다. 죽으려면 몰라도 살려면 도를 닦을 수밖에 없습니다. 그래서 유가에서 도를 떠날 수 있으면 도가 아니라고 했습니다. 생명이 아니란 말입니다. 부처님이 가르친 것이나 예수가 가르친 것이나 공자가 가르친 것이나 생명을 받은 우리들은 생명을 순수하게 보관을 잘해서 생명대로 살아야합니다. 우리는 그렇게 못하는데 우리는 욕심을 내서는 9x9=81을 1,000이나 10,000이 되면 좋겠다고 생각합니다. 어떤 사람은 9x9를 2나 3이 되었으면 좋겠다고 하는 사람들도 있습니다. 일본에 가면 홍법 대사라고 유명한 대사가 있습니다. 우리 원광 법사가 중국에서 불법을 배운 후 신라 때 귀산과 추항 두 사람이 세속오계를 받습니다. 홍법 대사가 중국서 큰 불법을 받았다고 하니까 어떤 청년이 찾아옵니다. 어떤 것이 불법 대의냐고 묻습니다. 조주같았으면 뜰 앞의 잣나무라고 했겠지만 말입니다. 그러자 홍법은 청년에게 앉으라고 하고서 가르쳐주겠다고 합니다. 그래서 誠을 번역해줍니다. 誠은 ~답게 하는 것입니다. 사람은 사람답게 하는 것입니다. 아비가

되었으면 아비 답게 자식이 되었으면 자식 답게 하는 것입니다. 일본말로 ~답게를 らしく라 씁니다. 홍법대사가 청년에게 답게하는 것이 불법이니라고 합니다. 불교를 하면서 유교의 말을 빌려다 쓴 것입니다. 며느리는 며느리답게 하고 시어머니는 시어머니답게 하는 것입니다. 중은 중답게 해야 합니다. 그래서 불법을 듣고 모르겠다고 하면 가르치는 우리에게 책임이 있습니다. 쉽게 가르쳐야 하는데 불법이란 저 하늘 꼭대기에 달아놓은 것으로 압니다. 우리의 생활입니다. 우리가 눈을 바로 뜨고 자기 스스로 중생을 보는 것입니다. 욕심이 들면 이렇게 중생을 밉게 봅니다. 이게 잘못된 것입니다. 어떤 중이 조주에게 가서 묻습니다. "제가 총림에 들어온 지 얼마 되지 않았습니다. 바라건대 스님의 지시(가르침)를 받고 싶습니다." 그러자 조주스님은 평상심이 도라고 합니다. "죽은 먹었느냐?"고 합니다. 총림에서 아침에 죽을 먹습니다. 그러자 그 스님이 "죽을 먹었습니다."고 합니다. 그러자 조주가 "그럼 바리때나 씻거라."고 합니다. 이것이 바로 사는 것, 도입니다. 여러분 똥 누면 그 다음에 닦지요? 불교는 다른 것이 아니라 그렇게 하는 것입니다. 그래도 그 중이 영리했나봅니다. 덜컥 알아차립니다. 첨가하자면 가섭이 미소를 지은 것은 군더더기입니다. 달마가 수염이 없다는 것도 같은 한 줄기 말입니다. 가만히 놔두면 편한데 심심한데 몽(蒙)을 더해준 것 밖에 안 됩니다. 우리가 모를까봐 자꾸 군더더기 소리를 하는 것입니다. 부모들이 자식이 잘되게 하기위해 자꾸 군소리를 합니다. 자식이 받아들일 때는 귀찮은 소리입니다. 조사의

문중에는 사람을 살리는 활인검 밖에 없습니다. 그런데 자식이 마음이 언짢고 하면 부모가 하는 것이 잔소리 같습니다. 활인검으로 썼던 것이 살인검이 되는 것입니다. 받아들이는 것이 문제입니다. 사회적으로 봐도 큰 문제인데 부모들이 자식들을 너무 잘 가르치고 자기처럼 만들려고 해서 잔소리하면 지위와 재산이 있어도 집을 나갑니다. 소년원에 가있는 아이들을 보면 거의 부잣집 아이들입니다. 자기 집에서 나왔으니 잘 데가 어디 있겠습니까? 먹을 것이 있겠습니까? 콘크리트 바닥 위에서 자다가 남의 것을 훔치다가 잡힌 것입니다. 누가 가도록 한 것입니까? 따지고 보면 부모가 그렇게 만든 것입니다. 사회적으로 큰 문제입니다. 부모가 뭣 때문에 자식을 그렇게 가르치는가? 속에 나란 집착이 있어서 그렇습니다. 속에 나란 집착이 있으면 욕심이 생깁니다. 욕심이 생기면 우리 아들은 어떻게 하던 서울대에 들어가야한다고 합니다. 재주가 없는 사람이 거기에 어떻게 들어갑니까. 분에 넘치는 것입니다. 6x6은 36이 아니면 안 됩니다. 이것이 아집 때문에 나옵니다. 전체 법성자리, 誠, 열반으로 되어있는데 그걸 모르고 욕심을 내어 식이 생기고 거기서 싹이 나 육근이 생기고 육진이 생겨 보지 못하고 알지 못하는 것입니다. 하나라는 소리를 못 알아듣습니다. 옛날 주자나 정명도같은 사람들도 해석을 잘 못한 것이 있는데 요즘 선비들이 옳게 하는 이가 없습니다. 격물치지 같은 것을 보면 잘못 해석한 것입니다. 격물치지는 해석할 필요 자체가 없습니다. 분서갱유 이후로 뒤의 사람들이 천착을 해서 그렇게 된 것입니다. 문자를 가지고 천착하면 두찬이라고 합니다. 지난 시간에 이야기했던 두찬이 두묵이란 사람에서 나온 이야기입니다. 이 소리를 하면 여러분들이 깨달으면 되는 것입니다. 요즘 학자들이 자꾸 문자를 따지는 것 밖에 하지 않습니다. 그런 것을 문교법문(問敎法問)이라고 합니다. 다리를 건너가면 그만인데 다리 건너는 것을 잊고 다리에 대한 자잘한 것을 묻는 것입니다. 다리를 놓은 사람은 누구지? 이름은 뭐지? 다리 만든 사람의 아내는 누구지? 하는 것입니다. 돈버는 것도 잘 쓰려고 하는 것인데 그 목적을 잊고 자꾸 모으는 것입니다. 쓸데없는 것입니다. 화두는 말머리, 취지를 살피는 것입니다. 본칙에는 깨달음이 있었다고 하는데 무문은 삐딱하게 나옵니다. 조주는 진실하게 말해줬는데 듣는 중이 잘못 들었다고 합니다. 조주는 아낌없이 속 간까지 다 빼줬는데 그렇게 자비롭게 했건만은 받는 사람은 잘 못들었다는 말입니다. 숨김이 없는데 받는 사람은 살인검을 받은 것입니다. 뜰 앞의 잣나무가 숨김이 없는 소리인데 듣는 사람은 무슨 소리인지 모르는 것과 같은 것입니다. 그래서 그 중이 종소리를 듣고도 장독 소리로 들은 것과 같다고 합니다. 대개가 그렇다는 말입니다. 여기 있는 여러분들도 다 그렇습니다. 송을 봅시다. 너무 분명하게 알려고 해서 다리를 놓은 사람이 몇 살인가? 아침에 죽을 먹었나? 밥을 먹었나? 합니다. 오히려 더뎌집니다. 알려고 하는 것이 병입니다. 세상 사람들이 너무 분명히 극단까지 가려고 하니 오히려 더뎌집니다. 일찍이 등이 불인지 알면 등을 써서 밥 지어먹으면 될 것입니다.

(8) 무문관 제8칙 해중조거(奚仲造車)
해중의 수레(奚仲造車)

月庵和尚問僧, 奚仲造車一百輻, 拈卻兩頭, 去卻軸, 明甚麼邊事.

월암 화상이 어떤 승려에게 물었다.

"해중(奚仲)이 백 개의 바퀴살을 가진 수레를 만들면서 두 바퀴도 뽑아버리고 바퀴 축도 떼어버린 것은 어떤 일을 밝히려는 것인가?"

■ 무문송

機輪轉處, 達者猶迷. 四維上下, 南北東西.

기륜(機輪)이 구르는 곳에선/ 달자(達者)조차 오히려 헤매네.

사유상하(四維上下)에/ 동서남북(東西南北)이로다.

■ 관응강설

여덟 번째 해중조거(奚仲造車)입니다. 해중이란 사람은 옛 한나라 시절 수레 만드는 공인(工人)이었습니다. 이 해중조거(奚仲造車) 넉 자를 놓고 수레를 놓고 법문을 합니다. 옛날 한나라 때 해중이란 사람이 하루에도 수레를 몇 대나 만듭니다. 폭은 채입니다. 그러니 백 폭은 백 채입니다. 자동차 한 대할 때 台도 같은 것입니다. 여기에 백은 딱 100대가 아니고 많이 만든다는 말입니다. 팔만대장경도 많다는 소리지 딱 80,000이 된다는 말은 아닙니다. 팔만대장경을 저 경남에서는 오만이라고 하기도 했는데 오만이란 여러 가지란 말입니다. 오만 가지가 그런 말입니다. 수레는 두고 책상을 가지고 합시다. 책상이 쉽지요? 책상은 다리를 만들고 판을 만들어 합치면 책상이라고 하는데 만약 다리를 떼고 판을 벗겨내면 뭐가 나옵니까? 이 물건들은 모두 합쳐놓은 것입니다. 그것을 인연(因緣)이라고 합니다. 因은 주된 조건이고 緣은 종속된 조건입니다. 가령 송사를 짓는데 주된 조건이 씨앗입니다. 씨앗을 인(仁)이라고도 하는데 행인(杏仁)은 살구씨를 의미합니다. 그것을 가지고 열매가 안 맺힙니다. 緣을 보태야 합니다. 때도 들어가고 사람도 들어가야 합니다. 땅에다 묻고 물 기운이 들어가야 합니다. 태양이 쬐고 바람이 불고 시간이 되어야 합니다. 여러 가지 조건이 들어갑니다. 緣은 조인(助因)한 것입니다. 인연이 작용하면 과(果)가 나옵니다. 과실(果實)이 나옵니다. 果는 나무 끝에 열리는 열매이고 實은 풀 끝에 열리는 열매입니다. 곡식은 實이고 사과나 배는 果입니다. 因에서 果로 가는데 뭐가 필요하냐 하면 緣이 필요합니다. 사람이 나거나 풀이 나서 열매가 나는 것은 전부 인과로 된 것인데 법성 자리가 하나라면 보면 땅도 있고 돌도 있고 사람도 있고 산도 있고 물도 있고 별 것이 다 있는데 인과의 전시장으로 보입니다. 잘 보는 사람은 인연에 안 팔립니다. 견성을 한 사람은 아무리 산이 있고 구름이 있고 길이 있고 밭이 있고 논이 있어도 하나인 것을 압니다. 상(모양)으로 보면 산도 있고 들도 있고 여러 가지가 있습니다. 그런데 성인들은 견성을 해서 본체를 보고 알기 때문에 상에 이끌려 인과에 미끄러지지 않습니다. 임시조건이지 영구하고 본체가 아닙니다. 그러니까 수레에서 바퀴를 떼내고 굴레를 벗겨내봤자 나무로 밖에 안 보입니다. 성으로 보면 하나고 상으로 보면 여러 가지가 있습니다. 세상만법이 인과로 되어있는데 잘 보는 사람은 하나로 보고 못 보는 사람은 여러 가지로 보이는데 코끼리 만지는 것과 마찬가지입니다. 코끼리는 코가 유독 깁니다. 그래서 코기리 코가 길다고해서 코끼리입니다. 눈 뜬 사람이 코끼리를 보면 코끼리 하나입니다. 여러 명의 장님이 코끼리를 만져봅니다. 무명, 불각에 가려져 하나인 것을 못 봅니다. 어떤 사람은 코끼리 뒷다리를 만지고서 코끼리가 어땠느냐고 물으면 기둥같다고 합니다. 코를 만진 사람은 길다고 하고 꼬리를 만진 사람은 빗자루와 같다고 합니다. 부분밖에 모르는 것을 식이라고 합니다. 물건을 부분부분 떼어놓으면 전체가 없어집니다. 전체를 못보면 부분에 취합니다. 이것은 소승들이 하는 짓인데 무슨 물건이든지 분석해서 부분부분 떼어내면 쏲이라고 합니다.

일본 사람들은 끌어서 모아놓으면 띠로 만든 토굴인데 흩어놓으면 들판이라고 합니다. 집도 그렇고 사람도 그렇고 이 세상에 인연으로 된 것은 모양이 있는 것 같지만 모양이 있는 것이 아닙니다. 이 분필도 나라마다 다 명칭이 다릅니다. 이 세상 만물이 다 그렇습니다. 이름과 모양 뿐입니다. 표준이 없습니다. 우리는 귀와 눈 때문에 매일 명(名)과 상(象)에 떨어집니다. 이것이 인과에 떨어지는 것입니다. 그래서 해중이 수레를 만든 것을 가지고 월암이 법문을 한 것입니다. 소승은 이것을 낱낱이 떼어놓아야 압니다. 분절공(分析空)입니다. 그런데 대승은 분석을 안해도 그냥 듣고봐도 압니다. 체달하면 空입니다. 전체가 空입니다. 그래서 색(色) 그대로가 空합니다. 색즉시공 공즉시색이 그것입니다. 그냥 놔둬도 空한 것입니다. 능엄경에 나오는 말입니다. "여원부지 여래장중 성색진공 성공진색 청정본연 주변법계 수중생심 응소지량 순업발현 세간무지 혹위인연 급자연성 개시식심 분별계도 단유언설 도무실의.(汝元不知 如來藏中 性色眞空 性空眞色 淸淨本然 周遍法界 隨衆生心 應所知量 循業發現 世間無知 惑爲因緣 及自然性 皆是識心 分別計度 但有言說 都無實義.)" 너는 원래 알지 못하는구나. 여래장 가운데를 봅시다. 제8식을 여래라고 합니다. 사종심을 내가 이야기 못했지요? 우리 생명체는 실제로 법계에 가득찬 것인데 하나인줄 깨닫지 못하면 무명이 되고 불각이 됩니다. 무명이 되면 일법계를 통달하지 못했기 때문에 마음 쓰는 것이 진여법계와 상응하지 못하고 가늘게 나옵니다. 그것을 식이라고 합니다. 그 식을 갖다가 여래장이라고 합니

다. 넓은 이것이 좁은 식 가운데 조그만 아뢰야 속에 파묻힌 것입니
다. 뭣 때문에 파묻히느냐? 식과 육근과 육진 속에 파묻혔습니다.
그걸 여래장이라고 합니다. 한번 작은 마음이 붙어 식이 되면 보는
것도 자기의 깜냥대로 줄어듭니다. 사람도 그 기운을 띠고 식을 갖
고 살고 식이 없는 식물도 씨도 보면 눈이 있어 거기서 싹이 나옵니
다. 이 우주 전체가 생명체인데 땅 속으로 들어간 뿌리가, 밖에서
는 줄기가 공중에서 꽃을 내는데 필요한 기운을 모읍니다. 씨앗이
나 사람의 胎나 알이나 아뢰야식입니다. 여래는 불생불멸하는데 아
뢰야식은 생멸합니다. 아무리 사람에게 아뢰야식이 있고 식물에게
씨앗이 있어도 사는 기운, 생명이 들어갈 수 있습니다. 사는 기운은
생멸하지 않습니다. 우리나 식물은 생멸을 하면서 불생멸의 기운을
가지고 있는 것입니다. 그래서 여기에서 여래장은 아뢰야식을 가리
킵니다. '우리의 생각 속에는'이 될 것입니다. 성품이 색인 진공과
성이 空인 진색이 청정본연합니다. 몰라서 그렇지 주변법계에서 덮
는 것입니다. 아뢰야식도 그렇습니다. 아뢰야식이 몸속에만 들었
다면 저 밖의 산은 못 볼 것입니다. 하나로 통했기 때문에 보는 것
입니다. 제각기 마음을 쓰니까 중생의 마음을 따르고 소지량에 응
해서 업을 따라 발현합니다. 자기 것을 만들려는 성질입니다. 사람
도 자신을 만들려는 것이 있습니다. 위장을 보면 뭘 넣어도 먹습니
다. 그래서 위장에서 움직이면 여러 잡다한 음식이 피가 나옵니다.
A형이면 A형 피가 되고 B형이면 B형 피가 되고 붉은 피가 됩니다.
그것이 미세한 신경까지 다 배달이 됩니다. 또 먹으면 다시 회전을

시킵니다. 우리 몸뚱이만 해도 굉장한 것입니다. 사는 기운을 띄우기 때문에 그렇습니다. 사람뿐만이 아닌 모든 것이 그렇습니다. 꽃의 씨가 떨어졌는데 자기의 적당한 기운을 가지고 삽니다. 자기 업을 따라 발현한다는 것이 그런 것입니다. 그 기운을 가지고 새는 날아다니는 기운이 나오고 고기는 헤엄치는 기운이 나옵니다. 여러가지 음식으로 피도 만드는데 그런 습관이 자식, 새끼에게도 자기같이 나옵니다. 아집이 생기면 그렇게 됩니다. 그래서 평화롭게 되려면 아집, 여래장이 깨뜨려져야 합니다. 이것을 두고는 평화가 없습니다. 하나인 도리를 알아야지 정치, 문학, 교육, 법률이 다 성취됩니다. 본래 하나입니다. 하나인데 자꾸 나누어집니다. 내 몸 속에서도 나누어집니다. 삼라만상으로 나누어졌지만 성품은 나누어지지 않습니다. 우리 몸 속에서도 작용하는 것이 다릅니다. 눈에서는 보는 것이 되고 귀에서는 들리는 것이 되고 손에서는 만지는 것이 됩니다. 사실은 보는 것과 듣는 것이 따로 있는 것이 아닙니다. 여러분들 가운데 옷입는 생명이 따로 있고 밥먹는 생명이 따로 있습니까? 잊어버리고 그저 욕심을 부립니다. 지금까지 도리(여원부지 여래장중 성색진공 성공진색 청정본연 주변법계 수중생심 응소지량 순업발현 汝元不知 如來藏中 性色眞空 性空眞色 淸淨本然 周遍法界 隨衆生心 應所知量 循業發現)를 말한 것입니다. 이런 도리를 세간에는 아는 이가 없습니다. 모두 미혹해서 어쩔 수 없이 인연이란 소리를 하고 자연성이란 소리를 합니다. 이것은 다 식심, 여래장, 아뢰야식으로 분별되었다고 하는 것이지 실제로는 그렇게 안 생긴다는 것입니다. 예를들어 동쪽 서쪽이 있는데 내가 동쪽을 서쪽으로 바꾼다해도 바뀌어지는 것은 아니지요? 잘 몰랐던 것입니다. 전부 그렇습니다. 다만 말만 있으면 말은 식입니다. 말 속에 식이 있고 식이 말로 변합니다. 행동으로 변합니다. 다만 그 언설이 있을지언정 그 실제의 대상, 실경(實境), 실제의 경계는 없다는 것입니다. 이게 전부 착각하고 사는 것입니다. 산과 들이 있는 것 같지만 있는 것이 아닙니다. 산하대지가 내 식심에서 나가는 것이 있는데 그것은 복잡합니다. 여기서는 색과 空을 가지고 그랬지만 색성행미촉법 다 나옵니다. 지수화풍도 이렇게 된 것입니다. 어떻게 되어서 이 몸이 굳어진지 모릅니다. 부처님의 학설이 있지만 우리는 여래장, 아집을 가지고 받아들이기 때문에 반영이 되지 않습니다. 그래서 늘 딴 짓을 합니다. '의(義)' 글자를 봅시다. 아래에 있는 '我'는 집착을 하는데 'ㅣ'은 '犬'을 그렇게 쓴 것입니다. 개는 혼자 사는 놈입니다. 그래서 독(獨)에 개 견이 붙습니다. 그런데 염소는 풀 하나도 서로 나눠먹고 삽니다. 집단생활을 하는 동물입니다. 아집을 부리면 안 되는데 염소같이 아집을 깨트리고 살면 정의라고 할 수 있습니다. 그래서 義 위에 염소 머리가 붙는 것입니다. 정의란 우주 법칙을 따르는 것입니다. 사람은 생장하는 기구가 뱃속에 들어있는데 식물들은 밖에 있습니다. 껍데기 속에 힘줄 절(筋)이 있습니다. 힘줄을 섬유라고 합니다. 식물의 힘줄을 옳게 쓰면 '륜(綸)'입니다. 힘줄로 물이 올라가고 내려가고 합니다. 그래서 껍질을 벗기면 식물은 못 삽니다. 껍데기를 통해서 혈맥이 통하는 것입니다.

만물의 힘줄이 있는데 그것이 綸인데 사람에도 생명에도 힘줄이 있는 것으로 봅니다. 그것은 륜(倫)입니다. 그 힘줄이 다섯 개가 있습니다. 오륜입니다. 부자유친(父子有親), 군신유의(君臣有義), 부부유별(夫婦有別), 장유유서(長幼有序), 붕우유신(朋友有信)입니다. 그것을 천륜이라고도 하는데 하늘 법칙으로 된 것을 말합니다. 그것을 잘 지키는 사람은 인간 생활이 바로 되고 그걸 어기는 사람은 제대로 못 합니다. 개는 이상합니다. 뼈다귀 하나로 싸우고 있습니다. 우리가 개같은 인생이 되면 어떻겠습니까? 괜찮을까요? 양과 같은 어진 생활을 하면 어떨까요? 무문의 말로 돌아갑시다. 삼라만상의 모양을 두고 그 속에 잠재해서 흐르는 성을 보면 눈은 흐르는 별과 같을 것이고 귀는 번뜩이는 번개와 같을 것이라는 말입니다. 명확한 기운이 나온다는 소리입니다. 보리열반입니다. 보리는 바로 깨치는 것입니다. 저번에 정과 혜를 말할 적에 지혜의 몸뚱이를 이야기했습니다. 청정법신 비로자나불하면 주변이라고 해서 어디든지 꽉 찼다고 합니다. 법신은 이(理)의 몸뚱이 지(知)의 몸뚱이가 있다고 했습니다. 원만보신 노사나불은 지만(智滿)이라고 합니다. 지혜가 가득하다는 말입니다. 이치의 몸에서 지혜가 가득하려면 어떻게 해야할까요? 육도만행을 닦아야 합니다. 그러면 닦는 과보로 지혜가 나옵니다. 그것을 지키려면 먼지 묻은 거울을 닦으면 거울은 걸레질 한만큼 닦입니다. 그래서 더 닦을 것 없이 마지막 닦으면 본 모양이 환하게 드러납니다. 대용현전(大用現前)하여 본모양이 환하게 드러난 것을 자성본용(自性本用)이라 합니다. 마조가 소리를 치자 백장은 3일 귀가 먹습니다. 거울 닦으면 거울에 안 비추어도 본래 비치는 성질이 있습니다. 그런데 거울 앞에 개가 오면 거울 앞에 개 모양이 지어집니다. 물건이 오면 그림자로 나타납니다. 그것을 수연응용(隨緣應用)이라 합니다. 거울에 안 비친다고 해서 밝은 기운이 어디로 가는 것은 아닙니다. 견성을 못하면 작용을 안하면 없는줄 압니다. 버린다고 자성자리가 어디에 가는 것은 아닙니다. 사람이 거울 앞에 가면 사람이 비칩니다. 緣을 따라 응용한 것입니다. 밝은 기운은 하나인데(본용) 사람이 있으면 사람을 비추고 개가 있으면 개를 비추고 돌이 있으면 돌을 비추고 합니다.(응용) 오는대로 비칩니다. 일만가지를 다 비추니 천백억화신이라고 합니다. 부처님들은 작용하는 것이 물건이 오면 곧 응하고 물건이 가면 마음도 따라 空합니다. 성인들의 마음은 오면 비추고 가면 그만입니다. 집착이 없습니다. 성인들은 거울과 같이 따라 없어지는데 우리는 아뢰야식, 아집을 가지고 있기 때문에 물건이 가도 남아 있습니다. 보고 들으면 다 여기에 모여 있습니다. 그것이 아뢰야식입니다. 아뢰야식은 우리말(한자)로 하면 장(藏)인데 경험한 온갖 것이 다 들어있습니다. 그래서 그것이 튀어나와서 자꾸 작용을 합니다. 만약 3살 때 어른에게 혼났다면 그 일이 머릿속에 찍혀 있습니다. 보통 때는 없는 것처럼 표가 나지 않습니다. 그래서 유식에서는 인을 지을 때는 착한 일과 악한 일을 했지만 머릿속에 남으면 무기가 되어버립니다. 무기가 되어 기록은 되어 가만히 있습니다. 그런데 며칠 전에 했던 것이 우리 본식 속에서 전멸후생을 반복하는데 그

것을 행어심소라고 합니다. 없어지지 않기 때문에 어릴 적의 일이
잠재되어 있기 때문에 옆의 어린애가 혼이 나면 자신도 과거에 그
런 일이 있었음을 떠올립니다. 튀어나와 현행이 됩니다. 아뢰야식,
칠통을 타파하기 전에는 자꾸 찍힙니다. 식이 없어져서 지로 변해
야 하는데 자꾸 찍힙니다. 송을 봅시다. 인연으로 된 전시회니까 자
꾸 돌아갑니다. 아뢰야식이 깨어지면 역전을 합니다. 그래서 인과
를 깨지 못한 사람은 공장 속 기계와 같이 돌아갑니다. 복잡하게 돌
아가고 있습니다. 밖에도 돌아가고 있습니다. 안이나 밖이나 자꾸
돌아가기 때문에 통달한 사람도 오히려 迷하기 쉽습니다. 일법계에
도달하지 못한 사람들은 수미산 꼭대기까지 저 밑자락 끝까지 전부
가 팔린 물건 뿐입니다.

무문관 강설 제7

(9) 무문관 제9칙 대통지승(大通智勝)

대통지승불(大通智勝佛)

興陽讓和尚, 因僧問, 大通智勝佛, 十劫坐道場, 佛法不現前, 不得成佛道時如何. 讓曰, 其問甚諦當. 僧云, 旣是坐道場, 爲甚麽不得成佛道. 讓曰, 爲伊不成佛.

흥양 양 화상에게 어떤 승려가 물었다.

"대통지승불이 십 겁(劫) 동안 도량(道場)에 앉았어도 불법이 앞에 드러나지 않아서 불도를 이룰 수 없었다는데 이러할 때는 어떻게 해야 합니까?"

양 화상이 말했다.

"그 질문이 매우 합당하구나!"

승려가 말했다.

"이미 도량(道場)에 앉았는데 어째서 불도를 이룰 수 없었습니까?"

양 화상이 말했다.
"그가 부처를 이루지 않았기 때문이다."

■ **무문송**

了身何似了心休, 了得心兮身不愁, 若也身心俱了了, 神仙何必更封
侯.

몸을 닦는 것이 어찌 마음을 깨달아 쉬는 것만 하겠는가?/

마음을 깨닫고 나면 몸을 근심하지 않나니,/

만약 몸과 마음을 모두 깨닫는다면/ 신선이 어찌 다시 벼슬자리
를 받겠는가?

■ **관응강설**

아홉 번째 대통지승(大通智勝)입니다. 어떤 중이 흥양 청양선사
에게 물었습니다. "대통지승불이 10겁을 도량에 앉아도 불법이 현
전치 못하였으니 성불하지 못하면 어떠합니까?" 청양 화상이 "너
의 물음이 지당하다."고 합니다. 이건 한번 맞춰주는 겁니다. 진짜
그렇게 생각하는지 맞춰주는지 불확실하긴 합니다. 중이 말하기를
"이미 도량에 앉아 있거늘 무엇 때문에 성불을 하지 못하는 것입니
까?"라 합니다. 그러자 "그가 성불하지 못했기 때문이다."고 대답
합니다. 늘 법문이 그렇습니다. 48개라도 늘 똑같은 법문입니다.
내가 성불해야겠다고 구하는 생각이 일어나면 구름이 낀 것과 같습

니다. 있지 않은 생각입니다. 그 생각 하나 있으면 구하는 사람 있고 부처 있고 두 동강이 나는 것입니다. 구하는 능이 생기고 구해지는 소가 생기는 것입니다. 이러면 안 됩니다. 능소가 합해져야 합니다. 옛날 사조 도신 대사 밑에 오조 홍인 대사가 받았지만 법융 선사가 있었습니다. 법융 선사는 날 때부터 신심이 있어서 공부를 잘했던 모양입니다. 천하의 선지식을 찾으려 다녀도 찾지 못했습니다. 그래서 자기 혼자 우두산(牛頭山)에 들어가서 공부를 하는데 사조 도신 대사가 지나가다 보니 산꼭대기에 오색구름이 끼고 뭔가 영롱한 것 같습니다. 저기 만약 뱀이 있다면 용과 같은 뱀이 있을 것이다고 생각합니다. 그래서 밭가는 농부에게 물어봅니다. 그러자 도인이 산다고 합니다. 도신 대사가 어떤 도인이 사냐고 물으니까 어떤 사람이 들어가서 며칠을 나오지 않고 공부를 하고 있습니다고 합니다. 도신 대사는 거기를 찾아가니 석굴이 하나 있습니다. 거기 들어가니 짐승같기도 하고 사람같기도 한 덩어리가 앉아있습니다. 그래서 소리를 치니까 정신을 차립니다. "여기서 무엇을 하는고?" 하니까 "관심(觀心)합니다." 마음을 觀한다고 합니다. 그러자 도신 대사가 말합니다. "觀하는 것은 어떤 것이며, 마음은 어떤 물건이 길래 보고 앉았느냐?" 보이는 물건이 있고 보는 사람이 있습니다. 그러자 법융이 말이 콱 막혀버립니다. 그리고 도신 대사가 "스승에게 배워서 하느냐? 네 멋대로 하느냐?"고 묻습니다. 그러자 법융이 말합니다. "천하에 도신 대사가 유명해서 천하 도처를 찾아봐도 안 되어 혼자 여기서 하고 있습니다." 그러자 도신 대사가 바로 자기가 도신 대사라고 합니다. 도신 대사는 법융에게 뭘 먹고 공부하느냐고 묻습니다. 법융이 말합니다. "새들이 꽃을 물어오고 원숭이가 과일을 따줘 먹고 삽니다." 그만해도 어느 정도 된 것 같습니다. 그러자 도신 대사가 그러면 안된다고 하면서 "정통한 선생을 만나지 못하면 되지 못한다."고 합니다. 그러니까 법융이 도신 대사에게 법을 가르쳐달라고 합니다. 도신이 말합니다. "백천 가지 법문이 모두 마음으로 돌아가고 갠지스강의 모래알 같이 많은 묘한 공덕이 모두 마음으로부터 나온다." 그리고 나서 도신 대사가 간 후에는 새들도 안오고 원숭이도 오지 않습니다. 내가 마음을 일으키면 파동이 일어납니다. 그걸 염파라고 합니다. 그래서 영롱한 기운이 난 것입니다. 그걸 보고 사람뿐만 아니라 원숭이, 새도 본 것입니다. 그것을 보니 장하니까 새나 원숭이도 하나 먹어라 하면서 준 것입니다. 그런데 그것이 알고 보면 원숭이나 새들에게 놀림을 받은 것입니다. 마음을 일으키면 귀신도 알고 사람도 압니다. 마음을 일으키지 말아야 하는데 마음을 일으켜버린 것입니다. 능소가 없어져야 합니다. 기도를 해도 마찬가지입니다. 처음에 관세음보살, 아미타불에게 가서 요구를 합니다. 자꾸 하다보면 깊어져서 내가 관세음보살이 되는데 감응이 있는 것입니다. 감응이 되어야 무슨 수가 있는 것입니다. 글을 읽어도 글과 내가 한 덩어리가 되어야 합니다. 공부는 전부 화두가 되고 능소가 없어져야 합니다. 화두를 들으면 그게 멀어졌다가 점점 가까워져 딱 들어 붙어버립니다. 전기도 +와 −가 합해지면 불이 일어난다고 했습니다. 능소가 객관과 주관이 한데 합해져서 탕연이 되면 되는 것입니다. 이 굳어진 컵을 가지고 접시를 만들려고 해도 안 됩니다. 굳어져서 안 됩니다. 우리도 굳은 아집 때문에 안되는 것입니다. 그래서 기운을 만들려면 모두 한 용광로에 넣고 녹이면 하나가 됩니다. 하나라고 하니까 자꾸 거짓말인줄 압니다. 한데 녹이면 하나가 됩니다. 하나가 되는 것을 겪어야 합니다. 하나의 일념으로 만들어 놓으면 벌건 쇳덩어리가 물이 되면 마음대로 해도 됩니다. 그러니까 화두 드는 것은 잡념 잡철을 모아서 용광로에 녹여 하나로 만드는 것입니다. 일념이 되어야 합니다. 일념이 안되면 백년을 해도 마찬가지입니다. 미륵이 석가모니가 돌아가신 후에 56억 7천만년이 지나면 나온다고 합니다. 아집을 안 버리면 그 때까지 기다려봐도 별 수가 없을 것 같습니다. 그 여우가 의심을 놓기 전에는 매일 여우입니다. 저 북쪽에 만년설이 있습니다. 그 속에 찬 기운이 들어있으면 얼음입니다. 찬 기운을 빼내면 그것은 얼음이 아닙니다. 여러분도 아집이 있기 때문에 이런 몸이 되어있습니다. 아집을 빼내면 이런 몸이 아닙니다. 모양이 없겠지만 구태여 말하자면 32상 80종호로 변할 것입니다. 32상 80종호라도 모양이면 부처가 아닙니다. 금강경을 보면 일체 모양을 떠나고 일체 잡념을 떠나라고 합니다. 그것이 부처입니다. 32상 80종호라도 이미 다른 물건으로 변천된 상태입니다. 변한 물질이면 석가모니나 나나 변한 것은 마찬가지입니다. 오히려 법성 자리로 돌아가야 석가모니도 나도 여러분도 부처 노릇을 할 것입니다. 그러면 어떻게 해야 하느냐? 나란 생각 이외에 무슨 생각이든지 깨야겠다는 생각으로 하면 능소가 끊어집니다. 생각을 둘 수도 없고 없다할 수도 없고 어떻게 해야 할까요? 이 도는 유심으로 구하지 못하고 무심으로 통하지도 못한다고 합니다. 그러니까 이 대통기승 불이 도량에 앉습니다. 그러나 성불을 해야겠다는 생각에 가려 있으면 해(태양)가 보이지 않습니다. 그러니 10겁을 도량에 앉았어도 성불을 못 하는 것이 성불을 못해서 그런 것이라고 한 것입니다. 대답은 멋진 대답입니다. 그보다 더 좋은 대답이 없습니다. 성불을 하려면 그 생각을 빼내야한다는 말입니다. 해야한다는 생각. 기도를 해도 그렇습니다. "능예소예, 개종진성연기, 심신감응불허, 영향상종.(能禮所禮, 皆從眞性緣起, 深信感應不虛, 影響相從.)" 能禮所禮가 무엇입니까? 능예(能禮)는 여러분이며 기도하는 사람들입니다. 소예(所禮)는 부처님입니다. 그런데 진성(眞性) 속에 다 있는데 能禮나 所禮나 다 여기서 나온 놈들입니다. 중생과 부처가 다 여기서 나왔으니까 소출(所出), 소생(所生)입니다. 그러니까 진성(眞性)은 능생(能生)입니다. 일체 중생이나 부처님이 다 眞性을 좇아서 연기되었다고 하는 것입니다. 깨고 보면 너나 나나 싶습니다. 똑같이 다 났으니 형제와 같다는 것입니다. 먼저 나서 잘나고 뒤에 나서 못나고 그런 것 없습니다. 이것은 예수교의 성신, 성부, 성자 삼위일체와 같은 것입니다. 다른 것 없습니다. 그러면 이 자리에서 성불해야겠다는 생각에 두 동강이 났다고 했습니다. 자꾸 관세음보살을 부르던지 부처님을 부르던지 부른 사람과 한 덩어리가 됩니다. 그러면 진성 자리로 돌아가서 근과 경을 거두어 본 자리로 돌아가면 표가 없는 것과 마찬가지입니다. 독립되어 있으면 안 됩니다. 옛날에 나옹 스님 여동생이 있었는데 공부를 하라고 해도 하지 않습니다. 그래서 왜 염불을 하지 않느냐고 하자 여동생이 말합니다. "오라버니가 염불을 하는데 오라버니가 극락 갈 때 혼자 가지 말고 날좀 데리고 가소." 어느 날 스님의 동생이 보니 스님이 음식을 많이 장만합니다. 그래서 자기가 와서 대접해주려고 저러는 것 같다고 생각합니다. 갖다놓으니 혼자 다 먹어버립니다. 동생이 화가 나서어떻게 그럴 수가 있냐고 따집니다. 그러자 "내가 먹으면 너도 배가 부를텐데. 너는 배가 부르지 않느냐?"고 합니다. "내가 염불하면 너도 극락갈텐데?"하고 말합니다. 똑같은 말입니다. 그래서 여동생이 생각을 뜰어 고칩니다. 그래서 염불을 하겠다고 하자 글을적어준 것이 "아미타불이 어느 곳에 있는가. 간절히 마음을 딱 붙여야 한다."입니다. 떼어놓으면 안 됩니다. 우리는 화두를 들 때 화두랑 붙어있는 시간이 없으니까 안 되는 것입니다. 화두와 붙어있지 않습니다. 불에 물건이 붙어야 타던지 합니다. 떨어져있으면 백년을 있어도 붙지 않습니다. 화두를 거머쥐어야 하는데 거머쥐지도 못하는데 되겠습니까? 그런데 우리는 자꾸 딴생각이 나서 못 쥐고 있습니다. 아미타불이나 관세음보살이 내 마음 속에 항상 들어앉아야 하는데 따로 떨어져 있습니다. 불도 붙어야 타지 떨어져 있으면 안 탑니다. 간절히 자기 머리, 마음에 딱 붙여서 잊으면 안 됩니다. 그래서 생각이 끊어진 곳에 다다르면 부처도 없고 나도 없고한 덩어리에 이르면 안이비설신에서 광명이 나옵니다. 그런데 중생은 때묻은 쭉정이 탐진치가 자꾸 나옵니다. 다시 돌아갑시다. 성불하려면 능견소래가 없어져야 합니다. 감응의 감은 근기에 있는 것이고 응은 부처님에게 있는 것입니다. 감(感)은 감(械)을 써도 됩니다. 방망이로 종을 치는 것입니다. 방망이는 울리는 놈이고 종소리는 응(應)입니다. '유차동피(由此動彼)'입니다. 이것으로 저걸 움직이게 하는 것입니다. 강물이 맑으면 해가 비칩니다. 맑은 것이 해가 비치도록 하는 것입니다. 그래서 應은 '유피답차(由彼答此)'입니다. 물 맑으면 맑은 만큼 비추어줍니다. 종을 두드린 만큼 소리가 나옵니다. 感하는 대로 應이 나오는 것입니다. 우리가 노력하면 노력한 만큼 월급이 나옵니다. 그럼 세상에 인과를 짓는 것이 내가 감한대로 응해줍니다. 그런데 우리 사람들은 공장에서 일은 적게 하고 많이 받으려는 것처럼 공은 조금 들이고 부처님에게 많이 받으려고 합니다. 그것은 안 됩니다. 요즘 보면 만원 갖다놓고 10만원 복을 달라고 하는데 부처님께서 손해를 많이 보게 생겼습니다. 천지만물은 誠하고 中해서 거짓이 없습니다. 조금도 속임이 없습니다. 그것을 불교에서는 진여라고 합니다.

우리가 뭘 안다고 할 적에 근과 경이 상대해야 압니다. 육근과 육진이 작용해야 식이 나옵니다. 견성을 하면 아는 것이 근과 경 없이 압니다. 눈이 없이 보고 귀가 없이 듣습니다. 밤에 오줌이 마려우면 요강에 누는데 눈이 안 보여도 알 것 아닙니까. 우리는 눈과 귀에 팔려서 줄어들었는데 육근, 육진을 탁 놓으면 온갖 것이 다 보입니다. 그 때 되면 귀로 밥도 먹고 눈으로 소리도 듣고 합니다. 우리는 눈이 아니면 못 보고 귀가 아니면 못 듣지만 통하면 마음은 하나이기 때문에 뭐든지 압니다. 백천 만가지로 대번에 한 번에 아는 것이 있습니다. '자지자명(自知者明)'은 참 좋은 말입니다. 안 사람은 밝은 기운 하나 뿐입니다. 하나 밝은 것에 뭐든지 비칩니다. 사람도 짐승도 나무도 다 비칩니다. 육근에 팔리지 말고 본성에 들어가서 알면 뭐든지 알게 됩니다. 눈에 팔리고 귀에 팔리니 걱정을 하고 귀신 노릇을 하고 사람 노릇을 하는 것입니다. 여러분은 혼자서 회의를 하지 못합니다. 여럿이 모여야 회의를 합니다. 유가의 신독(愼獨)의 獨이 열리기 시작하면 천지를 뒤덮고도 남습니다. 천지를 삼키고도 남습니다. 조사들의 말에 산하대지의 잎 하나가 다 생겨버렸다는 것이 있습니다. 마조 대사의 일화에서 불법 배우려면 강서의 물을 다 마시고 오면 가르쳐주겠다는 말이 있습니다. 그것이 법문인데 모릅니다. 해인사 조실 성철스님은 그냥 만나주지 않습니다. 법당에서 3천배를 하고 와야 만나준다고 합니다. 그것부터 법입니다. 눈에 들어가기 전에 법을 얻는 것입니다. 무문송을 한번 볼까요. 마음을 요득하면 근심이 없어집니다. 끝 눈이나 귀로 들어오기 때문에 그렇지 속으로 들어가서 파고들면 근본은 하나입니다. 하나에 들어가면 걱정이 없어집니다. 신심이 오온이 개공하면 유유자적해져서 부처가 되고 신선이 되는데 하필 세속의 벼슬을 하고 월급을 받고 하지 않습니다. 뭣하러 남의 집 종노릇을 하겠습니까?

(10) 무문관 제10칙 청세고빈(淸稅孤貧)
청세의 가난(淸稅孤貧)

曹山和尚, 因僧問云, 淸稅孤貧, 乞師賑濟. 山云, 稅闍梨. 稅
應諾. 山曰, 靑原白家酒, 三盞喫了, 猶道 未沾脣.

조산 화상에게 청세라는 승려가 물었다.

"저는 외롭고 가난하니 스님께서 불쌍히 여겨 도와주십시오."

조산이 말했다.

"청세 스님!"

청세가 "네." 하고 대답했다.

조산이 말했다.

"청원의 백가주를 석 잔이나 마셔놓고도 오히려 아직 입술도
적시지 못했다고 하는구려."

■ 무문송

貧似范丹, 氣如項羽. 活計雖無, 敢與鬪富.

가난하기는 범단(范丹)과 흡사하나/ 기개는 항우(項羽)와 같구나!

살아갈 계책이 비록 없으나/ 감히 더불어 부(富)를 다툰다!

■ 관응강설

열 번째 청세고빈(淸稅孤貧)입니다. 청세(淸稅)는 사람 이름입니다. 이 사람이 대단한 사람입니다. 어떤 절의 조실스님을 찾아갑니다. 자기가 어디서 왔다는 것도 숨기고 조실을 애먹이려고 하는 사람입니다. 옛날 절에서는 탐간(探竿), 영초(影草)라고 학자가 조실을 시험하는 것을 말합니다. 비유하려면 도둑이 도둑질을 하려면 주인이 자는 것을 알아야 합니다. 도둑이 확인해보려고 창에다 풀을 대고 살랑살랑 움직여봅니다. 주인이 나오거나 소리가 나면 안 되는 것이고 소리가 안 나면 뒤지는 것입니다. 반대로 조실은 학자가 어디서 숨어들지 않았나 조사해봅니다. 그래서 어디서 왔는지 출처를 물어봅니다. 그래서 하다못해 어디 직장에 취직을 해도 이력서를 냅니다. 어디서 나서 누구의 자식인지 어느 학교를 나와서 뭘 했는지 경력을 알아야 합니다. 경력이 이 만큼 되면 이 만큼 일을 할 수 있는 것입니다. 그래서 이력서를 내고 면담을 합니다. 이 淸稅는 조산 본적에게 갑니다. 자기 행적을 숨기고 행적을 밝히지 않는 사람을 조심해야 합니다. 인사하고 자신을 소개하는데 시치미를 뚝 떼고 상대방에게 묻기만 하면 도둑놈입니다. 淸稅는 자

신의 행적을 숨기고 조산 스님에게 가서 자신은 돈 없는 가난뱅이
라고 합니다. 스님에게 자신에게 뭘 줘서 구원을 해달라고 합니다.
그러자 조산 스님이 그의 이름을 부르자 淸稅는 "예"라고 대답합니
다. 불러서 대답할 정도면 가난한 것이 아닙니다. 청원(靑原)은 술
이 많이 나는 장소입니다. 김천, 강화도나 경주의 법주는 이름난 술
입니다. 백가주는 백씨란 사람이 술을 만들어서 그렇습니다. 청원
의 백가주(좋은 술)를 석잔이나 마시고도 입술 하나 적시지 않은 것
과 마찬가지란 것입니다. 네가 대답하고 묻고하는 것이 술을 마시
고도 술 안마신 것과 같이 구는 것과 같다는 것입니다. 즉 "가난하
지도 않으면서 왜 가난하다고 하느냐?"란 말입니다. 淸稅가 자기의
행적을 숨기고 해봤자 조산은 법의 눈을 가졌기 때문에 도적질하러
온 줄 압니다. 무문송에서, 이건 다른 소리가 아니고 가난하기는 범
단이란 사람이 있습니다. 한나라 때 사람인데 가난했으나 속으로
용맹이 있었던 사람입니다. 범단인데 여기서 범주라고 합니다. 이
건 틀린 것으로 舟가 아니라 丹입니다. 淸稅가 가난했던 것이 범단
과 같고 기운은 남에게 미칠만한 정신이 들었습니다. 조실을 어떻
게 하려고 들어온 놈이니까 말입니다. 가난한 것으로 보면 활기가
없으나 부(富)를 투(鬪)할만 합니다.

(11) 무문관 제11칙 주감암주(州勘庵主)
조주가 암주를 간파하다(州勘庵主)

趙州到一庵主處問, 有麼有麼. 主豎起拳頭. 州云, 水淺不是泊
舡處, 便行. 又到一庵主處云, 有麼有麼. 主亦豎起拳頭. 州云,
能縱能奪能殺能活, 便作禮.

조주가 한 암주의 처소에 이르러 물었다.

"있는가? 있는가?"

그러자 암주는 주먹을 들어 보였다.

조주가 말했다.

"물이 얕아 배를 댈만한 곳이 아니군!"

그러고는 곧 가버렸다.

또 다른 암주의 처소에 이르러 물었다.

"있는가? 있는가?"

그러자 그 암주 역시 주먹을 들어 보였다.

조주가 말했다.

"능히 놓아주기도 하고 능히 빼앗기도 하며, 능히 죽이기도 하고 능히 살리기도 하는구나!"

그러고는 곧 절을 했다.

■ 무문송

眼流星, 機掣電. 殺人刀, 活人劍.

안목은 유성 같고/ 기틀은 번개 같네.

사람을 죽이는 칼이자/ 사람을 살리는 검이로세.

■ 관응강설

열한 번째 주감암주(州勘庵主)입니다. 조주 스님이 늦게 출가를 합니다. 그래서 8, 90된 나이에도 행각을 했습니다. 조주스님은 대단한 스님입니다. 이 스님은 어린애에게도 자기가 모자라면 묻고 조실이라도 아는게 없으면 갖다 치는 양반입니다. 조주가 행각을 하다가 누구집 암자에 갔습니다. 그리고 "주인이 있소? 없소?"라고 하니까 주인이 팔을 쑥 올립니다. 그러자 조주 스님이 "에이 그것은 물이 얕아서 배를 띄울 수 없겠구먼."하고 휙 가버립니다. 그 다음 다른 암자에 갑니다. 있느냐 없느냐 물으니 사람이 나오는데 또 손을 쑥 올립니다. 손 올린 것은 똑같습니다. 그런데 거기서는 대단하다며 절을 했습니다. 이건 조주의 눈이 알지 다른 사람에게는 허락

되지 않습니다. 무문이 염제하는데 평론입니다. 똑같이 두 놈 다 손을 들었는데 하나는 떠나버렸고 두 번째는 절을 했습니다. 잘못된 것이 어디있는가 합니다. 조주의 혓바닥 속에는 뼈가 없습니다. 자비뿐입니다. 하나는 단단히 묶고 하나는 풉니다. 종탈이 마찬가지입니다. 爭奈를 봅시다. 마침내라 하기도 하고 두 번 새기기도 합니다. 마침내 그렇게 된 것을 어떻게 할꼬? 하기도 합니다. 두 암주에게 조주가 지고 말았다는 이 소리입니다. 왜 진 것인지는 여러분들이 알아내야 합니다. 무문송에서, 먼저에서도 이야기했지만 활인도나 살인도나 둘이 아닙니다. 듣는 사람에게 활인도 되고 살인도 되는 것입니다. 깨달은 것과 깨닫지 못한 것을 저울질해야합니다. 부처님은 깨달으면 이 법계 전체가 하나로 되어있다고 했습니다. 손가락 하나를 까딱해도 법계 전체에 작용하고 숨을 한번 쉬어도 법계승 전체가 작용하는 것입니다. 그런데 우리는 안 됩니다. 들을 때는 듣는 것에 빠져버리고 볼 때는 보는 것에 빠져버립니다. 이러면 안 됩니다. 하나가 되어야 합니다. 신라 때 원효스님은 스스로 깨달아서 분황사 종을 치고 화엄종으로 개종(開宗)했습니다. 그 스님은 더 말할 것도 없이 다 알 것입니다. 옛날에는 중국에 배를 타고 가려면 충청도 당진에서 가야했습니다. 그래서 지명이 당나라로 가는 나루라고 해서 당진(唐津)입니다. 의상은 당진에서 출발해 중국의 등주란 곳에 내렸습니다. 의상은 그 곳에서 유지인이라는 장군의 딸인 선묘와 인연이 됩니다. 아무튼 중국에서 그렇게 해가지고 와서 開宗을 합니다. 의상의 작품이 많지만 법성게가 남아 있습니다.

그 이후 추동게(錐洞偈) 두 권을 누가 듣고 손으로 적어 남겼는데 없어졌습니다. 깨달은 사람은 볼 적에 본 것 뿐이고 들을 적에 들은 것 뿐입니다. 하나가 되었기 때문입니다. 하나이기 때문에 힘이 온전합니다. 의상스님 문파에 지금으로부터 900년 전에 부석사에 원융국사가 있었습니다. 그 때 원융국사를 따라다니던 강언(姜彥)이란 처사가 있었습니다. 원융국사를 어찌나 좋아했던지 자기 집에다 모셨습니다. 하녀를 시켜 차를 올리게 하니까 방안에서 화엄경 읽는 소리가 납니다. 그래서 보니까 원융국사가 누워서 잠을 자는데 코를 골고 있습니다. 문을 닫고 나오니 또 화엄경 소리가 납니다. 원융국사는 숨을 쉬고 있는게 화엄경뿐인 것입니다. 한 덩어리가 되어야 합니다. 도적질을 하는 사람도 도적질하는 것 한 생각뿐입니다. 다른 것이 있으면 제대로 못 합니다. 그럼 원융국사가 숨쉬는 것이나 행동하는 것이나 전부다 화엄경입니다. 깨달은 부처님은 말을 한 마디하면 그 속에 부처님의 깨달음이 다 들어갑니다. 그것을 진언이라고 합니다. 아홉 번째 이야기에 나왔던 이 도량(道場)이란 것은 인도말로는 보리만다라라고 합니다. 보리는 깨달을 각이라고도 하고 지(智)라고도 합니다. 붙여서 각지(覺智)라고 하기도 합니다. 道라고 하기도 합니다. 만다라는 원단이라고 합니다. 여럿이 모여있는 자리입니다.(衆會) 여럿이 모여서 수도하는 장소이기 때문에 道場이라 합니다. 어떤 곳에는 도량을 도장이라고 하기도 하고 도량이라고 하기도 합니다. 보리(菩提)의 提를 평안도 사람들은 '제'가 아닌 '뎌'라고 합니다. 원래 우리말 'ㄷ'이랑 'ㄹ' 사이에 사이음이 있었습니다. 세종대왕이 한글을 만들 때는 ㅿ,ㆁ,ㆆ 이런 것들이 있었습니다. 지금은 사람들이 잊어버렸습니다. 분명 이 세 가지 가운데 하나일텐데 지금은 모릅니다. 그래서 도장(도댜+ㅇ)이나 보리(보뎌)를 'ㄷ'을 따라가는 경우도 있고 'ㄹ'을 따라가는 경우도 있습니다. 그래서 도량이라고 하고 보리라고 합니다. 비슷한 것이 또 있습니다. 모란을 보고 목단(牧丹)이라고 표기합니다. 세종대왕이 창제할 적에는 있었는데 우리는 모릅니다. 그래서 우리는 도량이라고 하는데 평안도 사람들은 도장이라고 합니다. 그런데 이 보리(菩提)를 어느 지방에 가면 '모디'라고도 합니다. 보리를 성취한 사람은 보신을 이룬 사람은 전부가 원융한 지혜 하나뿐이기 때문에 말을 해도 말 속에 부처님의 깨달음 전체 대용이 들어가고, 행동을 해서 손을 한번 흔드는데도 부처님의 깨달음 전체 대용이 들어갑니다. 그래서 부처님 말 한 마디 속에 부처님의 깨달음이 다 들었습니다. 정법계진언 옴 남 하면 그 속에 부처님 깨달음이 다 들었습니다. 그것을 진언이라고 하는데 진언을 하면 부처님이 됩니다. 아미타불 부처님 이름을 불러도 부처가 되지만 우리는 법계가 탁해서 흐려져 있는데 진언하면 맑은 것만이 남는데 보리만 남는다는 것입니다. 부처님의 진언은 여러 가지가 있어도 그것만 해도 부처가 됩니다. 요즘은 자꾸 문자화두만 들면 되는 줄 아는데 달마가 나기 전에는 전부 진언을 가지고 했습니다. 그 때 우리나라도 혜통 삼장 같은 이와 자장율사의 외조카인 명랑과 같은 이들은 그렇게 했습니다. 옛날 신라 때는 허옇게 늙은 늙은이가 객지에 와서 앉았다 가면 이상한 행적들이 많이 남았습니다. 진언종이 많았습니다. 또 염불하는 사람들이 많았습니다. 달마가 나기 전에는 전부 진언을 가지고 했습니다. 일본의 홍법대사 같은 이도 중국의 혜과(惠果)같은 이에게 배우고 와서 일본에서 진언종을 폈는데 그 때 차아(嵯峨) 천황이 있었습니다. 법화종을 배워온 증교대사와 같은 때 입니다. 당나라에 갔다 온 두 사람을 데리고 받드는데 둘 사이 차이가 있습니다. 임금도 있고 황후도 있고 모인 날 증교대사는 왕과 이야기를 하는데 홍법대사는 점잖게 가만히 있었습니다. 그러다가 "그까짓 주둥이를 놀리는데 뭘 어쩌겠어."고 합니다. 그러자 왕이 깜짝 놀라 그것 밖에 도리가 있느냐고 묻습니다. 그러니까 홍법대사가 있다고 합니다. 하나 보여달라고 합니다. 홍법이 가만히 앉아서 관을 합니다. 그러자 홍법대사의 몸이 32상 80종호의 부처님으로 변합니다. 그러니까 그 자리에 있던 모든 사람들이 일어나서 절하고 난리가 났습니다. 그래서 나중에 왕이 홍법에게 고야산을 하사해 선방을 개장시킵니다. 홍법대사가 목욕한 물을 나병 환자가 떠먹으면 나병이 나았다고 합니다. 우리 신라 때 혜통 선사도 중국에서 무외 삼장 법사에게 불법을 배워 와서 온갖 짓을 다 했습니다. 왕과 버드나무의 이야기가 나옵니다. 혜통이 어느날 암자에 있었는데 혜통을 잡으러 군사들이 몰려옵니다.(삼국유사 혜통항룡 참조) 그러자 쑥 하더니 혜통이 지붕 위로 올라갑니다. 혜통이 "너희들은 왜 왔느냐?" 하니까 수 백명 군사들이 "스님을 모시러 왔습니다."고 합니다. 혜통이 그 때 거울과 작은 병을 하나 가지고 있었는데 빨간 붓을 꺼내

병에 선을 그은 후 "너희들 얼굴을 한번 보거라."고 합니다. 보니까 모두의 목에 빨간 선이 그어져 있습니다. 그러자 혜통이 "내가 이 병을 치면 어떻게 되겠느냐?"고 합니다. 그래서 혜통이 물러가라고 하니까 잡지못하고 물러가버렸다는 것입니다. 진언종이 이렇게 매력이 있었습니다. 부처님의 학설을 우리처럼 차분하게 며칠 있는 것이 아닙니다. 통한 선생이 있으면 옆에 앉아서 칠편(七遍)만 하면 통합니다. 선생이 옆에서 가르치면 말입니다. 그런 법이 요즘 다 없어졌습니다. 부처님 진언은 그렇게 영험한데 나중에 달마가 법을 펴는데 법을 깨면 그것도 부처님입니다. 인도말로 달마를 번역하면 法입니다. 부처님 때까지는 법을 깨면 부처라고 했습니다. 그렇게 하자 중생이나 불자들이 석가모니 부처님이나 깨는 것이지 다른 것은 못 깬다고 했습니다. 태국불교가 그렇습니다. 부처가 따로 있는 줄 알지 내 몸 속에 있는 것이 佛인지 몰랐습니다. 몸 밖에 부처가 있는줄 알았습니다. 그런데 달마가 보니 생각을 잘 하는 중국 사람들이 저런 껍데기 불교만 알아서는 안 되겠다 싶어서 중국에 와서 법을 펴는데 '법이 따로 있는 것이 아니다. 마음이 곧 부처님이고 부처님이 곧 법이다.'고 합니다. 부처님은 내가 말할 때 혀로 나오는 소리, 눈으로 보는 기운, 귀로 들을 때 듣는 것입니다. "석가모니를 밖에서 찾을 필요가 있느냐? 네가 말하고 밥먹을 줄 알고 똥쌀 줄 아는 것 그것이 곧 부처다." 이렇게 가르친 것이 달마입니다. 그래서 부처란 이름을 떼고 자기 이름을 달마라고 한 것입니다. 달마가 곧 부처님입니다. 그럼 옛날의 부처님이 하던 것은 어떻게 되었는가? 그럼 참선을 할 때 뭘 하느냐? 정을 닦는 것입니다. 법을 깨면 생명의 기운이 부처이기 때문에 그만인 것입니다. 이 몸뚱이를 가지고 있으면서도 속에 생멸하는 생각을 비우기만 하면 끝입니다. 달마의 법을 받아 깬 사람은 어떻습니까. 부처님이 깬 것이 말한 마디에 나오고 행동으로 나오고 진언이 나옵니다. 조사들도 그런 것이 있습니다. 조주의 '뜰 앞의 잣나무' 하나에 부처님의 깨달음이 다 포함되어 있습니다. 조주나 달마의 깨달은 법이 '뜰 앞의 잣나무'에 다 들어 있습니다. 화두가 그런 것입니다. 그럼 '뜰 앞의 잣 나무가 뭔고' 하고 계속 생각하면 그것과 한 덩어리가 될 때에 조주가 깬 것과 달마가 깬 것이 다 반영됩니다. 화두도 임제종의 화두가 있고 조동종의 화두가 있습니다. 조동종은 화두를 안 들지만 화두가 있습니다. 조동종을 깨면 개가 새끼를 낳으면 강아지가 나오고 사람이 새끼를 낳으면 아기가 나오듯이 그것의 법이 오위군신으로 나옵니다. 임제종에서 깨우치면 삼현, 삼효, 삼구로 나옵니다. 만약 조주, 황벽과 같은 이가 나오면 한 마디 쓰면 다 들어가는 줄 압니다. 아무리 작은 어린 아이라도 사람 갖출 것은 다 갖췄습니다. 부처님의 말이나 달마의 말이나 한 마디 한 마디 법문이 다 들어있습니다. 깨달음 전체가 포함되어 있습니다. 그러니 화두가 진언입니다. 우리는 목적이 잘못되어서 근·진·식이 벌어졌는데 그것을 삭히는 방법입니다. 화두를 들고 있으면 자기도 모르게 녹아집니다. 용광로에 잡철을 넣으면 녹듯이 다 녹습니다. 근·진·식이 다 녹으면 해탈입니다. 진언이란게 참 이상합니다. 좀 영험스러운 진언을 이야기하겠습니다. 우리가 문자로 적어놓은 것은 현교(顯敎)라고 합니다. 진언을 이은 것은 밀교(密敎)입니다. 부처님이 45년을 이야기한 것을 뒤에 여러 사람이 수집해놓은 것이 팔만대장경입니다. 우리가 눈으로 보고 읽을 수 있는 것을 현교라고 그러고, 밀교는 다라니입니다. 현교의 위력은 어떻냐면 부처님의 팔만대장경을 큰 땅에 비유하면 손톱 위의 먼지 밖에 안 됩니다. 그럼 밀교는 어떠냐. 큰 땅의 흙[大地土]이라고 합니다. 그렇다면 현교가 밀교의 100억만분의 1도 안된다는 것입니다. 우리는 거기에 파묻혔지 밀교의 위력을 모릅니다. 달마는 즉심즉불이라고 했지만 밀교는 즉심성불입니다. 이 몸뚱이 그대로 가지고 성불하는 것입니다. 우리는 죄업이 있기 때문에 성불을 못합니다. 소동파의 천복게(薦福偈)를 봅시다. "불이대원각 충만하사계 아이전도상 출몰생사중 운하이일념 득왕생정토 아조무시업 본종일념생 기종일념생 환종일념멸 생멸멸진처 칙아여불동 여투수해중 여풍중고탁 수유대성지 역불능분별 원아선부모 여일체중생 재처위서방 소우개극악 인인무량수 무왕역무래(佛以大圓覺 充滿河沙界 我以顚倒想 出沒生死中 雲何以一念 得往生淨土 我造無始業 本從一念生 既從一念生 還從一念滅 生滅滅盡處 則我與佛同 如投水海中 如風中鼓槖 雖有大聖智 亦不能分別 願我先父母 與一切衆生 在處爲西方 所遇皆極樂 人人無量壽 無往亦無來)" 내가 지은 업을 쓰려면 씁니다. 이것은 본래 한 생각으로 생긴 것입니다. 한 생각으로 일어났을진댄 한 생각으로 없어질 수도 있습니다. 우리가 성불을 못하고 있는 것이 속에 업이 있어서 그렇습니다. 천복게를 봅시다. '부처님은 대 원각자리로써 모래같은 세계에 꽉 차 있거늘' 부처님이 되면 근·진·식이 소탕되어서 없어집니다. '나는 전도한 생각으로 났다가 죽었다하는 바닥 가운데서 댕겼다가 떴다 한다.' 소동파의 아버지는 소노천, 소순이라고 해서 큰 문장가입니다. 첫째 아들이 소식이고 둘째 아들이 소철인데 둘 다 큰 문장가입니다. 그 딸이 소소매가 있는데 그녀도 큰 문장가입니다. 관음예문은 소소매가 지은 것입니다. 이들이 사천성에서 큰 부자입니다. 또 그런데다 불교를 좋아합니다. 소순은 부처님 후불탱을 그려서 어디를 가든 모셨다고 합니다. 소동파는 부모가 돌아가신 후에 부모를 위해 지은 것이 이것입니다. 이 시를 축복게(祝福偈)라고 하기도 합니다. 법성자리는 하나라서 보리수와 같은 세계가 넓게 퍼져 있습니다. 우리는 깨닫지 못하면 식이 생기고 안으로 근이 생기고 밖으로 진이 생깁니다. 그것 때문에 테두리가 생겨 꽉 막히게 됩니다. 그런데 깨면 녹아 하나가 됩니다. '우리가 비로소 업을 짓는 것이 본되 한 생각으로부터 나왔다. 이미 한 생각으로부터 나왔을진댄 도리어 한 생각으로부터 멸할 수도 있었을 것이다. 멸해서 다한 곳이면 이 몸이 부처님과 똑같아진다.' 사람이 깨달으면 사람이 부처와 같고 벌레가 깨달으면 벌레가 부처와 같습니다. 그럼 여우 부처님, 너구리 부처님, 살쾡이 부처님, 강아지 부처님하고 많을 것입니다. 마음에 근·진·식 세 가지만 녹으면 이 몸 바꿀 것 없이 그대로 성불할 것입니다. 법화경에 보면 팔세 용녀가 부처님에게 구슬을 선물하고 공양하고 저 남방으로 가서 성불했다는 이야기가 나옵니다. 그게 어려운 것이 아닙니다. 마음에 있는 망상을 없애면 되는 것입니다. '그것은 물을 바다와 같은 본연 자리에 던지는 것과 같고 공기 가운데 바람 부는것과 같다.' 알고보면 바람 부는 밖도 공기고 바람 부는 안도 공기입니다. 우리는 생명 속에서 생명을 찾습니다. 태평양 물 그대로 있는 것을 모르고 찾습니다. 그런데 깨닫지 못합니다. 어떻게 성불 못하는지 모릅니다. 어떻게 성불하는지도 모릅니다. '비록 한 성인의 지혜가 있다 하더라도 또한 분별할 수 없다. 원컨대 돌아가신 부모님과 일체중생이 앉은 곳마다 서방세계가 되고 만나는 것이 다 극락이길 원하노라.' 우리가 깨면 이 자리가 그 자리입니다. 그런데 이 진언이 위력이 있다는 것에서 이것이 나와버렸습니다. 진언을 입으면 우리는 알 수 없는 힘을 얻습니다. 진언이 어떻게해서 그렇게 된 것인지 모릅니다. 모르니까 밀교라고 합니다. 아주 옛날옛적 중국에 유명한 점쟁이가 있었습니다. 아주 신출귀몰하게 압니다. 귀신을 섬기는데 큰 사당을 짓고 기도를 합니다. 1년에 한번 씩은 7,8세 어린 소녀를 제물로 바쳐 공양을 합니다. 어떤 소녀의 어머니가 젊었을 적부터 절에 다녔습니다. 그래서 그 집 소녀도 어머니 따라해서 반야심경도 주문도 외웁니다. 그런데 그 어머니가 과부에다 가난해서 딸을 팔게 되었는데 제물로 바쳐지게 되었습니다. 밤에 제사를 지내는데 아이가 얼마나 두렵겠습니까. 그래서 어머니를 따라 외운 다라니가 있는데 그걸 계속 외니 그러자 천장에서 큰 불덩어리가 둘이 내려오더니 자기쪽으로 옵니다. 그래서 겁이 난 소녀는 더더욱 외우는데 소녀

의 입에서 연기같이 광명이 나옵니다. 그 빛과 두 불덩이가 일진일
퇴를 하며 실랑이를 벌입니다. 소녀는 열심히 법문을 외웁니다. 나
중에는 폭탄터지는 소리가 펑하고 납니다. 그러자 소녀가 '사람살
려'하고 외친 후 기절하고 맙니다. 그러니까 밖에서 야경 돌던 사람
이 소리를 듣고 가보니 짚단보다 굵은 구렁이가 한 마리 있던 것입
니다. 그 놈이 와서 제물로 바쳐진 소녀들을 요기로 삼았던 것입니
다. 불 덩어리 두 개는 바로 뱀의 눈에서 나왔던 것입니다. 소녀의
광명 때문에 뱀은 죽고 소녀는 기절했지만 살았습니다. 그렇게 죽
을 어린 아이도 부처님, 관세음보살의 신력으로 아이의 혓바닥을
통해 나와 삿된 물건을 해치운 것입니다. 그 터가 지금 중국에 남아
있다고 합니다. 그렇게 주문이 신묘합니다. 우리는 몰라도 관세음
보살을 부르던지 주문을 외우면 자기도 모르게 부처님의 가호가 있
어서 큰 화액을 면한답니다. '아제아제 바라아제 바라승아제 모지
사바하.' 진언은 대개 번역을 안 하는데 한번 써 봅시다. 아제아제
바라아제 바라승아제 모지사바하.(揭諦揭諦 波羅揭諦 波羅僧揭諦
菩提娑婆訶.) 이것은 노래입니다. 아제는 '가자'입니다. '가자(나)
가자(너도) 저 언덕(彼岸)으로 가자.' 피안은 생사가 없는 곳입니다.
'저 언덕으로 모두 가자. 지혜를 속히 성취하자.' '사바하'

무문관 강설 제8

(12) 무문관 제12칙 암환주인(巖喚主人)

서암이 주인공을 부르다(巖喚主人)

瑞巖彦和尚, 每日自喚, 主人公, 復自應諾. 乃云, 惺惺著, 喏,
他時異日, 莫受人瞞, 喏喏.

서암 언 화상은 매일 스스로 "주인공아!" 하고 부르고 다시 스
스로 "예!" 하고 대답하였다. 이어서 "깨어있어라!", "예!", "훗
날 남들에게 속지 말아라!", "예, 예!" 하고 말하였다.

■ **무문송**

學道之人不識真, 只為從前認識神. 無量劫來生死本, 癡人喚作本
來人.

도를 배우는 사람이 진실을 알지 못하는 것은/ 다만 예전부터 식
신(識神)을 자기로 알았기 때문이네./ 헤아릴 수 없는 과거부터 생
사의 근본을/ 어리석은 사람들은 본래의 자기라고 부르네.

■ 관응강설

열두 번째 암환주인(巖喚主人)입니다. 서암이란 스님이 주인공을 부르더란 말입니다. 서암 언 화상이 매일 스스로 주인공을 부르고 다시 스스로 대답합니다. 저녁 때 자기를 보고 "주인공아."하면 "예" 하는 것입니다. 그리고 "정신 차려라." "예" 다른 날에 "다른 사람에게 업신여김을 받지 말아라." "예, 예." 자문자답을 하는 것입니다. 무문이 말합니다. 서암 늙은이가 자기 스스로 팔고 자기 스스로 사고 혼자 주고받고 해서 수없이 도깨비 놀음을 합니다. 부르고 대답하고 정신 차려라 하고 대답하고 다른 사람에게 업신여김을 받지마라고 하고 대답하는 것을 집착하면 도리어 옳지 못하다고 합니다. 주인공에 메이면 안된다는 소리입니다. 다른 사람들이 따라하려고 해도 여우 견해가 됩니다. 주인공에 인착하면 못쓴다는 말입니다. 식과 근과 진이 뭉치면 내가 됩니다. 주인공이라고 해도 성찰을 하면 괜찮지만 거기에 집착하면 여전히 범부고 못 씁니다. 옛날 중국 승조도 성인은 무기(無己)이다고 합니다. 자기가 없다는 것입니다. '성인무기고무소불기(聖人無己故無所不己)' 성인은 자기를 잊었기 때문에 우주 천지 법칙이 자기가 되어 버립니다. 자기 아닌 바가 없어집니다. 그게 수양 방법입니다. 구마라집의 제자가 넷이 있습니다. 승조, 승예, 도생, 도융이 있는데 승조 법사의 말입니다. 무문송에서, 이것은 장사 경잠 선사의 말입니다. 인득하면 아집이 되고 아뢰야식이 된다는 말입니다. 아뢰야식을 불성으로 알면 큰일 난다는 말입니다. '도를 배우는 사람이 진성 자리를 알지 못하는 것

은 아뢰야식(식신) 자리 때문이다.' 그것을 불성으로 압니다. '무량
한 겁으로 오며 생사의 근본(아뢰야식)이거늘 어리석은 사람은 그
것을 가지고 주인공을 삼는다.'

(13) 무문관 제13칙 덕산탁발(德山托鉢)

덕산이 발우를 들고 가다(德山托鉢)

德山一日托鉢下堂, 見雪峰問, 者老漢, 鐘未鳴, 鼓未響, 托鉢
向甚處去, 山便回方丈. 峰擧似巖頭, 頭云, 大小德山, 未會末後
句. 山聞, 令侍者喚巖頭來, 問曰, 汝不肯老僧那. 巖頭密啟其意,
山乃休去. 明日陞座, 果與尋常不同. 巖頭至僧堂前, 拊掌大笑
云, 且喜得, 老漢會末後句. 他後天下人, 不奈伊何.

덕산이 하루는 발우를 들고 식당으로 내려가다 이를 본 설봉
이 "이 노인네가 종도 아직 울리지 않고 북도 치지 않았는데 발
우를 가지고 어디로 가는 거요?" 하고 묻자, 덕산은 곧 방장(方
丈)으로 돌아갔다.

설봉이 이 일을 암두에게 말하자 암두는 "대단하다는 덕산도
아직 마지막 구절을 모르는구나!"라고 말했다. 덕산이 그 말을
듣고 시자를 시켜 암두를 불러 오게 하고는 "네가 이 늙은이를

긍정하지 않느냐?"라고 물었다. 암두가 남몰래 그 뜻을 말씀드리자 덕산은 곧 그만두었다.

다음날 법좌에 오르니 과연 평소와는 같지 않았다. 암두가 승당(僧堂) 앞에 이르러 손뼉을 치고 크게 웃으며 말하기를, "기쁘구나! 노인네가 마지막 구절을 알았도다. 이제부터 천하의 사람들이 그를 어쩌지 못하리라!"라고 하였다.

■ 무문송

識得最初句, 便會末後句, 末後與最初, 不是者一句.

맨 처음 구절을 알 수 있다면/ 곧 바로 마지막 구절도 알겠지만,

마지막 구절과 맨 처음 구절도/ 이 한 구절은 아니로다!

■ 관응강설

열 셋째는 덕산탁발(德山托鉢)입니다. 덕산이 바리때를 들고 나간다는 말입니다. 덕산은 바로 주금강입니다. 자기가 금강경을 많이 읽었다고 해서 주금강이란 별호를 가졌는데 들으니 저 남방에는 스님들이 앉아서 견성만 하면 하루아침에 부처가 된다고 합니다. 그래서 깨달으러 갔는데 중간에 노파를 만나 떡을 사먹으려다 혼이 나고 용담 스님을 찾아가 견성을 합니다. 덕산이 하루는 바리때를 들고 당을 내려와서 슬그머니 나와보니 설봉스님이 말합니다. "스님 종도 울리지 않고 북도 치지 않았는데 바리때를 들고 어딜 가

십니까?" 그러자 덕산은 배는 고팠지만 방장실로 돌아갑니다. 설봉이 자기 사형되는 암두에게 말하자 암두가 말합니다. "만만찮은 (이것을 유석(流石)이라고 합니다. 일본말로 사스가입니다.) 덕산 스님이 말후구를 아직 깨닫지 못했구나." 말후구를 깨달으면 이 세상에 탐할 것도 없고 피할 것도 없습니다. 만사가 거리낌이 없습니다. 무애가 됩니다. 우리는 그렇게 안 됩니다. 싫은 소리만 들어도 보기 싫은 것만 봐도 마음이 상합니다. 암두가 이렇게 조작극을 합니다. 덕산이 그 소리를 듣고 시자로 하여금 암두를 방장실로 오게 합니다. 그리고 "네놈이 나를 그렇게 업신여기느냐?" 합니다. 그러자 암두가 덕산 스님 귀에 대고 뭐라고 소곤소곤 일렀습니다. "스님을 업신여긴 것이 아니라 다른 이들을 깨우쳐주기 위해서 그랬습니다. 용서해주십시오." 듣고 보니 더 말할 것도 없어 덕산이 쉬어 갔습니다. 그 이튿날 아침 덕산이 조참을 하러 자리에 올라가서 법문을 하는데 그 전보다 좀 다릅니다. 덕산이 법을 설하려고 하는데 암두가 박수를 치면서 크게 웃으며 "우리 노장님이 말후구 얻은 것을 즐거워하노라!"고 했습니다. 이후에 천하 사람들이 덕산을 쉽게 어떻게 할 수 없다고 했습니다. 그리고 덕산 스님은 3년 밖에 더 못 살았습니다. 암두 스님이 유명한 스님입니다. 죽을 때 적군들이 베자 아야! 하고 소리를 지르고 죽었던 스님입니다. 말후구를 얻어야 그 정도가 됩니다. 피하려고 하지 않습니다. 오면 받습니다. 무문왈 염제를 봅시다. 이것은 후일 학자들의 눈을 번쩍 뜨게 하는 것입니다. 송을 봅시다. 말후구니 최초구니 우리가 알아버리면 알았다는 생각도 잊어버립니다. 자체가 종적이 없어집니다. 종적이 남으면 아직 미진한 것입니다. 말후구를 못 얻은 것입니다. 깨달은 소리도 없어집니다.

(14) 무문관 제14칙 남전참묘(南泉斬猫)
남전이 고양이를 죽이다(南泉斬猫)

南泉和尚, 因東西兩堂爭貓兒, 泉乃提起云, 大衆, 道得卽救, 道不得卽斬卻也. 衆無對, 泉遂斬之. 晩趙州外歸, 泉舉似州. 州乃脫履, 安頭上而出. 泉云, 子若在, 卽救得貓兒.

남전 화상은 동당(東堂)과 서당(西堂) 스님들이 고양이를 가지고 다투기에 고양이를 들어 보이고는 말했다.

"대중들이여, 한 마디 이를 수 있다면 살려줄 것이요, 이르지 못한다면 베어버리겠다!"

대중들이 대답이 없자 남전은 마침내 고양이를 베어버렸다.

저녁에 조주가 밖에서 돌아오자 남전은 낮에 있었던 일을 조주에게 들려주었다. 그러자 조주는 신을 벗어 머리에 이고는 나가버렸다. 남전이 말했다.

"만약 자네가 있었다면 고양이를 구할 수 있었을 텐데..."

■ **무문송**

趙州若在, 倒行此令. 奪却刀子, 南泉乞命.

조주가 만약 있었다면/ 그 명령을 거꾸로 행했으리.

칼을 빼앗기고/ 남전도 목숨을 빌었으리.

■ **관응강설**

열 넷째 남전참묘(南泉斬猫)입니다. 남전이 고양이를 베다입니다. 남전 화상이 보니 동서 양당에서 고양이를 두고 다툽니다. 고양이가 자기들끼리 다투는 것이 아닙니다. 대중들이 고양이가 불성이 있느니 없느니 다투는 것입니다. 대중들이 싸우는 것입니다. 대중들이 해결을 못하니 남전이 고양이를 듭니다. "대중이 한 마디 이르면 이 고양이를 살려줄 것이고 만약 한 마디 법문을 하지 못하면 이 고양이를 베겠다." 그런데 대중에 대답하는 스님이 한 명도 없습니다. 그러자 남전이 고양이를 베어버립니다. 그 후 늦게 조주가 절에 돌아오니 남전이 조주에게 낮에 있었던 일을 이야기 합니다. 그리고 "자네가 만약 있었다면 어떻게 대답했겠는가?"라고 합니다. 그러자 조주가 그 대답으로 신을 벗어서 머리에 이고 갑니다. 그걸 본 남전이 "자네가 있었다면 고양이를 구할 수 있었을 텐데."고 합니다. 무문이 말합니다. 조주가 짚신을 머리 위에 얹고 갔다면 남전의 법문이 허행하지 않았음을 알았을 것입니다. 여기에 '흠!' 하는 소리가 나오는데 이것은 맺힌 소리로 한 글자 법문입니다. 화두입니다. 물을 둑으로 막듯이 우리의 사량심은 모르는 문제로 막아야 합니다. 흠! 송에 말하기를 조주가 있었던들 남전의 법령이 거꾸로 행했을 것이다고 합니다. 남전이 법문 하는데 조주가 뺏아서 호령하면 남전도 설설 길 것입니다. 남전도 그 때 가서는 목숨만은 살려달라고 했을 것입니다.

엄밀히 남전의 이 행동도 이류중행(異類中行)에 속하기는 합니다. 이류중행은 다음과 같이 설명하고 있습니다.

1. 부처님이 부처님 자신의 깨달음의 입장을 고집하지 않고, 그것을 버리고 중생을 구하기 위하여 미혹한 세계에 자신을 던져 중생과 일체가 되어 중생을 교화하는 것.

2. 선사가 수행자를 깨닫게 하기 위하여 여러 가지 수단이나 방법을 사용하는 일.

3. 이(현실적인 것)와 류(이상적인 것)를 모두 초월하여 절대의 경지에 철저하게 안주하는 일.

이류중행의 입장에서 본다하더라도 짚신을 머리에 이고 나온 조주의 행위를 뼈 속 깊이 새겨야 할 것입니다.

(15) 무문관 제15칙 동산삼돈(洞山三頓)

동산의 세 방망이(洞山三頓)

雲門因洞山參次. 門問曰, 近離甚處. 山云, 查渡. 門曰, 夏在
甚處. 山云, 湖南報慈. 門曰, 幾時離彼. 山云, 八月二十五. 門
曰, 放汝三頓棒. 山至明日, 卻上問訊. 昨日蒙和尚放三頓棒. 不
知過在甚麼處. 門曰, 飯袋子, 江西湖南, 便恁麼去. 山於此大悟.

운문에게 동산이 가르침을 받으러 왔기에 운문이 물었다.

"최근에 어디를 떠나왔는가?"

동산이 말했다.

"사도에서 왔습니다."

운문이 말했다.

"여름엔 어디에 있었는가?"

동산이 말했다.

"호남의 보자사에 있었습니다."

운문이 말했다.

"언제 거기를 떠났는가?"

동산이 말했다.

"8월 25일에 떠났습니다."

운문이 말했다.

"네게 세 차례 방망이질 할 것을 봐주었다."

동산이 다음 날 다시 찾아가 문안을 드리면서 물었다.

"어제 화상께서 세 차례 방망이질 할 것을 봐주셨는데 허물이 어느 곳에 있는지 모르겠습니다."

운문이 말했다.

"밥통아! 강서와 호남으로 이렇게 돌아다녔느냐?"

동산은 이에 크게 깨달았다.

■ 무문송

獅子教兒迷子訣, 擬前跳躑早翻身. 無端再敘當頭著, 前箭猶輕後箭深.

사자는 새끼를 당혹하게 하는 방법으로 가르치니/ 앞으로 뛰려고 머뭇거리자 얼른 몸을 뒤집는다./ 느닷없이 거듭 펼쳐 정통으로 맞추었으니/ 앞 화살은 오히려 가벼웠으나 나중 화살은 깊도다.

■ **관응강설**

　열 다섯째 동산삼돈(洞山三頓)입니다. 이 동산은 동산 양개 선사
가 아니고 운문 스님의 제자인 守初입니다. 동산 중에서 양개가 원
조지만 이 스님도 장한 사람입니다. 어느날 운문이 동산이 수좌로
다닐 때에 참하자 운문이 묻습니다. "너는 어디서 왔느냐?" 동산이
"저 사도에서 떠나왔습니다."고 합니다. "그럼 여름에는 어디 살았
느냐?" "호남 보은사에서 지냈습니다." "언제 거기서 떠났는고?"
이쯤 되면 빈주가 서로 당기는 것이 있어야 되는데 맹물탕입니다.
"8월 25일에 떠났습니다." 쑥맥입니다. 조실은 낚시를 드리웠는데
걸리지 않습니다. 그러자 운문이 "너에게 3돈방을 때려야하지만 때
릴 가치도 없구나."합니다. 1돈방이 중국 형법에 20 방망이입니다.
3돈방이면 60 방망이입니다. 보통 성깔이 아니면 속에 맺힐텐데
이것은 분심을 돋구는 것입니다. 다음날 동산이 조실에게 가서 인
사를 드리고 말합니다. "어제 화상의 3돈방을 놓으셨는데 저의 허
물이 어디 있습니까?" 이게 또 쑥맥입니다. 그러자 운문이 말합니
다. "이 밥통아! 강서, 호남을 쏘다니기만 했구나!" 그 소리를 듣고
동산이 크게 깨달았습니다. 법은 이렇게 하면 안 됩니다. 운문도 너
무 실없는 사람이고 동산도 맥아리가 없는 사람입니다. 우리는 먹
는 것을 料라 합니다. 식물에 주는 것은 비료고 동물에게 주는 것
은 사료이고 사람은 식료입니다. 풀을 주면 草料입니다. 꼴입니다.
그런데 학자를 먹이는 꼴은 본분초료라고 합니다. 방망이로 때리고
발길로 차는 것 이것이 본분초료입니다. 이렇게 했다면 동산이 깊

이 깼을 텐데 운문 스님은 왜 거기서 그쳤냐고 합니다. 한심하다 이 것입니다. 운문이 본분초료를 했다면 동산이 좀 더 값있고 용맹하게 되었을 것이라고 합니다. 동산은 그 소리를 듣고 한 숨도 못 잤을 것입니다. '나를 어찌 그렇게 가치 없게 생각하는고?'하고 말입니다. 곧 날 새는 것을 기다려서 다시 왔단 말입니다. 이 때 방망이로 때려야 했는데 말만 가지고 강사 마냥 한 것입니다. 해설을 했으니 순한 법문을 했다는 것입니다. 동산이 깨닫긴 했지만 그것이 영리한 것은 아닙니다. 맥아리가 없습니다. 운문이 동산에게 말했던 3돈방의 방은 봉이라고 해도 됩니다.

　이런 운문과 동산과 같은 선에서는 용맹한 제자가 안 나옵니다. 짐승도 보면 사자는 새끼를 기르는데 다른 짐승과 다릅니다. 새끼를 수천 길 되는 구덩이에다 떨어트립니다. 혼자 애를 써서 해야지 남에게 얹어서 하면 안되는 것입니다. 자기 속에서 툭 터져 나오는 것입니다. 그 사자새끼가 애를 써서 올라와서 자기 어미를 꽉 무는 것을 가르칩니다. 그리고 사자새끼가 젖을 먹으러 오면 일부러 떨어트려서 미워하게 만듭니다. 그것이 자식을 잘 기르는 방법인데 운문이 그러지 못했다는 것입니다. 다시 당두착을 놓아주었다고 합니다. 영 터지는 법문은 아닙니다. 당두착은 바둑을 두는데 아주 요긴한 곳에 딱 놓는 것입니다. 그래도 용맹은 없지만 무단히 당두책을 피어주니 처음보다는 낫다고 합니다.

(16) 무문관 제16칙 종성칠조(鐘聲七條)
종소리에 칠조 가사를 입는다(鐘聲七條)

> 雲門曰, 世界恁麼廣闊, 因甚向鐘聲裏披七條.
>
> 운문이 말했다.
>
> "세계가 이렇게 드넓은데 어째서 종소리가 울리면 칠조 가사
> 를 입는가?"

■ **무문송**

會則事同一家, 不會萬別千差. 不會事同一家, 會則萬別千差.

알면 곧 매사가 한 집안이요/ 알지 못하면 천차만별이로다.

알지 못하면 매사가 한 집안이요/ 알면 곧 천차만별이로다.

■ **관응강설**

열여섯 번째 종성칠조(種聲七條)입니다. 또 운문이 나옵니다. 운

문이 말하기를 "세계가 이렇게 넓으니 무엇을 인해서 종을 쳐야만 7조 가사를 입고 모두 방에 올라오는고!" 산은 높고 구름은 짙고 들은 넓고 이런 것이 하나도 어긋나지 않습니다. 정연합니다. 조금도 보탤 것도 없고 덜어낼 것도 없습니다. 정연한 것을 정연한대로 보면 다시 구할 것도 없고 물러갈 것도 없는데 사람들이 그렇지 못해서 종을 달아놓고 치고 죽비를 가지고 하고 좀스럽기 그지없습니다. 본래부터 원만한데 사람은 잊어버립니다. 이것을 바로 보면 그만입니다. 죽비는 참 시끄럽습니다. 죽비를 쳐서 보다 나아지면 죽비의 소리를 없게 하는 것이 죽비의 작용입니다. 모든 법규가 마찬가지입니다. 누가 내놓았는지 남자는 남자옷 입히고 여자는 여자옷을 입히니 용하게 되었습니다. 옛날부터 여자들 뒷머리 따는 것 똑같습니다. 동양이나 서양이나 뒷머리를 따고 다닙니다. 저절로 된 것인지 모르겠습니다. 여기서는 법규를 이야기합니다. 우주법칙입니다. 세간에는 결혼식을 합니다. 그것은 다른 사람에게 인정받으려고 하는 것입니다. 제사와 같은 제도도 마찬가지입니다. 효도해라 뭐해라 모두 인위적으로 나온 것입니다. 여기서 그 말을 하는 것입니다. 본되부터 부족함이 없는데 무엇 때문에 종소리를 치면 7조 가사를 입고 모두 행사를 하는 것입니다. 불교에서 참선할 때 도를 하려면 눈으로 가는 색과 귀로 듣는 소리에 안 팔려야 합니다. 옛날에 부처님도 밝은 별을 보고 견성을 했고 영운스님도 도화꽃을 보고 견성을 했는데 그것도 아무 소용이 없느냐라는 소리가 나올 것입니다. 여기서 소리를 탄다는 것은 소리를 이기는 것입니다. 여기서 우리는 법규를 정해놓았지만 법규에 팔리면 안 됩니다. 뭐든지 팔리면 안 되고 초월해야 한다는 것을 기록해놓은 것입니다. 사로잡히면 안되는 것을 말한 것입니다.

여기의 회는 처음으로 견성을 하는 것입니다. 처음으로 견성을 하면 잡된 차별에 팔리지 않고 평등으로 들어갑니다. 용을 거둬 체로 돌아가는 것입니다. 이건 초학자들에게 하는 소리입니다. 어떤 사람이 깨닫지 못해도 사물에 있어서는 무슨 허물이 있습니까? 산은 산이고 물은 물이고 아무 애착도 없고 중생으로 하여금 애착을 놔두게 하는 것이 아니기 때문에 산은 한 집(일가)과 같습니다. 법계의 승이 그렇단 말입니다. 알고 보면 산은 산이고 물은 물이고 그대로 있는데 말입니다. '그대로 있는데 뭘그래?' 이런 말입니다. 이걸 성인의 경지로 보면 혜안은 깨달아서 차별하는 것 없이 평등한 곳으로 돌아가는 것입니다. 견성을 해서 자꾸 닦다보면 보림(保任)의 保는 체(體), 천진한 자리, 본래 자리를 보관하는 것입니다. 천진한 심성을 유실하지 않는 것입니다. 돌덩이를 보관한다고 굳어지면 안 됩니다. 그 심성의 작용이 맡겨둡니다. 그것이 任입니다. 대원경책이란 말이 있습니다. 거기서 '저 법성에 두루 흐르는 것을 맡겨둔다'는 말이 나옵니다. 대개 참선하는 사람들이 그것을 붙들려고 애씁니다. 그러면 안 됩니다. 그것을 끊으려하지도 말고 이으려하지도 말아야 합니다. 참선을 할 때 견성을 못하고 애쓰는 것을 보면 생각이 끊어지니까 뒤의 생각을 앞의 생각에 이으려고 해서 그렇습니다. 생각은 그림자와 같이 허망한 것인데 그림자에 맞추려고 자꾸 애를 씁니다. 안되는 것입니다. 性이 空한줄 깨달으면 잡념이 일어나지 않기 때문에 하루나 이틀은 갑니다. 그러나 허망한 그림자를 잡으면 어디 됩니까? 허망한 그림자의 앞뒤를 이으려하면 그것은 참선이 아닙니다. 초학자들은 자꾸 생각을 이으려고 합니다. 맡겨두며 흘러가면서 없애면서 정신을 차리는 것입니다. 안 없어지면 안 됩니다. 기차를 타는 사람이 기차가 흔들리는데 자기 혼자 안 흔들리려 한다면 될까요? 같이 흔들려야 쓸만한 것입니다. 흔들리면서 그 마음이 움직이지 않는 것 그걸 해야 합니다. 그러니 암자를 지어놓고 독서를 하는 사람들을 보면 기가 막힙니다. 대중과 같이 못 살아서입니다. 대중과 사는 법을 가르쳐주면 됩니다. 혼자 하지 말고 남이 해놓은 밥 먹어도 뭐 어떻습니까. 대중에 와서 살아야 합니다. 이걸 해봐야 합니다. 옛날에 변변찮은 수좌가 있었는데 신장들이 '이 놈을 독살이로 보낼까 지옥으로 보낼까.'합니다. 지옥보다 더 한 것이 바로 독살이(혼자서 도 닦는 것)입니다.

(17) 무문관 제17칙 국사삼환(國師三喚)
국사가 세 번 부르다(國師三喚)

國師三喚侍者, 侍者三應. 國師云, 將謂吾辜負汝, 元來卻是汝辜負吾.

국사(國師)가 시자(侍者)를 세 번 부르자 시자가 세 번 대답했다.

국사가 말했다.

"내가 너를 저버렸다고 여겼는데 알고 보니 도리어 네가 나를 저버렸구나!"

■ **무문송**

鐵枷無孔要人擔, 累及兒孫不等閑. 欲得撑門并挂戶, 更須赤脚上刀山.

구멍 없는 쇠칼을 사람에게 씌우려 하니/ 그 허물이 자손에게 미쳐 등한할 수 없다./ 선가(禪家)의 문호(門戶)를 떠받치고자 한다면/ 모름지기 맨발로 칼산을 올라야 한다.

■ 관응강설

열일곱 번째 국사삼환(國師三喚)입니다. 이것은 남양 혜충 국사의 일입니다. 혜충 국사는 육조 스님에게 법문을 듣고 남양 백애산 당자곡에 들어가서 40년을 있었습니다. 당나라 숙종이 나오라고 해도 안 나왔습니다. 나오지 않으면 목을 친다해도 끝까지 나오지 않았습니다. 그 다다음 왕 때 서역에서 삼장이 와서 모시러 가니까 나왔다는 것입니다. 대단한 사람입니다. 그 제자에 탐원이란 사람이 있었는데 역시 못지 않은 사람입니다. 탐원 응진입니다. 탐원산에 살았다고 해서 탐원이라고 합니다. 탐원이 어렸을 적입니다. 국사가 시자 탐원을 세 번 부르니까 시자도 세 번 대답합니다. 그러자 혜충이 "내가 너를 배반하는 줄 알았더니 원래 네 놈이 날 배반하는구나!"고 합니다. 배반한다는 것은 아무 일도 없는데 스님이 시자를 불렀으니 배반한 것이 됩니다. 그런데 실없이 세 번 대답하니까 네 놈이 배반한다고 한 것입니다.

무문도 혜충 국사가 세 번 부른 것을 그릇된 것 실없는 짓이라고 했습니다. 하지만 시자가 세 번 대답한 것은 스님이 부르니 당연한 것이라고 합니다. 국사가 나이가 연로하여 외로워 뭘 또 자꾸 알려고 하고 안 알아도 되는데 알고 싶어서 "얘들아 그건 어떻게 되었느

냐?"고 합니다. 내가 늙어봐서 잘 압니다. 국사가 외로워서 상좌가
법문 안 들으려고 하는데 법문 듣게 하려고 끌어들이는 것이 흡사
저 소가 배가 부른데 끌어다가 풀 먹이는 것과 같은 것입니다. 쓸데
없는 짓입니다. 스님이 법문을 하려고 해도 시자가 기꺼이 안 받아
들입니다. 아무리 좋은 음식이라도 배부른 사람에게는 마땅치 않습
니다. 나라가 제대로 되면 제대로 된 사람이 대접을 받습니다. 집안
이 부자가 되고 넉넉해지면 자식이 교만이 늡니다. 그렇다는 것입
니다. 스님이나 시자나 법이 넉넉하니까 이런 모습이 나온다는 것
입니다.

  무문송에서, 형틀이 구멍이 있으면 잠구고 빼기 쉬운데 구멍이
없으면 빼지 못합니다. 남양 혜충 국사가 상좌의 법을 굳게 하기 위
해 상좌에게 단단한 것을 채워놓는다는 말입니다.

(18) 무문관 제18칙 동산삼근(洞山三斤)
동산의 삼 서 근(洞山三斤)

洞山和尚, 因僧問, 如何是佛. 山云, 麻三斤.

동산 수초 화상에게 어떤 승려가 물었다.

"어떤 것이 부처입니까?"

동산이 말했다.

"삼 서 근."

■ **무문송**

突出麻三斤, 言親意更親. 來說是非者, 便是是非人.

불쑥 내뱉은 삼 서 근/ 말도 가깝지만 뜻은 더욱 가깝도다!

와서 옳다 그르다 따지는 자가/ 바로 시비(是非)에 떨어진 사람이

다.

■ 관응강설

열 여덟째 동산삼근(洞山三斤)입니다. 이 동산은 아까 수초선사입니다. 동산 양개가 아닙니다. 아까 언제 왔느냐 하니까 며칠에 왔다고 대답한 그 사람입니다. 운문 스님에게 깨친 후 조실을 할 때 일입니다. 조실을 하니 학자들이 모여듭니다. 한 날은 선방에서 죽을 먹습니다. 흰 죽을 매일 먹으니 사람들이 맛이 없어 합니다. 수초 스님이 조실로 있으니까 민망해서 깨를 얻어와서 죽에 넣으려고 깨를 갈고 있는데 학자 한 명이 불쑥 찾아옵니다. "스님! 어떤 것이 불법입니까?" 그러니까 수초 스님이 "마 삼근이니라."고 합니다. 중국 사람들은 깨를 호마(胡麻)라고 합니다. 깨는 곡식이라 저울에 답니다. 그러니까 마 삼근은 깨 세 근이란 말입니다. 깨 세 근은 깨를 가지고 이야기한 것이지만 우주 전체를 탁하고 내놓은 것입니다. 마삼근하면 다 들어가는 것입니다. 너나 나나 우주 법계 전체에 마삼근이 탁하고 들어간 것입니다. 우주 전체 속에 부처님의 법이 들어가 있는 것입니다. 적은 것을 큰 통에 넣으면 안 맞아서 덜그덕거리지만 딱 맞는 것을 넣으면 컵을 컵에다 감추면 능소가 없어집니다. 능소가 없어진 것이 제불의 깨달음이니까 어느 법문을 하던지 간에 능소가 없는 한 무더기가 나옵니다. 그것이 화두입니다. 그것이 진언입니다. 능소가 없어지면 우주 법계 전체가 드러납니다. 그게 깨달음입니다. 마삼근은 우주 전체 법계승이기 때문에 깨달은 것이기 때문에 참고를 하면 파리잡는 약이 파리를 잡듯이 내가 화두에 파리붙듯이 붙어버립니다. 붙으면 꼼짝 못하는 것입니다. (무문왈) 방합은 조개입니다. 조개를 보면 조개 껍데기를 벌리는 것을 보고 입을 벌린다고 하는데 입벌리는 것이 아닙니다. 집입니다. 입은 살 속에 따로 있습니다. 집을 벌리는 것입니다. 조개는 입을 벌리면 전체 재산이 다 보입니다. 옛 스님들은 선을 방합선이라고 했습니다. 한 마디만 지껄여도 자기 밑천이 다 드러난다는 말입니다. 무문이 동산을 추켜세우는 것입니다. 동산은 보는 방법이 다른 것은 없습니다. 마삼근을 통해서 봅니다. 마삼근을 통해서 보면 동산이 보입니다. 방합선이라고 해서 가죽을 떼면 몸이 보이는 것, 내놓긴 다 내놓았지만 그것 보는 것은 동산을 진정 보려면 마삼근을 통해서 봐야 합니다.

무문송에서, 마삼근이란 문자를 탁 내었으니 여기에 다 들어갑니다. 말도 친하고 뜻도 친하니 이것은 합하지 못하고 거짓으로 망상을 갖고 딴 말을 하면 틀린다는 말입니다. 마삼근을 해석을 하면 안됩니다. 분별을 내고 망상을 내고 시비를 내고 언설을 베풀면 그것은 마삼근의 도리를 배반한 것입니다.

(19) 무문관 제19칙 평상시도(平常是道)
평상심이 도(平常是道)

　　南泉因趙州問, 如何是道. 泉云, 平常心是道. 州云, 還可趣向否. 泉云, 擬向即乖. 州云, 不擬, 爭知是道. 泉云, 道不屬知, 不屬不知. 知是妄覺, 不知是無記. 若眞達不擬之道, 猶如太虛廓然洞豁, 豈可強是非也. 州於言下頓悟.

　　남전에게 조주가 물었다.

　　"어떤 것이 도입니까?"

　　남전이 말했다.

　　"평소의 마음이 도이다."

　　조주가 말했다.

　　"찾아 나아갈 수 있습니까?"

　　남전이 말했다.

　　"헤아려 나아가려 하면 곧 어긋난다."

조주가 말했다.

"헤아리지 않는다면 어떻게 도인 줄 알겠습니까?"

남전이 말했다.

"도는 아는 것에도 속하지 않고, 모르는 것에도 속하지 않는다. 안다고 하는 것은 망령된 깨달음[妄覺]이며, 모른다는 것은 깜깜한 것[無記]이다. 만약 참으로 헤아릴 수 없는 도에 통달한다면 마치 허공과 같이 텅 비고 탁 트일 테니, 어찌 굳이 옳고 그름을 따지겠는가?"

조주는 이 말끝에 단박 깨달았다.

■ 무문송

春有百花秋有月, 夏有涼風冬有雪. 若無閑事挂心頭, 便是人間好時節.

봄에는 갖가지 꽃, 가을에는 두둥실 달/ 여름에는 서늘한 바람, 겨울에는 하얀 눈./ 만약 쓸데없는 일에 마음 두지 않는다면/ 곧 이것이 인간 세상 좋은 시절이어라.

■ 관응강설

열아홉 번째 평상시도(平常是道)입니다. 평상심이 도란 말입니다. 남전과 조주의 이야기입니다. 이것은 조주가 어렸을 때 일로 되어있습니다. 남전이 조주가 찾아와 무엇이 부처인가 물으니 어디서 왔느냐고 묻습니다. 조주가 서상원(瑞相院)에서 왔다고 하니까 瑞相을 봤느냐고 묻습니다. 그러자 조주가 "瑞相은 보지 못하고 누워 있는 여래는 보았습니다."고 합니다. 그말을 듣고 남전이 어린 조주가 기특해서 데리고 법문을 하는데 조주가 무엇이 道인가 묻습니다. 그러자 남전이 "평상심이 도니라."고 합니다. "닦고 나아갈 곳이 있습니까?" "나아가서 행하는 것은 어긋나는 것이니라." "그럼 어떻게 도를 알겠습니까?" "도란 것은 아는 것과 모르는 것에 속하지 않느니라." 무지는 무기고 아는 것은 분별이기 때문에 안된다는 것입니다. 만약 의심하지 않는 도에 도달하면 허공이 통활한 것과 같다고 말하니까 그 때 조주가 견성을 합니다.

무문은 남전이 조주가 물어서 실없이 풀어줬다고 합니다. 확실하게 구별을 못한다는 소리입니다. 제자가 묻는데 애정에 팔려 부모가 자식 가르치듯이 너무 심취해서 가르쳐줬다는 것입니다. 조주가 설사 깨달아도 확실하게 깨달을 수 있었겠냐고 합니다. 30년을 더해서 비로소 얻었다고 합니다. 이걸 고일착(高一着)이라고 합니다. 좋은 것을 한번 더 높이는 것을 선가에서 高一着이라고 합니다. 높이 한번 더 착념(주의)을 시키는 것입니다.

무문송에서, 평상심이 도라는 것은 평상심으로 보면 다 보이는 것입니다. 평상심을 못 가지고 있을 때에 모두 달리 보이고 전도가 됩니다. 유교에 가면 인심(人心), 도심(道心)이 있습니다. 천지 법칙은 애착이 없고 부족한 것이 없는데 사람들이 우주 법칙에도 없는 마음을 가지고 그릇되게 보고 그릇되게 쓴다고 합니다. 그것이 인심입니다. 그것을 가지고 자꾸 수양을 하다 보면 인심이 사그러 집니다. 근·진·식이 사라지면 법칙과 하나가 되듯이 도심과 합해버립니다. 도심과 합하면 우주 법칙이 평화롭게 보이고 묘하게 보입니다. 인심이 사그러지고 도심이 나온 사람의 글을 보면 "달이 하늘 복판에 있을 때 바람이 수면에 사르르 불 때라."입니다. 인심이 사그러지고 도심과 합해져야 그렇게 됩니다. 또 정명도의 글이 있습니다. 인심이 사그러진 글입니다. "구름은 담담하고 바람은 가벼워서 꽃을 타고 내를 따라서..." 나와 천지가 하나가 된 것입니다. 그와 마찬가지로 평상심이 되면 아집을 버리고 평상심과 합한다면 이것이 나옵니다. 송왈을 봅시다. 보고 듣는 그대로가 묘한 경지입니다. 봄에는 일백 꽃이 피고 가을에는 밝은 달이 나오고 여름에는 서늘한 바람이 있고 겨울에는 눈이 오는구나. 만약 하나라도 우리 심두(번뇌)에 걸지 않으면 이것이 바로 인간의 좋은 시절이구나.

(20) 무문관 제20칙 대역량인(大力量人)
큰 능력을 가진 사람(大力量人)

松源和尚云, 大力量人, 因甚抬腳不起. 又云, 開口不在舌頭上.

송원숭악 화상이 말했다.

"큰 능력을 가진 사람이 어째서 다리를 들어 올리지 못하는가?"

또 말했다.

"입을 열어 말하는 것은 혀에 있지 않다."

■ 무문송

抬腳踏翻香水海, 低頭俯視四禪天. 一箇渾身無處著, 請續一向.

다리 들어 향수해(香水海) 밟아 뒤집고/ 머리 숙여 사선천(四禪天) 내려다본다.

이 한 개의 몸뚱이를 둘 곳 없으니/ 청컨대 나머지 한 구절을 일러주게나.

■ **관응강설**

스무 번째는 대역량인(大力量人)입니다. 근·진·식이 깨트려져서 모든 힘이 나온 이를 여래라고 합니다. 진여가 숨어있는데 나왔다는 것입니다. 대역량입니다. 설사 진여가 나오지 못하고 숨었더라도 어디로 간 것이 아니라 그대로가 대역량입니다. 예를 들어 항우 같은 힘이 있다고 합시다. 힘센 사람은 이런 책상도 잘 듭니다. 아무리 힘센 사람도 자기 몸은 1시간도 못 듭니다. 태산을 빼내는 역발산의 사람도 자기 몸을 공중에 들라고 하면 1초도 못 있습니다. 그런 것을 이야기하는 것입니다. 송원 화상이 말합니다. "대역량인이 뭣 때문에 다리를 들어서 일으키지 못하는가?" 자기 자신을 못 드는 것입니다. 또 말합니다. "대역량인이 입을 열더라도 그것이 혓바닥 위에 있는 것이 아니다."(무문왈) 송원 이 사람 간도 큰 사람이라고 합니다. 속을 다 내보이는 사람이라고 합니다. 그렇지만 다 내 보였지만 대역량인을 말해 법문을 했지만 알아먹는 놈이 없습니다. 그것이 참 낭패입니다. 알아주는 이가 없습니다. 무문이 방망이를 맞아야 알게 해주겠다고 했는데 그런 단련으로는 안 됩니다. 아비지옥에 갖다 넣어도 금도 녹는데 다이아몬드는 1000도 속에 넣어도 그냥 있습니다. 보통 단련으로 안 됩니다. 조사가 되고 생각을 면하는 것이 쉽게 되지 않습니다. 사람도 좋은 꽃을 보려면 그 차가운 삼동을 지난 꽃이라야 향기도 나고 좋은 꽃이 됩니다. 화두를 1년도 안 들어보고 큰 행세를 하려고 들면 안 됩니다.

　마조가 일갈하자 백장은 3일 귀가 먹었고 황벽은 혀를 **뺐습니**다. 대기대용(大機大用)에서 大用이 현전(現前)해야합니다. 우리는 大用이 숨어버렸습니다. 우리는 大用이 숨어버려 안 나옵니다. 조사는 깨달으면 大用이 항상 앞에서 화두를 안 들려고 해도 자꾸 들게 됩니다. 감당이 안 됩니다. 딴 생각은 없습니다. 화두뿐입니다. 저 진묵 스님의 상좌들이 가을이 되어 동냥을 다녔는데 추수 때 가야 곡식이 많으니 좀 줍니다. 그 사이에 진묵 스님은 방안에 있었는데 문이 열렸다 닫히는데 팔이 찢어서 피가 나도 모릅니다. 한 달이 지나 삼매에 들어 입에 거미줄이 쳐집니다. 상좌들이 돌아와서 "소승들이 다녀왔습니다."고 하니까 "가다가 왔구먼."이라고 합니다. 잠시였던 것입니다.

(21) 무문관 제21칙 운문시궐(雲門屎橛)

운문의 똥 닦는 막대기(雲門屎橛)

雲門因僧問, 如何是佛. 門云, 乾屎橛.

운문에게 어떤 승려가 물었다.

"어떤 것이 부처입니까?"

운문이 말했다.

"똥 닦는 막대기이다!"

■ 무문송

閃電光, 擊石火. 眨得眼, 已蹉過.

번개가 번쩍이고/ 불꽃이 튀는구나!

눈 깜짝할 사이에/ 이미 지나갔도다!

■ 관응강설

스물한 번째 운문시궐(雲門屎橛)입니다. 운문의 간시궐(乾屎厥)입니다. 어떤 중이 운문에게 물었습니다. "어떤 것이 부처님입니까?" 운문이 말합니다. "간시궐(乾屎厥)이니라." 간시궐이란 예전에 절에서 똥을 누면 냄새가 나니까 대나무 막대기를 다듬어서 똥을 말리는 기구입니다. 똥 막대기가 부처라는 말입니다. 나무아미타불, 나무관세음보살, 나무건시궐(南無阿彌陀佛, 南無觀世音菩薩, 南無乾屎厥) 운문 말대로면 저렇게 해도 괜찮습니다.

운문은 가난해서 나물밥도 못먹었고 소식(素食)조차 제대로 못했습니다. 素食이란 반찬없이 먹는 것입니다. 시간이 없어서 초서(草書)를 쓸 여가도 없었습니다. 걸핏하면 똥 막대기를 들고 와서 문에 괴어 집을 지탱하니 불법의 흥망을 알 수 있다고 합니다. 이것은 무문의 농담입니다.

무문송에서, 간시궐이 뭔고 하고 들면서 자기가 간시궐이 되고 간시궐이 자기가 될 때에 근·진·식이 없어집니다. 근·진·식이 녹아지면 주관과 객관이 사라집니다. 눈을 번쩍 뜨고 지속해야지 눈을 깜빡거리면 헛일입니다. 미끄러져버린 것입니다.

무문관 강설 제9

(22) 무문관 제22칙 가섭찰간(迦葉刹竿)

가섭의 찰간(迦葉刹竿)

迦葉因阿難問云, 世尊傳金襴袈裟外, 別傳何物. 葉喚云, 阿難.
難應諾. 葉云, 倒卻門前刹竿著.

아난이 가섭에게 물었다.

"세존께서 금란가사를 전하신 것 외에 따로 어떤 물건을 전하
셨습니까?"

가섭이 아난을 불렀다.

"아난아!"

"예."

"문 앞의 찰간을 넘어뜨려라!"

■ 무문송

問處何如答處親, 幾人於此眼生筋. 兄呼弟應揚家醜, 不屬陰陽別是
春.

묻는 곳이 어떠하건 답한 곳은 뚜렷하니/ 몇 사람이나 여기에서
눈을 활짝 뜨겠는가?/ 형의 부름에 동생이 대답하여 집안의 추태를
드러내니/ 사계절에 속하지 않는 특별한 봄이로다!

■ 관응강설

스물두 번째는 가섭찰간(迦葉刹竿)입니다. 찰간은 게양대와 마찬
가지입니다. 깃대 세우는 것입니다. 어느 때에 아난이 가섭에게 물
으며 말합니다. "세존께서 금난가사를 전한 것 외에 다른 것 어떤
것을 전했습니까?" 가섭이 아난을 불러 말합니다. 아난이 대답하
자 가섭이 말합니다. "문 앞의 찰간을 쓰러트려라." (무문왈) 저 천
태산 지자(智者) 선사가 법화삼매에 드니까 영산회상에서 부처님이
제자들을 데리고 설법하는 모습이 남아있더라 이 말입니다. 흩어
지지 않은 것입니다. 앞에 나왔던 대통지승불이 10겁을 도량에서
수행해도 성불을 못했듯이 어디든지 마찬가지입니다. 화두를 잘못
들면 몇천년 지나도 아무 소용이 없습니다. 이것을 시작해서 바짝
들면 능소가 없어집니다. 주관과 객관이 없어지면 석가모니 당시
나 내가 한 때가 되는 것입니다. 시간과 공간이 나누어지지 않습니
다. 그게 얼마 안 걸립니니다. 그것을 바짝 들면 아침에 들어서 저
녁에 성불하고 좀 늦어도 3일 하면 됩니다. 바짝 안 해서 그렇습니

다. 바짝 화두를 들어야 합니다. 바짝 화두를 들면 며칠 안 걸립니다. 몇 달 지나도 아무 소식 없으면 똑같습니다. 옛날 중국에 염관 스님이 있었습니다. 염관 스님이 대중을 수백명 거느리고 있었는데 밥먹이고 재우는데도 힘이 듭니다. 스님 밑에 상좌가 있었는데 50이 되도록 대중 수발하고 스님 시봉하느라 제대로 공부를 못했습니다. 저녁을 먹고 법당 뒤를 돌아가니 키가 팔척장신인 놈이 새카만 망치를 들고 나타납니다. 그 놈이 "스님 갑시다."고 하자 대관절 어디 가는고 하니 등을 밀치며 가자고 합니다. 그러자 그 스님이 "난 큰 스님을 모시고 대중을 수발하는데 하는 일이 있는데 어딜 가는지 알아야 갈 것 아닌가." 합니다. 그러자 그 놈이 "난 스님과 같이 육신을 가진 사람이 아닙니다."고 합니다. 그럼 뭔가라고 묻자 "저는 염라대왕 밑의 저승사자입니다."고 합니다. 가면 어떻게 되느냐고 묻자 가보면 안다고 합니다. 참선도 화두도 해봐야 압니다. 아무튼 그 스님이 "내가 스님을 모시고 대중을 수발하다 50이 되었는데 일주일만 바짝 공부하면 된다고 하니 일주일 후에 데려가면 안되겠소?" 합니다. 그러자 자신도 심부름꾼이라 염라대왕에게 물어보고 오겠다고 합니다. 염라대왕이 허락하면 일주일 후에 올 것이고 허락하지 않으면 바로 오겠다고 합니다. 시간이 없으니까 그 스님이 '이것이 뭔고?' 하며 서서 화두에 들어버립니다. 그게 얼마나 빠르고 쉽게 되던지 바늘구멍에 실이 쏙 들어가 버리듯이 들어가 버립니다. 능소가 없어져버립니다. 합해져버립니다. 염라대왕이 그 이야기를 듣고 허락을 했나 봅니다. 일주일 후에 저승사자가 돌아와

보니 그 스님은 이미 능소가 합해져서 보이지를 않습니다. 부처님 사이도 못 보는데 귀신도 못 봅니다. 잡아갈 수가 없습니다. 귀신에게 보이니까 큰일입니다. 오줌 누고 똥 누고 다 들키고 있습니다. 이런 것이 다 법문입니다.

　사람이 무슨 말을 듣고 긴장을 하면 눈이 휘둥그레지고 핏줄이 생깁니다. 시원찮으면 안 그렇습니다. 돈독해지니까 그런 것입니다. 알려고 하니까 그런 것입니다. 여기선 추하다고 했지만 불법, 좋은 법 아닙니까? 좋은 것도 나쁜 것이 될 수 있고 나쁜 것도 좋은 것이 될 수 있습니다. 언어를 보면 은어란 것이 있는데 숨은 말을 씁니다. 자기끼리 하는 소리입니다. 가섭과 아난도 은어를 쓴 것입니다. 중간에 비밀이 들었지만 좋은 것이 있습니다. 음양을 초월하는 것입니다.

(23) 무문관 제23칙 불사선악(不思善惡)
선도 악도 생각 말라(不思善惡)

六祖因明上座趁至大庾嶺, 祖見明至, 即擲衣鉢於石上云, 此衣表信, 可力爭耶. 任君將去. 明遂擧之, 如山不動. 踟躕悚慄, 明曰, 我來求法, 非為衣也. 願行者開示. 祖云, 不思善, 不思惡. 正與麽時, 那箇是明上座本來面目. 明當下大悟, 遍體汗流, 泣淚作禮問曰, 上來密語密意外, 還更有意旨否. 祖曰, 我今為汝說者, 即非密也. 汝若返照自己面目, 密卻在汝邊. 明云, 某甲雖在黃梅隨眾, 實未省自己面目, 今蒙指授入處, 如人飲水, 冷暖自知. 今行者即是某甲師也. 祖云, 汝若如是, 則吾與汝同師黃梅. 善自護持.

육조는 명 상좌가 쫓아와 대유령에 이른 것을 보고 곧 의발을 돌 위에 얹겨놓고 말했다.

"이 옷과 발우는 믿음을 표시하는 것이니 어찌 힘으로 다투겠는가? 그대 마음대로 가져가시오!"

명 상좌가 마침내 그것을 들어 올리려 했으나 산처럼 움직이지 않았다. 어쩔 줄 모르고 벌벌 떨면서 명 상좌가 말했다.

"저는 법을 구하러 온 것이지, 옷 때문에 온 것이 아닙니다. 바라건대 행자께선 법을 가르쳐 주십시오."

육조가 말했다.

"선도 생각하지 말고 악도 생각하지 마시오. 바로 이러한 때에 어느 것이 명 상좌의 본래면목입니까?"

명 상좌가 그 자리에서 크게 깨닫고는 온 몸에 땀을 흘리고 눈물을 쏟으며 절을 하고는 물었다.

"좀 전의 비밀한 말씀과 비밀한 뜻 이외에 또 다른 가르침이 있습니까?"

육조가 말했다.

"내가 지금 그대를 위해 말한 것은 비밀이 아니오. 그대가 만약 자신의 본래면목을 되비추어 본다면 비밀은 오히려 당신 쪽에 있소."

명 상좌가 말했다.

"제가 비록 황매에서 대중을 따랐으나 실로 자기의 본래면목을 알지 못했는데, 이제 들어갈 곳을 가르쳐 주시는 은혜를 입으니 마치 사람이 물을 마시고 차고 더움을 스스로 아는 것과 같습니다. 이제 행자께서 바로 저의 스승이십니다."

육조가 말했다.

"그대가 만약 그러하다면 곧 나와 그대는 황매를 함께 스승으로 모시는 것이오. 스스로 잘 지켜나가기 바라오."

■ **무문송**

描不成兮畫不就, 贊不及兮休生受. 本來面目沒處藏, 世界壞時渠不朽.

묘사할 수도 없고 그릴 수도 없고/ 칭찬도 못 미치니 괜한 수고 그만두게.

본래면목은 숨길 곳 없으니/ 세계가 무너질 때도 그는 없어지지 않네.

■ **관응강설**

스물 셋째는 불사선악(不思善惡)입니다. 선악을 생각하지 않는다는 것입니다. 육조가 바리때를 들고 달아나자 명상좌가 대유령까지 쫓아옵니다. 이 명상좌가 처음에는 도명이고 나중에는 혜명이라고 합니다. 힘 꽤나 쓰는 사람입니다. 육조가 도명이 온 것을 보고 바리때를 돌 위에 던지며 말합니다. "이 옷은 신(信)을 표하는 것이다. 감히 네가 힘으로 가져갈 수 있겠느냐. 네가 가져가려면 가져가거라." 도명이 그것을 들어보니까 산과 같아서 움직이지 않습니다. 그러자 머뭇거리며 수많은 생각이 듭니다. 겁이 나니까 말합니다. "제가 온 것은 법을 구하러 온 것이지 의발을 뺏으러 온 것이 아닙니다. 원컨대 행자께서는 법을 가르쳐주십시오." 그러자 육조가 말합니다. "네가 착한 것도 생각하지 말고 나쁜 것도 생각하지 말라." 어떤 때는 의발을 뺏으러 나쁜 생각도 했고 지금은 법을 구하는 착한 생각도 가졌지만 그 자체가 번뇌망상이란 말입니다. 그 때 도명이 크게 깨달아서 온 몸에 땀이 흐릅니다. 그러자 눈에 눈물을 펑펑 쏟으면서 말합니다. "부처님 대에 오면서 또 다른 비밀스러운 법이 있습니까?"하자 육조가 말합니다. "내가 너를 위해서 설명해주면 그것은 곧 비밀이 아니다. 네가 만약 너의 자기 면목을 반조하면 나에게 있는 것이 아니고 너에게 있을 것이니라." 도명이 그 때 말합니다. "제가 비록 오조의 거처에 있으면서 대중을 따라갈 수 있었지만 저의 면목을 살필 수 없었습니다. 그랬다가 이제 스님의 가르침을 입으니까 어떤 사람이 물을 마심에 차고 뜨거움을 스스로 알 수 있듯이 체험을 했습니다. 이제 행자께서는 저의 스승이 됩니다." 육조가 말합니다. "네가 만약 그렇다면 같은 오조 스님의 제자니까 나도 너와 의좋게 지내겠다."

이 일은 아주 막다른 골목에 긴급한 상황 속에서 나온 것입니다.(급거) 그래서 노파심에 너무 자세하고 친절하게 말했다고 합니다. 그래서 무문이 칭찬을 합니다. 여지란 과일이 있습니다. 껍데기 속에 빨간게 있습니다. 우리말로 여의주라 합니다. 진주에 가면 팝니다. 껍데기가 두껍습니다. 그 껍데기를 벗겨 씨를 발가 먹는 것과 같다고 합니다. 육조가 도명에게 하는 것이 그렇게 친절하다는 것입니다.

무문송에서, 석가모니가 가섭에게 전하는 것이나 오조가 육조에게 전하는 것이나 전하는 것이 있을 것입니다. 그것은 그림으로 그려도 이루지 못하고 무엇을 해도 이루지 못합니다. 불성자리, 생명체, 법자리입니다. 이 생수, 생수 두 잔을 고생이라고 했습니다. 생수는 눈으로 보고 귀로 들을 적에 푹 익은 것만 수월한데 낯선 것[生]은 고생스럽습니다. 受는 눈으로 색을 받아들이고 귀로 소리를 받아들이고 코로 냄새를 받아들이고 입으로 맛을 받아들이고 몸으로 촉각을 받아들이는 것을 말합니다. 사량 분별입니다. 수(受)는 분별입니다. 그래서 휴생수(休生受)는 분별을 내는 것을 쉴지어다 이런 말입니다. 옛날 공자가 인격이 참 좋습니다. 그러면 사람이 주변에 많이 모일 것입니다. 그래서 안연이 칭찬한 것이 있습니다. "우러러보니 더 높아지고 뚫으려고 해도 더욱 단단해지고 어째보니 앞에 있는 것같고 어째보니 뒤에 있는 것 같다." 우리 마음자리도 이와 같습니다. 글로도 안되고 말로도 안되고 생각으로 표시 안 되는 것이 마음입니다. 그것이 본래 면목입니다. 본래 면목은 어디에도 간직할 수 없습니다. 세상이 무너져도 그 자리는 썩지 않습니다. 이 소리를 들으면 뭔가 열려야 합니다. 이 소리는 모두 가지고 나온 소리입니다. 팔만대장경을 찾아봐도 이렇게 대번에 꼭 집어서 나온 것은 없습니다.

(24) 무문관 제24칙 이각어언(離却語言)
언어를 벗어나라(離却語言)

風穴和尙, 因僧問, 語默涉離微, 如何通不犯. 穴云, 長憶江南
三月裏, 鷓鴣啼處百花香.

풍혈 화상에게 어떤 승려가 물었다.

"말하는 것도, 침묵하는 것도 들어가고 나옴(離微)에 걸리니
어떻게 하면 통하여 어긋나지 않겠습니까?"

풍혈이 말했다.

"항상 강남의 3월을 기억하니, 자고새 우는 곳에 온갖 꽃이
향기롭네!"

■ **무문송**

不露風骨句, 未語先分付. 進步口喃喃, 知君大罔措.

격조 높은 말귀 드러내지 않아도/ 말하기 전에 벌써 전해 주었네.

앞으로 다가와 주절주절 입을 연다면/ 그대야말로 어찌할 수 없음을 알겠네.

■ **관응강설**

스물네 번째는 이각어언(離却語言)입니다. 언어를 떠난 것이란 말입니다. 이것은 그림으로도 될 수 없고 칭찬할 수도 없고 말을 붙일 수도 없는 것입니다. 늘 그 자리입니다. 달을 보려면 구름을 걷어야 합니다. 그와 마찬가지입니다. 풍혈은 풍혈 연소(風穴延沼)입니다. 이미(離微)를 봅시다. 離는 일체망상과 분별 떨어진 자리 체(體)를 말합니다. 이것은 묵묵한 극도(극단)에 들어가면 離가 됩니다. 말로 써서 극도 안에 들어간 것을 微라고 합니다. 어떤 때에 어느 중이 풍혈 화상에게 묻습니다. "말하고 묵묵한 것은[語默] 離와 微를 떠나지 못하니 어떻게 해야 離微가 생기지 않고 불법을 통합니까?" 어묵(語默)이나 離微도 사실은 아주 고요한 열반자리를 말합니다. 어떤 동작도 떠난 자리입니다. 그것이 법체입니다. 바꾸어서 말하면 아무리 離니 微니 해도 바깥의 이야기입니다. 語默에 섭합니다. 인심이 사그러지면 도심이 나타납니다. 근·진·식 세 가지가 녹으면 뭐가 나온다고 했습니다. 그것을 이야기한 것입니다. 통하면 주관과 객관이 없어집니다. 말후구를 깨달으면 말후구도 없고 최초구를 통하면 최초구란 말은 녹아집니다. 녹아진 자리에 들어가서 나오는 것입니다. 語默과 離微를 여읜 자리입니다. 풍혈이 말합니다. "길이 생각하니 강남 3월 속에 자귀가 우는 곳에 백화가 향기

롭다." 이것은 조금도 때 묻지 않은 천지법칙 그대로입니다. (무문왈) 풍혈은 기운이 번개와 같아서 기를 얻어 행하는 사람입니다. 그렇지만 그가 옛날 사람의 화두에 주저앉아 끊지 못하면 어떻게 할꼬? 합니다. 한심하다는 말입니다. 하지만 언어삼매를 떼놓고 한 글귀를 적은 것은 앞에서 나온 고일착(高一着)인 것입니다. 풍혈이 하는 것이 풍골구를 드러내지 않는다고 합니다. 풍골구는 가풍, 골격, 성격을 나타내는 구입니다. 그러니 풍혈은 자신의 종풍(宗風)의 골격을 드러내지 않고 말을 하기 전에 불법을 전했습니다. 드러나는 소리를 했습니다. 거기서 사무치지 못하고 나불거리면 참으로 부끄러운 노릇입니다. 망조(罔措)는 사지를 둘 곳을 모르겠다는 말입니다.(망지소조 罔知所措) 수족, 몸둘 바를 모르겠다는 것입니다. 망지소조를 줄여서 罔措라고 한 것입니다.

(25) 무문관 제25칙 삼좌설법(三座說法)
셋째 자리의 설법(三座說法)

仰山和尚, 夢見往彌勒所, 安第三座. 有一尊者, 白槌云, 今日
當第三座說法. 山乃起白槌云, 摩訶衍法, 離四句, 絶百非, 諦聽
諦聽.

앙산 화상은 꿈에 미륵이 계신 곳에 가서 세 번째 자리에 앉
게 되었다. 그때 한 존자가 백추(방망이로 나무기둥을 쳐서 알
리는 것)를 하고는 말했다.

"오늘은 세 번째 자리에 앉은 분이 법을 설하겠습니다."

그리하여 앙산은 일어나 백추를 하고는 말했다.

"대승[摩訶衍]의 법은 사구를 떠나고 백비를 끊었으니 자세히
듣고 자세히 들으시오!"

■ 무문송

白日青天, 夢中說夢. 捏怪捏怪, 誑諕一眾.

햇빛 쨍쨍한 밝은 대낮에 / 꿈속에서 꿈을 이야기하도다!

해괴하고도 해괴하여라, / 한 무리 사람들을 속이는구나!

■ 관응강설

스물다섯 번째는 삼좌설법(三座說法)입니다. 앙산 화상은 유명한 사람입니다. 앙산은 위산 스님 제자인데 대단한 사람입니다. 하루는 위산 스님을 찾아가서 법을 묻습니다. "어떤 것이 참 부처님이 머문 곳입니까?" 위산이 말합니다. "생각해도 생각되지 않는 생각으로 도로 신령스러운 부처가 무궁한 것을 비추어 말이 끝이 나고 근원에 돌아가면 성품과 상이 항상 유하고 사와 이가 둘이 아니라서 참 부처가 있는 곳이다." 그러자 그 자리에서 깨칩니다. 그리고 위산 스님을 15년간 따라다니며 시봉합니다. 어느 날은 위산이 농사를 짓는데 1700명의 엄청난 대중을 이끌고 농사를 짓습니다. 그러니까 소도 먹이고 합니다. 앙산이 소를 먹이고 있는데 젊은 수좌가 헐떡거리며 옵니다. 그러자 조실방에 들어가더니 조금 있더니 바로 나와버립니다. 앙산이 "자네는 왜 나오는가?"하니까 "맞지 않아서 갑니다." "뭐가 맞지 않았는가?" "조실 스님을 뵈니 이름이 뭔가 하시길래 '귀진(歸眞)입니다.'라고 하니 '歸眞이 어디있는고?' 하셨습니다." 거기서 탁 막혀서 대답을 못했다는 겁니다. 그래서 앙산이 자기가 시키는대로 해보라고 합니다. 다시 돌아가니 위산 스님이 "歸眞이 어디있는고?" 다시 묻습니다. 그러자 歸眞은 앙산이 시킨대로 "입 속과 코 속과 눈 속에 꽉 찼습니다."고 대답합니다. 그걸 듣고 위산 스님이 "이놈이 남의 말을 훔쳐와서 하느냐."고 합니다. 이것은 700명 대중의 조실 될 만한 자의 말이라고 합니다. 용하게 압니다. 앙산 화상이 어느 날 꿈을 꾸다가 미륵의 처소에 가서 세 번째 자리에 가서 앉습니다. 한 존자가 죽비를 치며 사람들에게 말했습니다. "오늘 설법은 세 번째 자리에 앉은 사람이 하겠습니다." 그러자 앙산이 일어나 죽비를 탁탁 치며 말합니다. 그 전에 여기 나오는 이사구(離四句)는 나는 하나라는 말이 거짓말이라고 생각했는데 하나라고 해야 설명이 됩니다. 우리는 일이유무(一異有無)에 빠집니다. 이것이 四句입니다. 一은 일 비일 비비일 역일역비일(一 非一 非非一 亦一亦非一) 이런 식으로 하나에 4구씩 나옵니다. 異는 이 비이 비비이 역이역비이(異 非異 非非異 亦異亦非異)가 됩니다. 이렇게 해서 16구가 됩니다. 그리고 시간적으로 사기(已起), 미기(未起)를 붙입니다. 거기에 삼세(三世)를 붙입니다. 과거, 현재, 미래도 다 已起, 未起가 있을 것이 아닙니까? 32x3=96 여기에다 근본 4구를 더해서 100구가 됩니다. 부처님 말은 다 저기 빠지지 않고 허물을 다 여읩니다. 범부들이 말 한 마디를 내면 32 가지 허물에 떨어지는데 부처님은 그렇지 않습니다. 우리가 살피지 못해서 그렇지. 부처님의 설법은 저것을 떠나 있습니다. 사구(四句)를 여의고 백구(百句)가 끊어졌습니다. "마하연법은(대승법) 사구를 여의고 백비를 끊었으니 대중들은 자세히 잘 들으라." 견(見)은 꿈을 꾸다는 뜻입니다. 이 꿈 이야기를 하는 것이 정상은 아니죠? 꿈은 사실이 아닌데 도깨비 놀음을 하고 있습니다.

염제입니다. 그럼 입을 다물고 말을 안하면 좋겠다는 뜻입니다. 입을 열거나 닫거나 해도 십만팔천리나 멀어진다는데 이러니까 이사구(離四句) 절백비(絕百非)를 해야하는 것입니다.

무문송에서, 꿈 가운데 꿈을 설한다는 말입니다. 이 현실도 꿈 가운데입니다. 날괴(捏怪)는 허날괴(虛捏怪)로 이상한 짓을 한다는 것입니다. 捏怪는 이것입니다. 내 주먹 속에 무엇이 들었는지 아십니까? 아무도 모릅니다. 이런 짓입니다. 있지도 않은 것을 있는 것처럼 하는 것입니다. 있는 것을 없는 것처럼 하는 것입니다. 날괴짓입니다. 사람들을 속이는 것입니다.

(26) 무문관 제26칙 이승권렴(二僧卷簾)

두 승려가 발을 말아 올리다(二僧卷簾)

清涼大法眼, 因僧齋前上參, 眼以手指簾. 時有二僧, 同去卷簾. 眼曰, 一得一失.

청량 대법 안은 대중들이 점심 공양 전에 설법을 들으러 오자 손으로 발을 가리켰다. 그 때 두 승려가 함께 가서 발을 말아 올렸다.

법안이 말했다.

"하나는 얻었고, 하나는 잃었다."

■ 무문송

卷起明明徹太空, 太空猶未合吾宗. 爭似從空都放下, 綿綿密密不通風.

말아 올리니 밝고 밝게 거대한 허공에 사무치나/ 거대한 허공도 오히려 나의 종지(宗旨)에는 맞지 않네. / 어찌 허공마저도 모두 놓아버려서 / 전혀 빈틈없어 바람조차 통하지 않음만 같겠는가?

■ 관응강설

스물 여섯째는 이승권렴(二僧卷簾)입니다. 두 중이 발을 말아 올리다는 말입니다. 청량 대 법안이 어떤 때에 재(僧齋)를 지내기 앞서 올라가서 설법을 합니다. 여름이었던 모양입니다. 저 문 앞에 발을 치니 법안 스님이 손으로 발을 가리킵니다. 발을 좀 걷으라는 말입니다. 그러자 두 중이 일어나더니 걷어올립니다. 법안이 보더니 "한 놈은 견성을 했고 한 놈을 견성을 못한 놈이구만."이라고 합니다. 우리는 봐도 모릅니다. 여기의 일집안(一隻眼)은 지혜의 눈입니다. 상량(商量)은 분별을 일으키는 것을 말합니다.

무문송에서, 공(空)만 해서 되는 것이 아닙니다. 空한 가운데 무애하고 아주 밝은 기운이 들어야 합니다. 면면밀밀불통처(綿綿密密不通處)가 진짜입니다.

청량의 대법안스님은 법안종의 조사로서 나한계침의 법을 이은 법안문익스님입니다.

가장 자유로운 조직인 선불교 승단 속에서 가장 자유로운 정신세계를 추구하는 선사들은 수행하는 분위기가 잡혀 있을 때는 최상의 삶을 누릴 수 있지만 수행하는 분위기가 희미해지고 나면 가장 허무한 집단으로 전락해 버리기 쉽습니다.

선하는 정신은 없어지고 형식만 덜렁 남게 되어 선방을 지키는 꼴이 되어버린다는 것입니다.

법안스님은 〈종문십규론〉을 지어 당시의 선풍토를 준엄하게 경책하고 있습니다. 서문에 그는 이렇게 말하고 있습니다.

나 문익은 어려서 세속의 속박을 떠났고, 자라서는 30년을 법의 핵심을 듣고 선지식을 두루 찾아 법을 구하였다. 그러나 조사의 물줄기가 흘러 넘쳐 남방에서 가장 번창했지만 도를 깨친 사람은 사실 드물었다.

이치로는 단박 깨친다 하겠으나 현실적으로는 평생을 수행하면서 점진적으로 깨치는 것이다.

선문에서는 본디 다양한 방편으로 교화를 세우지만 상대를 지도하고 중생을 이익케 한다는 결론에서는 하나의 법도이다. 경론을 섭렵하지 않은 이들은 자신의 고정된 관념을 깨뜨리기 어렵다. 그들은 바른 생각을 삿된 생각으로 몰아 버리고, 이단을 정통으로 만들어 후학들을 생사윤회 속에서 헤매게 한다.

나는 속으로 깊이 헤아려서 막아보려 하였으나 어찌 해 볼 수가 없었다. 마치 수레바퀴를 막으려는 사마귀의 심정같이 쓸데없는 패기였고, 강물을 마시려는 새앙쥐의 꾀와도 같아서 감당할 수가 없었다.

그리하여 말없는 가운데서 어쩔 수 없이 말을 드러내고 법 없는 가운데서 억지로 법을 두어 선가에서 앓고 있는 병통을 열 가지 조목으로 간략히 분류하여 모든 허망한 말을 밝혀 시대의 폐단을 고

쳐보려고 조심스럽게 쓴다.

1. 자기 마음자리를 밝히지 못하고 망령되게 다른 사람의 스승 노릇을 하지말라.

2. 무리를 지어 가풍을 지키느라고 법에 대한 논의가 통하지 않는다.

3. 강령을 제창하면서 맥락을 모른다.

4. 대답에서 경계를 보지 못하고 종파의 가풍도 없다.

5. 이치와 현상을 어그러뜨리고 맑고 더러움을 분간하지 못한다.

6. 수행을 거치지 않고 생각으로 옛 조사의 말씀들을 단정하지 말라.

7. 말만을 기억하고 그때 마다 오묘한 작용은 이해하지 못한다.

8. 경전에 통달하지 못하고서 멋대로 인용하지 말라.

9. 운율도 맞출줄 모르고 이치에도 통달하지 못했으면서 게송 짓기를 좋아한다.

10. 자기 단점을 변호하면서 승부 다투기를 좋아한다.

(27) 무문관 제27칙 불시심불(不是心佛)
마음도 부처도 아니다(不是心佛)

南泉和尙, 因僧問云, 還有不與人說底法麼. 泉云, 有. 僧云, 如何是不與人說底法. 泉云, 不是心, 不是佛, 不是物.

남전 화상에게 어떤 승려가 물었다.

"사람들에게 말씀하지 않은 법이 있습니까?"

남전이 말했다.

"있다."

승려가 말했다.

"어떤 것이 사람들에게 말씀하지 않은 법입니까?"

남전이 말했다.

"마음도 아니고, 부처도 아니고, 물건도 아니다."

■ 무문송

叮嚀損君德, 無言眞有功. 任從滄海變, 終不爲君通.

지나친 친절은 그대의 덕을 손상시키니/ 말 없음이야말로 참된 공덕이 있는 것이네./ 설령 푸른 바다가 변한다 해도/ 끝내 그대를 위해 말해주지 않겠네.

■ 관응강설

스물 일곱째는 불시심불(不是心佛)입니다. 심불이 아니다란 말입니다. 어떤 중이 남전 화상에게 묻습니다. "사람들에게 설할 수 없는 법이 있습니까?" 남전이 있다고 합니다. 그러자 중이 말합니다. "어떤 것이 설할 수 없는 법입니까?" 남전이 말합니다. "이 마음도 아니고 이 부처도 아니고 이 물건도 아니니라."

염제를 봅시다. 여기서는 남전이 적잖게 당황했다고 합니다.(적잖게 당황해서 너무 자세하게 가르쳐줬다는 말.)

무문송에서, 정녕(叮嚀)은 너무 친절하다는 말입니다. 여기 내용은 법을 아끼는 것입니다.

마조에게는 특별히 아끼는 세 명의 제자가 있었습니다. 서당 지장, 백장 회해, 남전 보원입니다. 어느 날 밤 이들 세 제자는 스승과 함께 달구경을 하고 있었는데,

'이렇게 달이 좋은 밤에는 무엇을 했으면 좋겠는가?'하고 마조가 물었습니다.

서당이 대답하기를

'공양하기에 딱 좋은 때 입니다.'

백장이 이어 대답하기를

'수행하기에 적당한 때 입니다.'

그러자 남전은 아무 말도 없이 소매를 뿌리치면서 그냥 가버렸습니다.

이에 마조가 다음과 같이 말합니다.

'경은 지장에게 맞고, 선은 회해로 돌아갈 것이요, 오직 보원만이 홀로 물외에 초연해있구나.'

경을 논한 서당은 나무의 가지에 비유할 수 있고, 선을 논한 백장은 나무의 줄기에 해당하는 것이며, 본성 자체를 논한 남전은 나무의 뿌리에 해당하는 것입니다.

(28) 무문관 제28칙 구향용담(久響龍潭)

오랫동안 용담을 사모하다(久響龍潭)

龍潭因德山請益抵夜. 潭云, 夜深, 子何不下去. 山遂珍重, 揭
簾而出, 見外面黑, 卻回云, 外面黑. 潭乃點紙燭度與, 山擬接,
潭便吹滅. 山於此忽然有省, 便作禮. 潭云, 子見箇甚麼道理. 山
云, 某甲從今日去, 不疑天下老和尙舌頭也. 至明日, 龍潭陞堂
云, 可中有箇漢, 牙如劍樹, 口似血盆, 一棒打不回頭, 他時異日,
向孤峰頂上, 立吾道在. 山遂取疏抄, 於法堂前, 將一炬火提起
云, 窮諸玄辨, 若一毫致於太虛, 竭世樞機, 似一滴投於巨壑. 將
疏抄便燒, 於是禮辭.

용담에게 덕산이 거듭 가르침을 청하다가 밤이 깊었다.

용담이 말했다.

"밤이 깊었으니 그대는 그만 내려가는 것이 어떠한가?"

덕산이 인사를 하고 발을 걷고 나갔다가 밖이 캄캄한 것을 보고 돌아와서 말했다.

"밖이 캄캄합니다."

용담이 이에 종이 초에 불을 붙여 건넸다. 덕산이 받으려고 하는 순간, 용담이 갑자기 촛불을 훅 불어 꺼버렸다.

덕산은 여기에서 홀연 깨달은 바가 있어 곧 절을 하였다.

용담이 말했다.

"그대는 도대체 어떤 도리를 보았는가?"

덕산이 말했다.

제가 오늘 이후로 천하 노화상들의 말씀을 의심하지 않겠습니다."

다음 날 용담이 법상에 올라 말했다.

"만약 이 가운데 어떤 사람이 이빨은 (맹수의) 날카롭고 빽빽한 그것과 같고 입은 피를 가득 담은 (맹수의) 아가리와 같아서, 한 방망이를 때려도 머리를 돌리지 않는다면 훗날 외로운 봉우리 정상에서 나의 도를 세울 것이다."

덕산이 마침내 법당 앞에 소초를 모아 놓고 손에 횃불을 치켜들고 말했다.

"현묘한 도리를 모두 통달했다 하더라도 터럭 하나를 커다란 허공에 두는 것과 같고, 세상의 온갖 이치를 설파한다 하더라도 물 한 방울을 거대한 골짜기에 던지는 것과 같다."

그리고는 소초를 불태우고 작별 인사를 하였다.

■ **무문송**

聞名不如見面, 見面不如聞名. 雖然救得鼻孔, 爭奈瞎卻眼睛.

　명성을 듣는 것보다 직접 만나 보는 게 낫고/ 직접 만나보는 것보다 명성을 듣는 게 나을 때가 있다./ 비록 콧구멍은 구해 얻었으나/ 눈을 멀게 하였으니, 어찌 하리오?

■ **관응강설**

　스물 여덟째는 구향용담(久響龍潭)입니다. 여기 바로 주금강(덕산)의 이야기가 나옵니다. 구향용담은 오래토록 '용담 용담'하는 소리를 들은 것입니다. 이 내용은 염제에서 자세히 나오는데 본체에서는 거꾸로 되어 있습니다. 그래서 내용을 먼저 설명하겠습니다. 주금강(덕산)은 금강경을 평생 읽어서 금강경에 통했습니다. 금강경을 통달했다고 해서 주금강(周金剛)입니다. 부처님 말대로라면 사마승지법을 두고 육도만행을 닦고 해야 부처가 되는데, 남방의 선방에서는 법문 한 마디만 잘 들으면 한 마디에 생사를 잊어버리고 아침엔 범부였는데 저녁에 성인이 되어있다고 합니다. 덕산이 그걸 듣고 마구잡이 법이라고 해서 금강경을 잔뜩 가지고 남방을 찾아갑니다. 그러다 예주 지방에 이르렀는데 배가 고파서 점심을 먹으려고 하는데 떡 파는 집을 발견합니다. 들어가서 "여보시오 점심을 먹게 떡을 파시오."합니다. 노파가 나오더니 "스님 그 짊어진 짐들은 뭡니까?"합니다. "금강경입니다." 그런데 노파가 보통 노파가 아닙니다. 노파가 말합니다. "내가 물어서 스님이 대답

을 잘하면 떡을 팔 것이고 대답을 못하면 떡을 안 팔겠습니다." 그
러자 덕산이 자신 있게 물어보라고 합니다. 그러자 노파가 말합니
다. "듣자니 금강경에는 과거심, 현재심, 미래심을 얻을 수 없다고
하는데 스님은 어떤 마음(心)에 점(點)을 찍으시려고 點心을 드십
니까?" 덕산은 꼼짝 못했습니다. 그래서 덕산은 점심도 굶고 용담
을 찾아갑니다. 덕산이 가니 용담이 뒷짐을 지고 왔다 갔다 합니다.
그러자 덕산이 또 건방진 소리를 합니다. "오래토록 용담 용담이
란 말을 들었습니다.(구향용담 久響龍潭) 그런데 직접 보니 용도 못
보겠고 담도 못보겠습니다." 그러자 용담이 가까이 와서 말합니다.
"그대가 친히 용담을 잃었으면 볼 것인데." 용담을 못 잃었기 때문
에 안 보인다는 말입니다. 덕산이 또 꼼짝을 못합니다. 그래서 들어
가서 법문을 하는데 법문을 하다보니 밖이 컴컴하게 어두워졌습니
다. 덕산은 배가 매우 고팠지만 법문에 심취를 합니다. 그러자 용
담이 "밤이 늦었으니 저녁을 먹고 자도록 하지."라고 합니다. 덕산
이 밥을 먹으러 나가보니 밖이 캄캄합니다. 용담이 촛불에 불을 켜
줍니다. 덕산이 그걸 받으려고 하자 용담이 훅 불어서 꺼버립니다.
그 때 탁하고 열렸습니다. 본문을 봅시다. 구향용담(久響龍潭)은 오
랫동안 용담에 대해서 들었다고 하는 것과 담도 못보겠고 용도 못
보겠다는 그것을 넉자 제목으로 뗀 것입니다. 어느 날 용담에게 덕
산이 와서 밤까지 이르렀습니다. 용담이 말합니다. "밤이 늦었으
니 자네는 어찌 내려가지 않는고?" 여기의 진중(珍重)은 인사를 한
다는 말입니다. "안녕히 주무십시오." "잘 다녀오십시오." 이런 말

들입니다. 중국에서 인사말입니다. 덕산이 인사를 하고 발을 들고 나갔다가 밖이 어두운 것을 보고 도리어 돌아와서 말합니다. "밖이 어둡습니다." 그러자 용담이 촛불을 주자 덕산이 받으려고 하는데 용담이 훅 불어 끕니다. 덕산이 홀연히 깨닫습니다. 깨닫고 예를 하니까 용담이 말합니다. "그대는 무슨 도리를 보았는가?" 덕산이 말합니다. "오늘까지는 조실 스님들 말(선방 스님들의 말)을 믿지 않았는데 오늘부터는 천하노화상들의 말을 의심치 않겠습니다." 그 이튿날 용담이 법좌에 올라가 말합니다. "여기 한 사람이 있다. 어금니는 금수와 같고 입은 피단지와 같다. 한 방망이를 때려도 꿈쩍하지 않는다. 훗날 이 놈이 산꼭대기에서 나의 도를 세울 것이다." 덕산이 그 후 진작에 이런 법을 만났더라면 좋았을텐데 하면서 한 횃불을 가지고 말합니다. "내가 평생에 온갖 진리의 말을 보았지만 터럭을 허공에 두는 것과 같고(치(致)를 치(置)라고 하는 곳도 있습니다.) 그 전의 하던 것은 물방울은 바다에 떨어트리는 것과 같다." 그 전에 하던 짓은 시덥잖았다는 말이지요? 그리고 금강경을 다 태우고 용담 화상에게 인사를 드린 후 떠났다고 합니다.

덕산이 조사관을 나지 못했을 때 속이 곤란해서 분분한 마음에 입에 거품이 나왔습니다. 일부러 남방에 와서 교외별전의 뜻을 멸각하기 위해 왔습니다. 그래서 예주에 왔다고 하는데 이 '澧'자는 풍으로 읽기 쉬우나 예입니다. 떡 파는 노파에게 점심을 사려고 했습니다. 노파가 말하기를 "수레 속에 있는 것은 무엇입니까?"고 합니다. 금강경소초라고 하니 노파가 말합니다. "금강경에는 과거심,

현재심, 미래심을 얻을 수 없다고 하는데 스님은 어떤 마음(心)에 점(點)을 찍으시려고 點心을 드십니까?" 덕산이 말문이 막혀버렸습니다. 여기 보면 편담(匾擔)이란 말이 있습니다. 우리는 지게를 짊어지는데 중국 사람들은 긴 막대기에 뭘 달고 짊어지고 갑니다. 이것이 匾擔입니다. 이것이 짐을 짊어지면 '一' 자가 됩니다. 그러면 입을 딱 다문 모습이 '一' 자가 됩니다. 입이 匾擔과 같이 되었다는 것입니다. 요즘은 많이 보이지 않지만 옛날에는 채소장수들이 양쪽에 둘러매고 다니기도 했습니다. 입은 匾擔과 같이 되고 점심은 굶었지만 기가 죽지 않습니다. 덕산이 미련한 사람입니다. 노파에게 근처에 어떤 종사가 있느냐고 묻자 노파가 5리 밖에 용담 화상이 있다고 합니다. 용담을 찾아가서 납진패궐(納盡敗闕)했다고 합니다. 처음에는 용담을 봐도 용담을 보지 못했다고 했다가 방안에 들어가서 사과를 했던 모양입니다. 여기는 편집자의 말입니다. 처음에는 선지식을 혼내려고 왔다가 혼을 당합니다. 그래서 전언이 후언에 應하지 못했다고 합니다. 부모가 자식을 사랑하면 너무 사랑에 빠지는 수가 있습니다. 용담은 너무 친절해서 덕산이 불씨가 있는 것을 보고 자비의 물을 퍼서 덕산을 물에 젖게 합니다. 그런데 그 찬 땅도 무문이 보기에는 한바탕 웃음거리였습니다.

무문송에서, 물 한번 탁 퍼부으니 덕산이 숨통이 터지긴 터졌습니다. 그러나 멀었다고 합니다.

(29) 무문관 제29칙 비풍비번(非風非幡)
바람도 아니고 깃발도 아니다(非風非幡)

六祖因風颺刹幡, 有二僧對論. 一云, 幡動. 一云, 風動. 往復曾未契理, 祖云, 不是風動, 不是幡動. 仁者心動. 二僧悚然.

바람이 절의 깃발을 날리는데 두 승려가 서로 논쟁하였다.

한 승려는 "깃발이 움직이는 것이다."라고 하고, 다른 한 승려는 "바람이 움직이는 것이다."라고 하며 옥신각신하였다. 이치에 맞지 않기에, 육조가 말했다.

"바람이 움직이는 것도 아니고, 깃발이 움직이는 것도 아니다. 그대들 마음이 움직이는 것이다."

두 승려는 두려워 온몸에 소름이 돋았다.

■ 무문송

風幡心動, 一狀領過. 只知開口, 不覺話墮.

바람과 깃발, 마음이 움직인다는 말/ 한 장의 영장(令狀)으로 다스릴 허물일세./ 그저 입을 열 줄만 알았지/ 말에 떨어진 줄은 모르는구나.

■ 관응강설

스물 아홉째는 비풍비번(非風非幡)입니다. 이것은 다 아는 것입니다. 육조가 어떤 때에 바람에 깃발이 펄럭이는 것을 보고 두 중이 대론하기를 하나는 깃대가 움직인다고 하고 하나는 바람이 움직인다고 합니다. 자꾸 주거니 받거니 해서 이치에 부합하지 않았습니다. 끝이 안 납니다. 그러자 육조가 말합니다. "이것은 바람이 움직인 것도 아니고 깃대가 움직이는 것도 아니고 마음이 동하는 것이오." 그러자 두 중이 그 말을 듣고 놀랐다고 합니다.

무문은 한 층 더 갑니다. 바람이 움직인 것도 아니고 깃대가 움직인 것도 아니고 마음이 움직인 것도 아니라고 합니다. 그럼 어떤 곳에서 조사를 보느냐? 여기 매철득금(買鐵得金)은 철을 팔아서 금을 얻었다는 것으로 본되 가지고 있던 것보다 더 나아진 것을 말합니다. 그런데 육조 조사는 속에 있던 생각을 참지 못하고 누설을 해 버렸다는 말입니다.

무문송에서, 마음이 동한다는 것이 바람이나 깃대가 움직인다는 것보다 더 나아 보이지만 똑같다는 말입니다. 일장영과(一狀領過)

를 봅시다. 옛날에는 종이가 귀했습니다. 그래서 재판을 하는데 들어온 놈들이 죄가 똑같으면 판결장 하나를 가지고 해버렸습니다. 한 장 종이에다 허물을 인정한 것입니다. 그러니 바람이나 깃대나 마음이나 하나라는 것입니다. 입을 열 줄만 알았지 말이 잘못된 것은 깨닫지 못했다는 것입니다.

위대한 혜능의 선불교시대를 여는 출발을 알리는 것입니다. 15년 동안의 보림을 끝내고 사자의 첫 포효가 시작된 것입니다. 산에서 마을로 내려와 광주 법성사에 이르게 되었습니다. 마침 인종법사가 열반경을 설하는 날이었습니다. 비풍비번의 사건이 있고, 인종법사가 혜능에게 법을 물어봅니다.

"황매에서 어떤 법을 얻었습니까?"

"오직 저 스스로 성품을 보게 할 뿐입니다. 또한, 불법의 이치가 둘이 아님을 알고 있습니다."

"어떤 것이 불법이 둘이 아닌 이치입니까?"

"선근에는 둘이 있으니 하나는 떳떳함이며 둘은 떳떳하지 아니함인데, 불성은 떳떳함도 아니며 떳떳하지 아니함도 아니며, 또한 끊어지지 않는 것을 둘이 아니라 합니다."

이것이 육조 혜능이 동산법문을 연 인연입니다.

(30) 무문관 제30칙 즉심즉불(即心即佛)

이 마음이 곧 부처(即心即佛)

馬祖因大梅問, 如何是佛. 祖云, 即心是佛.

마조에게 대매가 물었다.

"어떤 것이 부처입니까?"

마조가 말했다.

"이 마음이 그대로 바로 부처이다."

■ **무문송**

青天白日, 切忌尋覓. 更問如何, 抱贓叫屈.

밝은 대낮처럼 명백하니/ 결코 찾지 말아야 한다.

다시 어떤 것이냐고 묻는다면/ 훔친 물건을 안고 죄가 없다 외치
는 짓이다.

■ 관응강설

서른째는 즉심즉불(即心即佛)입니다. 어떤 때 마조에게 대매 법상 선사가 물었습니다. "어떤 것이 부처입니까?" 마조가 말하기를 "즉심즉불(即心即佛)이니라." 마음이 곧 부처란 소리입니다. 即이란 서로 친해서 서로 죽고 못 사는 것을 말합니다. 서로 못 떨어집니다. 心과 佛이 아주 긴착해서 心이 곧 佛이고 佛이 곧 心인데 서로 죽고 못 사는 것입니다. 더 긴합니다. (무문왈) 영세(領略)는 알아간다는 것과 같은 소리입니다. 알아서 간다면 부처님과 똑같아져서 부처님의 옷을 입고 부처님의 밥을 먹고 부처님의 말을 하고 부처님의 행동을 해서 바로 그대로가 부처입니다. 이게 있으면 할 것도 없습니다. 여기에는 다 나오지 않아서 조금 더 덧붙이겠습니다. 마조 스님에게 즉심즉불(即心即佛)이란 소리를 듣고 법상이 대매산에 들어가서 보림을 합니다. 그걸 듣고 마조가 의심이 났습니다. '저 놈이 제대로 알고 저러는걸까? 알 수 없구나.' 친절하게도 다른 중을 보냅니다. 마조가 그 중에게 일러 말합니다. "너는 대체 어디서 무엇을 듣고 이러고 있느냐? 하고 물어보거라. 그리고 그 대답을 내게 전해다오." 그래서 대매산에 가서 하룻밤을 자고 그 중이 법상에게 묻습니다. "스님 스님은 누구에게 법문을 듣고 이렇게 하십니까?" 법상이 마조에게 즉심즉불(即心即佛)이란 말을 듣고 이러고 있다고 말합니다. 그러자 그 중이 요즘 마조 스님의 불법이 달라졌다고 합니다. 어떻게 달라졌냐고 하니까 비심비불(非心非佛)이라고 합니다. 그러자 법상이 "그 노스님도 참! 즉심즉불(即心即佛)

이나 비심비불(非心非佛)이나 같은 말인 것을! 난 즉심즉불(即心即佛)을 하겠네!"라고 합니다. 그걸 마조 스님께 아뢰자 마조 스님이 말합니다. "그 놈이 벌써 익었구나." 다른 소리를 해도 안 뺏기는 정도가 되어야 합니다. 틀림이 없습니다. 본문으로 돌아갑시다. 대매가 이렇게 즉심즉불(即心即佛)로 깨쳤잖아요? 무문은 대매가 그 정도는 되었지만 대매가 여러 사람을 이끌어다가 정반성(定盤星)을 잘못 읽게(착인) 했다고 합니다. 定盤星은 저울 눈금의 맨 첫 금을 말합니다. 이쪽 저쪽으로 기울지 않는 도수가 없는 줄입니다. 그걸 흔히 본분에다 비유를 합니다. 다르게 고집불통해서 용서가 없는 것을 말하기도 합니다. 고집불통하면 아무 것도 못합니다. 저 소부와 허유의 이야기가 있습니다. 요임금이 천하를 다스리다가 허유에게 천하를 주며 다스리라고 하니까 허유가 더러운 소리를 들었다고 해서 영천수에 귀를 씻었습니다. 그 다음 소부가 그 자리를 지나가는데 더러운 말을 씻은 물이라고 해서 데리고 가던 소에게 그 물을 못 먹게 하고는 지나갔다고 합니다. 어떤 사람들은 부처 佛 한 자만 말해도 입을 씻는데 여기서는 3일 동안 입을 씻어야 한다고 말합니다. 대매 법상이 즉심즉불(即心即佛)을 듣고 산중에 들어가서 수십 년을 공부했는데 그 하는 것이 그르친 일이라는 것입니다. 즉심즉불(即心即佛)은 佛을 그르게 집착하고 있기 때문입니다. 그런데 부처님 말을 하고 3일 동안 입을 씻었다는 것을 알겠느냐고 합니다. 개한(箇漢)은 개중(箇中)한 이를 말합니다. 즉심즉불(即心即佛)을 들으면 귀를 틀어막고 달아날 것이라고 합니다. 좋은 법도 부처님

견해도 조사의 견해도 잡고 있으면 뭐가 나오니까 그것 마저 버려야한다는 말입니다.

무문송에서, 어떤 사람이 누구 집에 가서 도둑질을 합니다. 도둑질을 한 것을 장물이라고 합니다. 그런데 그 도둑이 잡혔는데 장물을 안고서 도둑질을 하지 않았다고 합니다. 억울하다고 합니다. 이것과 마찬가지라는 것입니다.

무문관 강설 제10

(31) 무문관 제31칙 조주감파(趙州勘婆)
조주가 노파를 간파하다(趙州勘婆)

趙州, 因僧問婆子, 臺山路向甚處去. 婆云, 驀直去. 僧纔行三五步. 婆云, 好箇師僧, 又恁麼去. 後有僧舉似州. 州云, 待我去與爾勘過這婆子. 明日便去, 亦如是問, 婆亦如是答. 州歸謂眾曰, 臺山婆子, 我與爾勘破了也.

어떤 승려가 노파에게 물었다.

"오대산으로 가려면 어디로 가야합니까?"

노파가 말했다.

"곧장 가시오."

승려가 막 서너 걸음 걸어가자 노파가 말했다.

"훌륭한 스님이 또 저렇게 가는구나!"

뒤에 한 스님이 조주에게 이 사실을 이야기 하자 조주가 말했다.

> "내가 가서 너희를 위해 그 노파의 속임수를 알아보겠다."
>
> 다음날 곧 가서 앞서와 같이 물으니 노파도 앞서와 같이 대답하였다. 조주가 돌아와서 대중에게 말했다.
>
> "내가 너희를 위해 오대산 노파의 속임수를 완전히 간파해 버렸다."

■ 무문송

問旣一般, 答亦相似. 飯裏有砂, 泥中有刺.

물음이 이미 같으니/ 대답도 역시 비슷하구나.

밥 속에 모래가 있고/ 진흙 가운데 가시가 있도다.

■ 관응강설

서른한 번째 조주감파(趙州勘婆)입니다. 조주가 노파를 감정하더라입니다. 처음의 이야기는 조주 스님과 노파의 이야기가 아니고 편집하는 사람이 막간 모양으로 기록한 것입니다. 조주가 노파에게 물었습니다. "대산(臺山)가는 길이 어디입니까?" 臺山은 오대산입니다. 노파가 가는 길 어귀에 장사같은 것을 하고 있었나 봅니다. 그런데 노파가 그 가는 길목에 있어서 누구나 가는 길에 그 노파에게 물어야 했습니다. 나중에 이 일 이후에 수좌들이 오대산에 있는 조주 스님을 만나 뵈러갈 때마다 물었습니다. 그러면 그 노파는 입을 내밀며 저리로 가면 된다고 가리킵니다. 그 소리를 수없이 했습니다. 그런데 한 날은 조주 스님이 그 소리를 듣고 그 노파를 혼내주고 오겠다고 생각합니다. 그래서 갔는데 그 이야기입니다. 본문으로 돌아갑시다. 어떤 중이 노파에게 오대산 가는 길을 물으면 "바로 가거라."고 합니다. 이것도 법문입니다. 그래서 중이 몇 발자국 가면 뒤에서 "좋은 스님이 또 저렇게 가는구나."고 합니다. 번번이 그런 일을 당합니다. 뭐가 들은 것 같지요? 후에 어떤 스님이 조주에게 말했습니다. 조주가 말합니다. "내가 가서 너를 위해서 노파를 감정하겠노라." 다음 날 그 노파가 있는 곳에 가서 길을 물었습니다. 노파도 또한 똑같이 대답합니다. 조주가 오대산에 돌아가서 대중에게 말합니다. "내가 그대들을 위하여 노파를 감정하여 마쳤다." 처음에는 많은 수좌들을 노파가 속였습니다. 그런데 오대산 주인인지 모르고 똑같이 했으니 속은 사람이 누굽니까? 노파는 안에서만 용을 썼지 밖에서는 오대산 주인인지 모르고 그렇게 했던 것입니다. (무문왈) 노파는 앉아서 장막 속에서 줏대질을 할줄만 알았지만 자기에게 도적이 온 줄은 몰랐습니다. 도적은 조주를 가리킵니다. 큰 도적입니다. 다른 사람은 속여도 노장은 못 속입니다. 또 조주 노인도 영(營)을 윤(偷)하고 색(塞) 막아놓은 것을 겁하는 기지를 썼지만 대장부로써 할미를 놀릴게 뭐있냐는 것입니다. 그래서 조주도 변변치 못하다고 합니다. 대인(大人)의 상(相)이 없다는 것은 할미를 갎으면 뭐가 있겠냐는 것입니다. 둘 다 허물이 있다고 합니다. 어디가 조주가 노파를 애먹인 것인고 하고 화두에 들어야 합니다. 사량으로 하면 안됩니다. 생각이 끊어진 생각을 가지고 무념(無念)으로 나온 화두와 합치될 때에 능소가 없어져 환하게 밝은 세계가 열려옵니다. 우리는 무명 속에 살지만 화두에 들면 나와 나에게 들린 화두가 둘 다 없어집니다. 능과 소가 끊어질 때 밝은 아뇩다라삼먁삼보리가 나오면 시방세계 속에서 열린 것이 한꺼번에 다 보입니다. 시방세계 속에서 나는 소리가 한꺼번에 다 들립니다. 관세음보살도 마음에 언짢은 것이 뭔고 하고 반조해서 열려 시방세계의 중생의 소리를 다 듣습니다. 중생의 소리는 어떻습니까? 중생들은 해탈하지 못했기 때문에 나오는 소리가 다 괴로운 소리입니다. '아이고 어쩌면 좋을꼬?'합니다. 세상 소리[世音]는 전부 괴로운 소리입니다. 그걸 한꺼번에 관찰하고 한꺼번에 들립니다. 시방세계 어느 곳 구석구석에 나는 소리가 환하게 울려옵니다. 그래서 관세음입니다. 세상 소리를 관찰해서 그 소리를 찾아나가서 고통을 건져줍니다. 화두를 들 때 따지면 안 됩니다. 모르는 문제는 모르는 생각으로 대해야지 사량 분별이 먼지 나듯이 일어나지 못합니다. '이뭣고?'하면 딱 전후제가 끊어집니다. 흘러가던 생각의 앞뒤가 끊어집니다. 흘러갈 곳이 없는데 어디로 흘러가겠습니까? 구멍이 없습니다. 그래서 앞으로 나아가도 쇠로 된 벽과 같고 물러가려 해도 물러갈 수 없어서 이뭣고 하는 것입니다. 염관 스님의 제자가 법당 뒤에 서서 '이뭣고?' 하다보니까 능소가 없어졌습니다. 그래서 저승사자가 와도 보이지 않아 데려가지 못했습니다. 여러분 서툴게 생각을 자꾸 이런 생각 저런 생각 망상을 하다보면 귀신에게 붙들립니다. 귀신에게 안 보이도록 생각을 거두어야 합니다. 화두가 거

두는 방법입니다. 참 묘합니다. 나도 처음에는 화두를 비방을 했는
데 화두를 들다보니 참 좋았습니다. 저는 참선을 많이 했고 강당에
서 글 많이 보지 않았습니다. 평생에 내가 많이 하는 것이 화두 드
는 것이었습니다. 요즘도 몇 시간씩 합니다. 그걸 안하면 경을 알지
못합니다. 경을 확실히 알려면 참선을 해봐야 압니다. '이뭣고?'하
면 앞뒤가 없어진 조용한 자리가 나옵니다. 조용한 것을 지키면 안
됩니다. '이뭣고?'하는 초롱초롱한 생각이 일어나야 합니다. 적적한
가운데 성성한 기운이 나와야 참선입니다. 적적한 가운데 빠져 무
기공으로 떨어지면 안 됩니다. 적적한 기운 가운데 성성함이 끊임
이 없습니다. 그것이 하나가 되면 옆에서 무슨 일이 있어도 들리지
않고 보이지도 않습니다. 그걸 며칠만 하면 화두가 들면 딱 들립니
다. 자꾸 애써 들을 것이 없습니다. '이뭣고?'하면 다른 생각이 안
납니다. '이뭣고?'하면서 다른 곳으로 미끄러지면 안 됩니다. 이 세
상에 참선하고 화두 드는 것 만큼 좋은 일이 없습니다. 안 해본 사
람은 모릅니다.

　무문송에서, 질문도 같고 답도 같지만 알맹이가 있다는 것입니
다. 그 사람이 걸리도록 만든 것입니다. 걸려야 합니다. "이뭣고?"
하고 의심이 나야 합니다. 의심이 나는데 의심이 안 나려고 해도 자
꾸 나고 화두를 안 들려고 해도 자꾸 듭니다. 그렇게 해야 힘이 됩
니다. 보고 싶은 사람이 있으면 눈을 떠도 생각이 나고 눈을 감아도
생각이 납니다. 그 정도가 되어야 합니다.

(32) 무문관 제32칙 외도문불(外道問佛)
외도가 부처님께 묻다(外道問佛)

世尊. 因外道問, 不問有言, 不問無言. 世尊據座. 外道贊歎云,
世尊大慈大悲, 開我迷雲, 令我得入, 乃具禮而去. 阿難尋問佛,
外道有何所證, 贊歎而去. 世尊云, 如世良馬, 見鞭影而行.

부처님에게 어떤 외도가 물었다.

"말 있음도 묻지 않고, 말 없음도 묻지 않겠습니다."

부처님은 자리에 가만히 앉아 있었다.

외도가 찬탄하며 "부처님께서는 대자대비하셔서 제 미혹의 구름을 열어 저로 하여금 깨달음에 들게 해 주셨습니다."라고 말하고는 곧 예를 갖추고는 물러갔다.

아난이 부처님께 물었다.

"외도는 무슨 깨달은 바가 있었기에 찬탄하고 물러갔습니까?"

> 부처님께서 말씀하셨다.
>
> "마치 좋은 말은 채찍 그림자만 보고도 달리는 것과 같다."

■ 무문송

劍刃上行, 冰稜上走. 不涉階梯, 懸崖撒手.

칼날 위를 걷고/ 얼음 위를 달린다.

계단과 사다리를 밟지 않고/ 절벽에서 손을 놓아 버린다.

■ 관응강설

서른두 번째 외도문불(外道問佛)입니다. 외도가 부처님께 묻는다입니다. 어느 때에 부처님에게 외도가 묻습니다. 외도는 부처님 학설을 모르는 사람입니다. 외도는 불교 밖의 것을 말하는데 절에 들어 앉아도 불교 모르면 외도입니다. 불교에 붙어있는 외도입니다. 이게 더 무섭습니다. 평생 절에 있어도 불법을 모르면 외도입니다. 그 외도 노릇 하지 말아야 합니다. 중이 싸움을 하고 재판을 하고 합니다. 속인들에게 가서 가려달라고 하니 그게 말이 되는 소리입니까? 불법은 부처님의 법령입니다. 불법을 잘 깨달으면 부처님 밥을 먹고 부처님 옷을 입고 부처님 행동을 해서 부처가 됩니다. 부처님 말이 나와야 합니다. 부처님 행동이 나와야 합니다. 부처님 행동이 안 나오면 외도입니다. 여러분들 자신이 외도인가 외도가 아닌가 살펴봐야 합니다. 외도가 부처님께 묻습니다. "말 있는 것도 묻지 않고 말 없음도 묻지 않습니다." 외도가 똑똑한 사람입니다. 그러니까 유언(有言), 무언(無言)을 섭하지 않고 가르쳐달라는 말입니다. 그러니까 세존은 아무 말도 하지 않고 가만히 앉아 있습니다. 옛날에 오성과 한음 가운데 한음인 이덕형 대감이 있었습니다. 어릴 때 그 집에 도깨비가 많이 나왔습니다. 그런데 변소에 있는데 도깨비가 왔습니다. 도깨비는 "도련님."하면서 하인인 척 합니다. "왜 그러느냐?" "저랑 내기 한 번 합시다." "무슨 내기를 하느냐?" 한음은 도깨비더러 먼저 물어보라고 합니다. "동해바다 물이 몇 바가지나 됩니까?" 한음은 "그것도 모르느냐? 이놈아."라고 합니다. 그리고 이어서 "그야 동해바다 만한 바가지 한 바가지 밖에 안 되지."라고 합니다. 그러자 한음이 볼일을 보려고 엉거주춤 앉으려고 하다가 도깨비에게 묻습니다. "내가 앉겠느냐? 서겠느냐?" 선다고 하면 앉을 것이고 앉는다고 하면 설 것입니다. 이런 이야기도 참선하는 사람과 다르지 않습니다. 그것 자체가 할구입니다. 부처님도 마찬가지입니다. 有言도 묻지 않고 無言도 묻지 않으면서 엉거주춤하게 서있는 것입니다.

아무튼 그것을 본 외도가 부처님께 고맙다는 말을 합니다. "부처님께서 대자대비로 저의 미혹을 열어주셔서 저를 얻어들어가게 하셨습니다."라고 말하고 절하고 떠나버립니다. 이런 행동에 우리가 뭔가 모르는 석연찮은 것이 들었습니다. 이것을 알아내야 합니다. 그것이 화두이고 관(關)입니다. 關은 막힌 것인데 막힌 것의 안에 들어가면 성인이 사는 곳이고 못 들어가면 범부가 사는 곳입니다.

일본에서는 불교가 성하기 때문에 문 앞에 들어가는 곳을 현관(玄關)이라고 합니다. 玄關이란 깊은 곳을 뚫고 들어가야 성인이란 소리입니다. 그 안을 들어가야 주인을 만납니다. 외도는 가고 아난이가 옆에서 보니 이해가 안 됩니다. 그래서 아난이 곧 묻습니다. 심문(審問)의 審은 직(直)과 같습니다. 곧 묻는다는 말입니다. 아난이 말합니다. "외도가 뭘 알았길래 저렇게 찬탄하고 갑니까?" 부처님이 말합니다. "저 세상의 어진 말이 채찍 그림자만 봐도 내빼는 것과 같으니라." 외도가 아주 날쌔고 영리한 놈입니다.

아난이 부처님의 제자인데 외도의 견해보다 못하다고 합니다. 그렇다면 외도와 불제자의 거리가 어느 정도인가. 여러분이 누가 나은지 한번 재보세요.

무문송에서, 칼날 위를 걷고 얼음 모서리를 달린다는 말은 날쌔고 대단하다는 말입니다. 계단이나 사다리를 안쓰고 손을 놓고 저 벼랑을 올라간다고 합니다. 장부가 그런 기상이 있어야 합니다.

(33) 무문관 제33칙 비심비불(非心非佛)
마음도 아니고 부처도 아니다(非心非佛)

馬祖, 因僧問, 如何是佛. 祖曰, 非心非佛.

마조에게 어떤 승려가 물었다.

"무엇이 부처입니까?"

마조가 말했다.

"마음도 아니고 부처도 아니다."

■ 무문송

路逢劍客須呈, 不遇詩人莫獻. 逢人且說三分, 未可全施一片.

길에서 검객을 만나면 모름지기 칼을 보여주고/ 시인을 만나지 못하면 시를 바쳐서는 안 된다./ 사람을 만나거든 삼할만 말해야지/ 한 개 마음을 완전히 베풀어서는 안 된다.

■ 관응강설

서른세 번째 비심비불(非心非佛)입니다. 마음도 아니고 부처도 아니다는 말입니다. 어떤 때 중이 마조에게 묻습니다. "어떤 것이 부처님입니까?" 마조가 말합니다. "비심비불(非心非佛)이니라." 그 것을 보고 견득을 얻으면 마친 것입니다. 무문송에서, 여기서 검객 은 눈밝은 사람을 대표해서 말하는 것입니다. 시인을 만나면 시를 바치지 말라는 것은 함부로 내용을 말하면 안된다는 것입니다. 사 람을 만나면 3분 쯤은 말해도 괜찮고 밑천까지 털어놓으면 안 됩니 다. 그러면 업신여김을 당합니다.

대매 법상의 얘기를 좀 더 할까요.

법상스님은 여러 해 동안 참선을 하면서 오로지 '무엇이 부처인 가?'라는 한 생각뿐이었습니다. 몸은 한 자리에 조용히 앉아 있었 지만 마음속에는 온갖 망상꽃이 피고 지고하였습니다. 망상꽃을 주 체하지 못하고 스승을 찾아 나섰고 마조를 만나 뵙게 됩니다.

"무엇이 부처입니까?"

"묻고 있는 그대 마음이 바로 부처다."

이 말에 법상은 그 자리에서 깨달았습니다. 그렇게 복잡했던 마 음이 이 말 한마디에 일심이 되었습니다. 무엇을 해야 할지 어떻게 해야 할지 분명하게 알았습니다. 그 후로 그는 대매산에서 30년을 머물렀습니다.

이 소문을 전해들은 마조스님은 제자를 대매산으로 보내어 법상 을 시험합니다.

"스님께선 마조스승에게 무엇을 얻었기에 이 산에서 30년 동안을 머물렀습니까?"

법상이 말하기를

"마조스님께서 나에게 〈즉심시불(卽心卽佛)〉라고 하였다네. 그래서 그 말대로 여기서 머무르고 있다네."

"요즈음에는 스님께서 조금 달라졌습니다."

"어떻게 달라졌는가?"

"요즈음은 〈비심비불(非心非佛)〉라고 하십니다."

"그 늙은이가 한없이 사람을 혼돈되게 하는 군. 비록 스승이 '비심비불'이라고 해도 나는 오로지 '즉심즉불'이네."

마조스님은 대단한 어른입니다. 가르치는 기술의 천재입니다. 하루는 제자가 와서 묻습니다.

"스승께서는 왜 마음이 곧 부처(卽心卽佛)라고 하십니까?"

"어린 아이의 울음을 그치게 하기 위해서."

"울음을 그쳤을 땐 어떻게 하시렵니까?"

"그때는 마음도 아니고 부처도 아니다(非心非佛)라고 말하겠네."

"둘 다 아닌 다른 사람이 찾아오면 어떻게 하시렵니까?"

"그건 더 쉽지. 그에겐 아무 것도 아니라고 말해 주면 되지."

"뜻밖에 이미 깨달은 사람이 찾아오면 스승께선 어떻게 하시렵니까?"

"그건 더 간단해."

(34) 무문관 제34칙 지불시도(知不是道)
지혜는 도가 아니다(智不是道)

南泉云, 心不是佛, 智不是道.

남전이 말했다.

"마음은 부처가 아니고, 지혜는 도가 아니다."

■ 무문송

天晴日頭出, 雨下地上濕. 盡情都說了, 只恐信不及.

날이 맑으면 해가 나오고/ 비가 내리면 땅이 젖는다.

정성을 다해 모두 말하였지만/ 다만 믿지 않을까 두려울 뿐.

■ 관응강설

서른네 번째 지불시도(知不是道)입니다. 남전 스님이 말합니다.

"마음이 부처가 아니고 知가 도가 아니다." 어떤 곳을 가면 마음이 부처라고 하더니 여기서는 마음이 부처가 아니라고 합니다. 지혜를 찾는 것이 도인데 도가 아니라고 합니다. 선교 방편이 그 앞에 사람에 맞도록 법에 설합니다. 의사가 그 사람 병난 것을 진맥해서 그 사람에게만 맞게 약을 쓰는 것입니다. 그런데 요즘 사람들은 좋은 약이라고 하면 진맥도 하지 않고 먹으니 병이 도로 생깁니다. 영양분이 충분한데 거기다 자꾸 다른 것을 얹어 놓으면 어떻게 되겠습니까? 손해만 되지 이익될 것이 없습니다. 요즘 사람들이 약 좋아해서 뭐든지 취하려면 안 됩니다. 조사의 화두는 눈 앞의 그 사람에 맞도록 쓴 것입니다. 한 사람에게 약 지은 것이 만병통치약은 아닙니다. 그 사람에게는 맞지만 훗날은 맞지 않습니다. 옛날 조주 스님이나 황벽 스님이나 마조 스님같은 사람들은 그 앞에 사람에 맞게 약을 씁니다. 때려야 깨치는 사람이 있고 가만히 둬야 깨치는 사람이 있습니다. 도수를 맞춰야 하는데 뒤에 그런 사람이 안 나오니까 조실 노릇은 하는데 학자가 찾아오면 남의 것을 끌어다가 흉내를 냅니다. 자기 재산이 아니라 도적질한 재산입니다. 식어서 숨진 놈은 숨이 안나옵니다. 활구(活句)가 아닙니다. 사구(死句)입니다. 법(法)은 생명체입니다. 생명체를 깨쳐야 숨이 나옵니다. 活句를 깨치고 보면 입으로도 산 말이 나오고 몸으로 하는 것도 산 말이 나옵니다. 뜻으로 나온건 지혜라고 하고 입으로 나온 것은 변제라 하고 몸으로 나온 것은 신통이라고 합니다. 공중에 몸이 휙휙 날아다니는 것도 신통입니다. 하지만 어느날 예수교 목사가 만공 스님을 찾아옵니다. 인사를 하더니 "스님의 도덕이 높은건 일찍이 들었습니다."고 합니다. 이어서 "진작에 스님 밑에서 배웠어야 했는데 말입니다."라고 하니까 스님이 "지금부터 배워도 늦지 않지."라고 합니다. 스님은 도를 통해서 신통 변화도 마음대로 부릴 수 있습니다. 신통을 한번 보여 달라고 하니까 옆의 스님보고 물을 한잔 떠오라고 합니다. 목사는 몰라서 있는데 신통을 보여달라고 재촉합니다. 그러자 스님이 "이 사람이! 신통을 보여줘도 모르는구먼!"이라고 합니다. 저기 있는 물을 여기까지 가져 오는 것이 신통 아니면 가지고 오겠느냐는 말입니다. 신통을 얻으면 괴로운 줄 모르기 때문에 중생을 제도할 때 부모같은 역할도 나오고 하인 같은 역할도 나오고 의사같은 역할도 나오고 다 나옵니다. 내가 없는 것을 깨달았으니 우주법계성 전부가 되어서 아무리 써도 닳는 것도 아니고 괴로운 것이 없어집니다. 그 때 가면 말이 없어집니다. 말이 필요가 없습니다. 말을 안해도 다 합니다. 공자가 말했습니다. "하늘이 무슨 말을 하더냐. 만물을 내고 천지가 화육을 하니 무슨 말을 하더냐." 천지가 말없이 만물을 생성시키고 기르는 것이 똑같습니다. 이것이 깨달은 사람의 경지입니다.

무문은 남전이 늙어도 부끄러움을 모르는 사람이라고 합니다. 그 냄새나는 입을 열어 집안을 말짱 드러냈다고 합니다. 천지가 아무 말 없이 만물을 길러내는 듯한 솜씨가 바로 조주입니다. 천지는 만물에게 하나도 숨김없이 내놓습니다. "내가 너를 속임이 없느니라." 황산덕 같은 이는 그 말에 견성을 했습니다. 다 드러낸 것입니다. 천지가 중생을 속임이 없듯이 조주도 그렇게 하는 사람이라는 것입니다. 그러나 그 은혜를 아는 이가 누가 있겠는가. 이게 굉장한 법문입니다.

무문송에서, 하늘이 맑아 해가 내 머리 위로 와서 비추고 비가 오면 땅을 적십니다. 이것은 조금도 속임이 없는 법칙입니다. 그대로입니다. 이것을 가지고 견성해도 됩니다. 눈에 띄고 몸에 닿는 모든 것이 도인데 도 아닌 것이 없습니다. 방석 깔고 눈감고 졸기만 합니까. 화두 드는 것은 둔한 사람에게 하는 것입니다. 그런데 둔한 사람에게 화두를 제대로 가르치는 이도 없습니다. 옛날 사람이 했으니 해보라는 것은 사구(死句)입니다. 死句라도 오래해 보면 되는 수가 있습니다. 조선에는 그렇게 투철한 이가 없었다고 봅니다. 고려 말에 태고 보우나 나옹 혜근과 같은 이들은 확실히 깨쳐서 굉장한 힘이 나옵니다. 그런 사람들은 묵직하게 소리가 툭 튀어 나옵니다. 活句나 死句가 따로 있는 것은 아닙니다. 바로 알아들으면 활구(活句)고 바로 못 알아들으면 死句입니다. 칼을 잘 쓰면 활인검이 되고 잘 못쓰면 살인검이 됩니다. 그러니 스승이 아무리 活句를 하려 해도 제자가 잘 못 받아들이면 死句가 되어버립니다. 칼을 봅시다. 칼을 처음 만들 때 칼 잘 쓰라고 만들었는데 도둑놈이 쓰면 흉기로 씁니다. 쓰는 사람이 잘못 쓰면 그 좋은 칼도 나쁜 칼이 됩니다. 이 내 손이 좋은 손입니까? 나쁜 손입니까? 이 손을 가지고 다른 사람을 예뻐해 주고 구원해주면 자비의 손이 되지만 남을 때리거나 하면 나쁜 손이 됩니다. 쓰는데 따라 달라집니다. 이 불성도 잘 쓰면 부처가 되지만 잘 못 쓰면 지옥의 찌끄러기가 됩니다.

　예전에 백낙천이 찾아갔다던 조과 선사가 있습니다. 조과 선사는 나무 위에 새둥지같은 것을 짓고 그 위에 삽니다. 본 법명은 도림이지만 그래서 조과라고 합니다. 백낙천이 찾아가서 어떤 것이 불법이냐고 물으니까 조과가 "네가 내 말을 믿겠느냐?"고 다짐을 받습니다. "제가 이렇게 스님을 찾아왔는데 안 믿을 리가 있겠습니까." 라고 하자 스님이 또 말합니다. "꼭 믿겠느냐?" 그러자 백낙천이 "믿겠습니다."고 합니다. 그러자 조과 스님이 말합니다. "그 마음을 잘 써라. 나쁜 일은 짓지 말고 착한 것을 행하라.(제악막작 중선봉행 자정기의 시위불법.)" 그걸 듣고 백낙천이 말합니다. "이런 것은 세 살짜리 어린 아이도 다 아는데 스님께서는 멀리 찾아온 제게 이런 소리 밖에 안 해주십니까?" 그러니 화두를 드는 것도 그 마음을 잘 쓰고 나쁜 짓을 안하고 착한 일을 하는 것입니다. 그 소리뿐입니다. 삼세제불의 교법에 다 들어 있는 것입니다. 화두 드는 것 이상으로 들어 있는 것입니다. 백낙천의 말을 듣고 조가 선사가 말합니다. "세살 먹은 아이도 그 말을 설할줄 알지만 80먹은 노인도 행할 줄 모른다." 그것이 바로 불법입니다. 기이한 것을 찾을 것도 없습니다.

(35) 무문관 제35칙 청녀이혼(倩女離魂)
청녀의 혼이 나가다(倩女離魂)

五祖, 問僧云, 倩女離魂, 那箇是眞底.

오조법연(五祖法演)이 어느 승려에게 물었다.

"청녀는 혼이 나갔다는데 어느 것이 진짜인가?"

■ 무문송

雲月是同, 溪山各異. 萬福萬福, 是一是二.

구름과 달은 동일한데/ 계곡과 산은 각기 다르다네.

좋고도 좋구나!/ 하나인가, 둘인가?

■ 관응강설

서른 다섯째 청녀이혼(倩女離魂)입니다. 옛날 청하(淸河)란 땅에 장감(張鑑)이란 사람이 살았습니다. 딸을 하나 뒀는데 이름이 청

(倩)입니다. 이 딸이 시집갈 때가 되었습니다. 중국에서는 사촌간 혼인을 합니다. 張鑑의 생질되는 사람이 왕주(王宙)란 사람이 있었습니다. 그래서 張鑑이 고종사촌끼리 혼인을 허락했습니다. 그런데 나중에 보니 王宙보다 훨씬 나은 사람이 나타났습니다. 그 사람 이름은 빈료(賓僚)란 사람입니다. 그래서 王宙를 물리치고 賓僚란 사람과 약조를 하니 王宙가 마음이 어떻겠습니까. 좋을 리 없습니다. 그래서 부끄럽기도 해서 淸河를 떠났습니다. 淸河란 땅이 싫어서 서하(西河)로 떠났습니다. 실컷 배를 타고 가다보니 저 언덕에서 자기를 부르는 소리가 들려 보니까 장청(張倩)이 왔습니다. 그래서 둘이 부모 몰래 西河로 가서 3,4년 삽니다. 애도 낳습니다. 그런데 둘의 힘으로 살기가 힘듭니다. 그래서 張倩이 하루는 말합니다. "우리가 이렇게 고생하기 보다는 지금 가면 부모님들이 허락해줄 것입니다." 고향으로 가자고 합니다. 그래서 같이 돌아갑니다. 그래도 어른이 허락을 안하고 갔으니 민망합니다. 배에다 張倩을 놔두고 王宙가 들어갑니다. 張鑑에게 가서 미안하다며 절을 합니다. 그런데 張鑑도 미안해서 자기도 미안하다고 합니다. 그래서 王宙가 張倩과 西河에 가서 3,4년을 같이 살았다고 하니까 張鑑은 눈이 휘둥그레집니다. 놀라서 말합니다. "그게 무슨 소리냐? 倩이는 네가 떠난 다음 도장방에 들어가 앓아누워서 일어나지를 못하는데." 도장방이란 부엌 옆에다가 방을 하나 만들어 상도 넣고 살림을 들여놓은 방입니다. 도장이 물건을 들여놓는다는 말입니다. 고방이라고 하기도 합니다. 옛날에 처녀들을 밖에 내놓지 않고 그 안에서 키웁

니다. 규중처녀란 말이 거기서 나왔습니다. 아무튼 이야기로 돌아가서 이상합니다. 하나는 규방에 들어가서 일어나지를 못한다고 하고 하나는 서하에 같이 가서 아이까지 낳았다고 합니다. 그래서 王宙가 보여주겠다며 張倩을 배에서 데리고 나옵니다. 한 張倩이는 마루로 올라가고 한 張倩이는 주방에서 나오는데 놀랍게 둘이 마주치더니 딱 하나가 되어버립니다. 그렇다면 따라간 것이 張倩의 본몸이냐. 집에 있었던 것이 본 몸이냐는 것입니다. 둘 다 아닙니다. 이것도 그르고 저것도 그릅니다. 둔갑한 것입니다. 일본서 그것을 바케모노(化物)라고 합니다. 이 내용이 그것을 말하는 것입니다. 오조 법연 선사가 말합니다. 이 오조는 오조 홍인과 다른 사람입니다. 이 법연 스님은 오조산(五祖山)에 살아서 오조입니다. 오조가 어떤 스님에게 물었습니다. "청녀(倩女)가 혼을 여의었는데 어느 쪽이 진짜인가?"

어지러이 달리지 말라(절막난주 切莫亂走)는 분별망상을 일으키지 말라는 것입니다. 여기의 게의 말은 공부를 못하면 흡사 저 끓는 물에 게가 들어가 사지를 꼼짝 못하고 죽는 것과 같을 것이라는 말입니다. 나시막언불도(那時莫言不道)는 다 일러줬건만 네가 스스로 공부를 안해서 그렇지 일러줬고 부처님도 다 바로 시켜놓았느니라는 말입니다.

무문송에서, 구름과 달이 같다는 것은 본성 자리는 하나라는 것입니다. 하나인데 하나에서 많은 천지 만물이 나왔다는 것입니다. 시내와 산은 곳곳마다 다르다는 말은 현상에 가서 다른 것입니다.

하나에서 서하에 갔던 張倩이도 나오고 하나에서 집에 있었던 張倩이도 나오고 했다는 것입니다. 그럼 밖에 나간 張倩이 안에 있던 張倩이 할 것 없습니다. 둘로 따개지지 않습니다. 하나가 되면 이 안으로 쏙 들어갑니다. 어떤게 진짜냐 하면 둘로 갈리지 않습니다. 둘이 합해져야 합니다. 옛날에 장주가 꿈을 꿨는데 나비가 되어 있었습니다. 꿈에서는 나비가 되어 펄펄 날았는데 깨니까 장주가 되어있었습니다. 장주가 꿈을 꾸어 나비가 되었으나 나비가 꿈을 꾸어 장주가 되었을 수도 있으니 무엇이 진짜인가?라고 하는데 이것과 똑같은 소리입니다. 장주도 생명 자리에서 나왔고 나비도 생명 자리에서 나왔으니 둘이 하나라고 하면 되지요? 거두어야 합니다. 하나에서 나온 것은 언제든지 그림자입니다. 여기서 보면 西河로 갔던 것도 그림자고 방에 누웠던 것도 그림자입니다. 우리는 다 그림자입니다. 그림자로 본체로 못 돌아가면 안 됩니다. 그림자에 빠지면 안 됩니다. 전에 말했듯이 500 나한도 그림자를 자기 본질로 압니다. 우리는 그림자에 취해 있습니다. 그림자는 인연으로 미끄러진 것입니다. 변질된 몸뚱이로 본질로 돌아가야 합니다. 조사의 방편이나 제불의 설법이 그림자(인연, 인과)에 빠지지 말고 본질에 돌아가라는 것입니다. 지금 보면 석가모니가 그렇게 높게 보이고 야단스럽지만 본질에 돌아가면 내가 석가모니가 됩니다. 내가 따로 있고 석가모니가 따로 있는데 내가 어떻게 석가모니가 되느냐 한다면 나는 대답할 수 없습니다. '단지작불 막수불불해어(但只作佛 莫愁佛不解語)' 우리는 다만 부처되기를 힘쓸지언정 미리 앉아서 내가 이 모양인데 부처가 되어봤자 그 때 부처님 말을 할 수 있을까 걱정하지 말아라는 말입니다. 그 때가 되면 부처님 말이 나옵니다. 비행기도 보면 저게 어떻게 여러 사람을 태우고 나는가 싶지만 발동시키면 태워갈 수 있습니다. 여러분들은 발동 안된 부처님입니다. 발동시키면 부처님이 됩니다. 발동을 시키는 방법이 화두입니다. 옛날에 저 정다산이 친구를 써달라고 군수에게 청을 합니다. 편지를 쓰기를 "어떤 사람도 딸을 시집보낼 때 아이를 낳는 방법을 가르쳐주지는 못합니다."고 합니다. 그러니까 이 사람은 아직 배우지 못한 처녀와 마찬가지이나 시집을 가면 남편과 아이낳는 방법은 저절로 아니까 걱정하지 말고 써달라는 것입니다. 그러니 그 때가면 부처가 되니 미리 걱정할 것 없습니다.

(36) 무문관 제36칙 노봉달도(路逢達道)
길에서 도인을 만나다(路逢達道)

五祖曰. 路逢達道人, 不將語默對. 且道, 將甚麼對.

오조가 말했다.

"길에서 도에 통달한 사람을 만나면 말이나 침묵으로 대해서는 안된다. 자, 말해 보라. 무엇으로 대해야 하겠는가?"

■ **무문송**

路逢達道人, 不將語默對. 攔腮劈面拳, 直下會便會.

길에서 도에 통달한 사람을 만나면/ 말이나 침묵으로 대해서는 안 된다.

뺨에다 곧장 주먹을 날리니/ 즉시 알아차리면 곧 깨달으리라.

■ 관응강설

서른여섯 번째 노봉달도(路逢達道)입니다. 길에서 도 사무친 사람을 만나다 입니다. 도를 깨친 사람을 만난다는 말입니다. 도를 깨치면 말이 없어지는데 천지의 기운과 같아집니다. 천지가 말을 하지 않지만 때가 되면 사시가 돌아가고 만물이 길러집니다. 천하언재 사시행언 지하언재 만물육언(天何言哉 四時行焉 地何言哉 萬物育焉) 이렇게 좋은 말이 없습니다. 하늘이 말은 없으나 춘하추동 사시가 흘러가고 땅은 말이 없으나 만물을 다 길러냅니다.

오조 법연이 말합니다. "길에서 도 깨친 사람을 만나면 묵언으로 상대가 안되면 어떡할 것인가." 말만 없는 것이 아니라 생각도 없어집니다. 말은 생각에서 난 그림자입니다. 우리 잡념, 사량심 그것이 말의 바탕입니다. 달마는 망상이 없으니까 9년 동안 말도 안 하고 면벽수행을 합니다. 저절로 말이 없어집니다. 그래서 도를 깨친 사람을 만나면 말로써 안 됩니다. 서로 눈만 껌뻑거려도 압니다. 공자가 평소에 온백설자를 만나고 싶어서 온백설자만 만나고 죽었으면 좋겠다고 합니다. 어느날 둘이 만났는데 만났더니 둘이 서로 쳐다보기만 하다가 떠나버립니다. 그러자 제자가 어이없어서 묻습니다. "선생님께서 평소에 온백설자를 그렇게 보고싶어 하셨는데 어째 한 말씀도 없으셨습니까?" 그러자 공자가 말합니다. "군자는 서로 눈이 마주치기만 해도 도가 통하느니라." 예전에 향엄(香嚴) 스님이 어떤 스님에게 했던 말도 똑같은 소리입니다. 말의 나무에서 입을 떼고 말이 없어져야 합니다. 여기서 친(親)은 하나가 되는

것입니다. 친한 사람은 사이가 뜬 것이 아닙니다. 한 곳에 마음이
붙어야지 친하다고 합니다.

무문송에서, 묵언으로 상대하지 않으면 한 가지 방법이 있습니
다. 주먹을 가지고 입이 찢어지도록 이빨이 빠지도록 치는 것입니
다. 그래야만 대하는 하나의 방법이 될 것입니다. 그 때 가서 알려
고 하면 알 것입니다.

무문관 강설 제11

(37) 무문관 제37칙 정전백수(庭前柏樹)

뜰 앞의 잣나무(庭前柏樹)

> 趙州, 因僧問, 如何是祖師西來意, 州云, 庭前柏樹子.
>
> 조주에게 어떤 승려가 물었다.
>
> "어떤 것이 조사께서 서쪽에서 오신 뜻입니까?"
>
> 조주가 말했다.
>
> "뜰 앞의 잣나무다."

■ **무문송**

言無展事, 語不投機. 承言者喪, 滯句者迷.

말은 사실을 드러낼 수 없고/ 말은 기틀에 들어맞지 않는다네.

말을 따르는 자는 목숨을 잃고/ 글귀에 막히는 자는 헤매게 되리라.

■ 관응강설

서른 일곱째 정전백수(庭前柏樹)입니다. 이건 우리가 다 아는 것입니다. 어떤 중이 조주에게 물었습니다. "조사가 서에서 온 뜻이 무엇입니까?" 조사가 서에서 온 뜻은 앞에 이야기가 있습니다. '불립문자, 견성성불(不立文字, 見性成佛)' 문자를 세우지 않고 성품을 봐서 부처가 되는 것입니다. 부처되는 방법이 아주 간단하게 된 것입니다. 그것이 바로 그 뜻입니다. '무엇이 부처입니까?'처럼 묻는 것은 다르지만 높이는 마찬가지입니다. 조사가 서에서 온 뜻도 부처되는 방법이고 무엇이 부처입니까하는 것도 부처되는 방법입니다. 우리 불자의 목적은 부처되는 것입니다. 생사의 바다에 빠져 헤어나지 못하는 우리들은 생사, 번뇌망상을 벗고 번뇌망상이 없는 저쪽 언덕에 도달하는 것이 목적입니다. 그 방법을 물었는데 조주가 말합니다. "뜰 앞의 잣나무니라." 또 어떤 것이 부처님입니까 하니까 운문은 똥 막대기라고 했습니다. 똑같은 소리입니다. 똑같이 부처님을 물었으니 딴 말을 하면 안 됩니다. 그런데 우리는 똥 막대기라고 하면 생각이 다르고 뜰 앞의 잣나무라고 하면 생각이 다르고 깨 세 근이라고 해도 생각이 다릅니다. 똑같은 말인데 달리 보이는 까닭은 하나인 부처님에 들어가지 못했기 때문입니다. 부처에 들어가면 하나로 인식되는데 우리는 남의 것으로 아니 간격이 있습니다. 하나로 들려야 합니다. 팔만대장경이 아무리 많다고 해도 깨달은 사람 한 마디밖에 안 되는 소리입니다. 한 마디 말입니다. 달리 듣는 사람들은 아직 못 들어가서 그렇습니다. 쉽게 말하면 사방 어느 곳에서 들어가든지 방은 하나입니다. 그런데 우리 한국 불교는 꼭 참선을 해야 되는 줄 압니다. 중간에 선종이 들어와서 득세를 해서 그런데 참선을 안 해도 다른 말로 해서 부처가 안 되는 것은 아닙니다. 우리는 그걸 달리 알고 있습니다. 84,000 법문이 문마다 부처 땅에 다 들어가도록 되어있지 어느 것은 되고 어느 것은 안 되고 그렇지 않습니다. 우리 한국 불교는 못을 딱 박아버려서 이것 아니면 안되게 되어버렸습니다. 잘못된 것을 알아야 합니다. 염불해도 부처가 됩니다. 저 당나라 때 명침이란 중이 있었습니다. 그런데 이 사람은 중이 되어서 매일 딴 짓만 합니다. 그림을 그리는데 뱀을 자꾸 그립니다. 밤낮이고 뱀을 그립니다. 처음에는 그리는 사람이나 뱀이나 다릅니다. 화두와 화두 드는 사람이 다르듯이 말입니다. 자꾸 하다보면 능소가 없어져서 그린 사람과 그린 것이 합해집니다. 명침은 그러다 뱀이 되어버렸습니다. 그림과 하나가 됩니다. 그림을 그리거나 글을 쓰거나 조각을 하거나 자꾸 하다보면 대상과 자기가 하나가 되어야지 신기한 작품이 나옵니다. 그리는 것 따로 있고 내가 따로 있으면 신품(神品)이 아닙니다. 그렇게 보면 사람을 자꾸 그리면 처음에는 껍데기를 그리다가 나중에는 숨쉬는 사람을 그립니다. 곧이곧대로 안 들릴 것입니다. 경주 석굴암을 가면 돌로 만들었지만 숨쉬는 것 같고 맥이 뛰는 것처럼 느껴집니다. 번뇌가 가라앉은 바닥에 들어가면 진정한 마음이 공교롭게 나옵니다. 화두가 그렇게 되는 것입니다. 그렇게 되어야 합니다. 당나라 때 이백세란 사람이 있었습니다. 그 사람은 버드나무 밑에 말 매는 것을 자꾸 그립니다. 그러다 자꾸 그리다보니 말이 되어 버립니다. 생각하는 것 우리가 만약 부처가 되는 것을 생각하면 부처가 됩니다. 그런데 요즘 선가에서는 부정을 합니다. 화두와 하나가 되는 것인데 하나가 될 때는 같아지는데 하나가 안 되는 것에서 불교를 알려고 하니 염불을 하면 부처가 안되고 다라니를 하면 부처가 안된다고 합니다. 10년을 관세음보살만 하던 사람이 있었습니다. 그 정도면 어느 정도는 들어갔습니다. 그런데 그걸 그만 두고 화두를 하라고 합니다. 그렇게 가르치면 안 됩니다. 들던 것을 자꾸 들어야합니다. 이리저리 가면 안 됩니다. 하나를 해야 합니다. 하나로 들어가야 합니다. 뜰 앞의 잣나무에 들면 그걸 자꾸 들어야지 이것저것 갈아치우면 안 됩니다. 자꾸 하다보면 힘이 나옵니다.

조주가 대답한 것(뜰 앞의 잣나무)을 견득해서 친절히 하면(하나로 딱 합해진 것입니다.) 그 때가면 나도 부처고 석가도 부처고 미륵도 부처기 때문에 앞에 석가가 없고 뒤에 미륵이 없다고 합니다. 우리는 생각이 하나로 되어야 친하다고 합니다. 되면 하나입니다. 우리가 정전백수를 견득해서 친절히 하면 부처가 되니까 석가도 따로 없고 미륵도 따로 없고 그렇다는 것입니다.

무문송에서, 말로 가지고 하면 안 됩니다. 입으로 '불'이라고 하면 뜨거워집니까? 말은 일을 펴는 것이 아닙니다. 그런데 팔만대장경은 말을 해놓은 것인데 말은 변두리를 쳐서 복판을 알게 하는 것이지 복판을 울려주는 것이 아닙니다. 당나라 때 한퇴지(한유)가 '말이란 것은 도를 싣고 가는 도구이다.(언자 재도지구 言者 載道之

具)'라고 했습니다. 그 자체가 도는 아닙니다. 비유를 하면 샘에 있는 물을 여기로 가져오려면 컵이나 주전자에 담아 와야 합니다. 컵은 물을 담는 그릇입니다. 물을 먹는 사람이 그릇을 마시는 것은 아닙니다. 그릇 안에 든 물을 마십니다. 마찬가지로 팔만대장경 말 속의 부처님 뜻을 마셔야 합니다. 우리 보통 사람들은 그 글만 휘적거리지 뜻을 모릅니다. 나도 그런 사람입니다. 그릇을 마시고 물을 안 마시면 제대로 된 것이 아닙니다. 그렇게 되면 백년을 가도 목을 적시지 못합니다. 목 마른 것을 해결하지 못합니다. 그래서 여러 강사들이 헐떡거리는 것입니다. 문자에 팔리면 안 됩니다. 거기에 무엇을 붙이면 병이 됩니다. 말 속에 든 부처님의 본질을 알아야 합니다.

(38) 무문관 제38칙 우과창령(牛過窓櫺)
소가 창문을 통과하다(牛過窓櫺)

五祖曰, 譬如水牯牛過窓櫺, 頭角四蹄都過了, 因甚麼尾巴過不得.

오조(五祖)가 말했다.

"예컨대 물소가 격자 창문을 통과할 때 머리와 뿔, 네 다리는 모두 통과했는데 어째서 꼬리는 통과하지 못하는가?"

■ 무문송

過去墮坑塹, 回來卻被壞. 者些尾巴子, 直是甚奇怪.

통과하면 구덩이에 떨어지고/ 되돌아가면 오히려 부서지네.

이 하찮은 꼬리란 놈이/ 참으로 매우 기괴하도다!

■ **관응강설**

서른 여덟째는 우과창령(牛過窓櫺)입니다. 소가 외양간을 지나
간다는 뜻입니다. 여기의 오조도 오조 법연 선사입니다. 법연 선사
가 말합니다. "비유컨대(우리 공부하는 것을 비유합니다.) 소가 창
살을 지남에 사지는 다 지나갔는데 꼬리만 지나가지 못하는고!" 이
것도 화두입니다. 뜰 앞의 잣나무나, 똥 막대기나, 깨 세 근과 같은
화두가 우리의 본분 생명체를 들고 말하는 것입니다. 부처는 우리
생명체를 내세우는 것입니다. 뜰 앞의 잣나무도 우리 생명체를 내
세운 것이라면 똥 막대기도 우리 생명체를 두고 말한 것입니다. 여
기서 꼬리(尾巴)는 우리 생명체를 말한 것입니다. 그 자리가 어쩐지
드러나지 않는다는 소리입니다. 나타나면 물건과 같아질 것입니다.
안 나타나야 되는 것입니다. 꼬리[尾巴]나 깨 세 근(마삼근)이나 우
리 생명입니다. 생명 자리라 생각하면 생명 자리가 드러납니다. 그
걸 우리들이 못 합니다.

우리는 흘러갑니다. 이쪽으로 흘러가죠? 생사유전(生死流轉)이라
고 합니다. 물이 여기 있다가 저기로 가고 수레바퀴가 여기 있다가
저리로 갑니다. 그것이 流轉입니다. 화두를 들면 그것이 반대로 흘
러갑니다. 우리는 물이 흘러가는 줄 아는데 나중에 보면 산이 흘러
갑니다. 동산이 저 물에 둥둥 떠다닌다는 말이 그런 것입니다. 처음
에 무명에서 행이 일어나고 행에서 생사가 일어납니다. 생사를 없
애려면 행을 없애야하고 행을 없애려면 무명을 없애야 합니다. 이
쪽으로 가던 것을 반대로 돌려버려야 생사가 끊어집니다. 그래서

우리가 전에 고양이 이야기를 했습니다. 저녁에 조주가 오더니 어떻게 되었습니까? 신발을 거꾸로 이고 가지 않았습니까. 전(顚)은 '이마 전'입니다. 이마를 땅에다 박는 것입니다. 물구나무 서는 것입니다. 그것이 전도(顚倒)입니다. 우리는 깨달으면 반드시 바로 나가는데 바로 나가지 못하고 생명의 본질을 거꾸로 하고 있습니다. 우리 몸이 되고 고양이가 되는 것이 생명의 본질을 어기는 것에서 나옵니다. 우리가 생사로 흘러가던 것을 생사로 흘러가지 않고 뒤바꿔서 가는 것 생사를 끊으려면 무명을 끊으면 됩니다. 저 나무에 꽃과 잎이 수천 개가 피었는데 그것을 없애려면 나무를 송두리째 뽑아야 합니다. 영가는 자신이 다른 사람들과 같이 잎을 따고 가지를 꺾는 것은 못한다고 합니다. 그런데 뿌리를 찾는 것은 능하다고 합니다. 누구에게 보시를 하고 그것도 좋긴 합니다. 하지만 그것 가지고는 안 됩니다. 생사를 없애고 극락세계로 가려면 무명을 송두리째 뽑아야 합니다. 무명이 멸하면 행이나 생사가 모두 사라집니다. 여러분은 마땅한 방법을 선택해서 한 가지만 열심히 하면 됩니다. 기륜(機輪)이 돌아가는 것을 역전시키는 것을 顚倒라고 하는데 이것은 나쁜 것이 아닙니다. 생사로 흘러가던 것을 역전시켜서 열반으로 가는 것입니다. 생사를 역행해서 돌아가면 사은(四恩)을 갚고 삼유(三有)를 얻어 중생을 제도할 것입니다. 그렇지 못하면 꼬리[尾巴]를 계속 보고 생각해야 합니다. 내가 꼬리를 생명체라고 한다고 해서 거기에 팔리면 안 됩니다. 알아야지 뭐가 됩니다.

무문송에서, 꼬리를 몰라서 구덩이에 떨어졌다는 말입니다.

(39) 무문관 제39칙 운문화타(雲門話墮)

운문의 말에 말려들다(雲門話墮)

雲門, 因僧問, 光明寂照遍河沙. 一句未絶, 門遽曰, 豈不是張
拙秀才語. 僧云, 是. 門云, 話墮也. 後來死心, 拈云, 且道, 那裏
是者僧話墮處.

운문 문언(雲門 文偃)에게 어떤 승려가 물었다.

"밝은 빛이 고요히 온 세상을 비추니…"

한 구절이 채 끝나지도 않았는데 운문이 갑자기 말했다.

"그것은 장졸 수재(張拙秀才)의 말이 아닌가?"

승려가 말했다.

"그렇습니다."

운문이 말했다.

"말에 말려들었구나!"

후에 황룡 사심(黃龍 死心)이 이 이야기를 들어 말했다.

"자, 말해보라. 어디가 이 승려가 말에 말려든 곳인가?"

■ 무문송

急流垂釣, 貪餌者著. 口縫纔開, 性命喪卻.

급한 물결에 낚시를 드리우니/ 미끼를 탐내는 놈이 덥석 무네.

입을 열자마자/ 목숨을 잃어버리도다.

■ 관응강설

서른 아홉째 운문화타(雲門話墮)입니다. 운문이 말에 떨어졌다는 말입니다. 저 당나라 때 석상 경제 선사가 있었습니다. 석상(石霜)에 살았기 때문에 石霜이라 그랬고 본래 법명은 경제입니다. 경제가 있는데 마을에서 어떤 젊은 수재(급제는 안한 마을의 박사입니다.)가 찾아옵니다. 그런데 과거에 붙으면 신하가 되어 오히려 낮아지지만 진사만 하면 임금도 함부로 못 부릅니다. 신하가 아니기 때문입니다. 그 수재가 경제 선사를 찾아가 인사를 합니다. 인사를 하니 스님이 이름을 묻습니다. 먼저 이름을 대지 않으면 실례이고 인사가 아닙니다. 요즘도 보면 절에 상놈들이 들어와 있는 모양입니다. 나이가 많은 스님 앞에서 그보다 나이 적은 사람을 높입니다. 인사를 했는데 자기 이름이 장졸(張拙)이라고 합니다. 그러자 "차리멱교료불가득 졸종하래?(遮裡覓巧了不可得 拙從何來?)"라고 합니다. 우리 불성, 법신 속에서 공교로운 것을 찾더라도 마침내 찾지 못하면 拙이 어디로부터 왔는가라는 말입니다. 그 말을 듣고 그 수재가 확 열려버립니다. 그래서 깨닫자마자 오도송을 말합니다. "광명적조편하사 범성함령공아가 일념불생전체현 륙근재동피운차 단

제번뇌중증병 추향진여역시사 수순세연무괘애 열반생사시공화(光
明寂照徧河沙 凡聖含靈共我家 一念不生全體現 六根纔動被雲遮 斷
除煩惱重增病 趨向眞如亦是邪 隨順世緣無罣礙 涅槃生死是空華)"
우리 법성 자리는 광명이 적적하게 비쳐서 강의 모래 속처럼 꽉 차
있습니다. 우리 마음이 누구든지 다 그렇습니다. 깨닫지 못하면 뻗
치지 못하기 때문에 식이 생겨 안팎으로 근과 경이 생깁니다. 그것
이 아뢰야식인데 그것만 터트리면 하나가 됩니다. 터지기 전에는
내가 따로 있는 줄 알았는데 혜가도 달마 대사를 만나기 전에는 몸
이 하나인줄 알았는데 말을 듣고 보니 안과 밖의 중간이 없는 것을
알았습니다. 그러자 따로가 아니라는 생각이 들었던 모양입니다.
일체 범부 성인 함령은 일체 중생을 말합니다. 일체 범부, 성인, 함
령이 다 내 집이다. 나중에 보니 내 몸이 벌레 속이나 부처 속에도
다 들어있습니다. 어디든지 뻗쳐있다는 말입니다. 한 생각도 나지
않으면 전체가 드러나고 육근을 움직이기만 해도 그 자리(법성 자
리)가 탁 막힌다는 것입니다. 번뇌는 원래 없습니다. 허공의 먼지
덩어리입니다. 번뇌가 있다고 생각해서 끊어서 없애려고 하면 병
이 더해지고 도리어 진여를 추향(趨向)하려고 해도 도리어 삿된 것
이 된다고 합니다. 불견과 법견을 가져도 그 자리가 흐릿하게 된다
는 것입니다. 한번 터지고 나니 내 몸이 있다는 생각 번뇌망상이 정
상이 아닙니다. 법성 자리가 내 몸이지 이것이 내 몸이 아니라고 하
면 그 때는 이 몸이 있던 없던 상관이 없습니다. 합해져 있는데 지
금 합하지 못한 것으로 알고 있습니다. 생각만 돌이키면 이 몸을 위

해서 걱정할 것도 없습니다. 그래서 심신만 옳게 갖더라도 걱정은 없어집니다. 이 몸이 생긴 것을 생이라고 하고 이 몸이 죽는 것을 죽음으로 아니까 이 몸을 따라 죽습니다. 어떤 신하가 임금을 따라 죽는 것을 순사(殉死)라고 합니다. 여러분은 오온에 殉死를 합니다. 오온은 허깨비인데 그림자를 따라 殉死하면 그만큼 어리석은 사람이 어디 있습니까? 그러니까 세상에 남 하는 대로 다 따라 합니다. 죽을 때 되면 죽고 살 때 되면 삽니다. 그런 곳에 무슨 거리낌이 있겠습니까. 이런 때 여러분이 칼을 내게 들고 오면 내가 꼼짝을 못할 것입니다. 말은 거짓말이 아닙니다. 세상 모든 인연을 가지고 와도 조금도 거리낌이 없습니다. 일본에 잇큐(一休)란 스님이 있었습니다. 귀족인데 중이 된 사람입니다. 통한 사람입니다. 우리는 몸을 편안히 하고 명을 세우는 것이 목적입니다. 어떤 사람이 잇큐에게 가서 안신입명(安身立命)에 대해 물었습니다. 몸을 편안히 하고 걱정없이 사는게 무엇입니까 하고 물었습니다. 그러자 잇큐가 말합니다. "병이 나면 병이 드는 것이 좋고 죽을 때가 되면 죽는 것이 좋다." 그것이 안신(安身)하는 방법이란 것입니다. 그럼 생사열반이 다 헛것과 같다는 것입니다. 이걸 가격으로 매긴다면 팔지 않을 것입니다. 육신, 오온에 집착이 되지 않는 것입니다. 집착이 안 되면 편안합니다. 張拙 수재는 한꺼번에 열렸습니다. 송나라 때 장구성이란 사람이 있었습니다. 이 사람은 오래 살지도 못했습니다. 하루는 자기 집에서 화장실에서 볼일을 보는데 개구리가 요란하게 웁니다. 그 소리를 듣고 확 열려버렸습니다. 그도 오도송이 있는데 앞

에서 나온 것과 비슷합니다. 춘천야월일성와 당파건곤공일가 정임
마시수회득 영두각통유현사(春天夜月一聲蛙 撞破乾坤共一家 正恁
魔時誰會得 嶺頭脚痛有玄沙) 봄 하늘 달 밤 한 개구리 소리에 건곤
이 한집으로 당파(撞破)해버렸네. 정히 이러한 때에 누가 이런 도를
알았더냐. 현사(玄沙)는 현사 사비 스님입니다. 그가 길을 지나가
는데 돌이 굴러가서 찼는데 발이 따끔하더니 그 순간 깨쳐버렸습니
다. 잿머리에 다리가 아프던 현사와 같다는 소리입니다. 경허 스님
도 저런 글입니다. 홀문인어무비공 돈각삼천시아가 육월연암산하
로 야인무사태평가(忽聞人語無鼻孔 頓覺三千是我家 六月燕岩山下
路 野人無事太平歌) 깨고 보니 하나라는 소리입니다. 홀연히 사람
이 콧구멍이 없다는 말을 듣고 삼천대천세계가 내 집이란 것을 깨
달았네. 6월 연암산 밑에 야인이 일이 없으니 태평가를 부르더라.
모두 하나란 소리입니다. 근·진·식이 녹아 하나의 세계로 들어간 것
입니다. 열반은 좋은 것이고 생사는 나쁜 것입니다. 열반과 생사가
모두 공허와 같이 실제가 아니라는 말입니다. 한 중이 운문 스님에
게 말했습니다. "광명적조편하사(光明寂照遍河沙)…" 1구가 끝나
지도 않았는데 운문이 알아차리고 말합니다. "그것은 장졸 수재의
말이 아닌가?" 중이 맞다고 합니다. 이것은 탁 뺏어버리는 것입니
다. 그러자 운문이 말합니다. "너는 말이 떨어졌느니라." 훗날 황룡
사심 선사가 그 일을 이야기하자 운문이 말합니다. "말해보거라.
어디가 그 중이 말을 떨어트린 곳인고?"

　운문의 용처가 고액(孤危)한 것과 무엇 때문에 그 중의 말이 떨어

진 것인지 견득하면 스승이 되겠지만 그것을 밝히지 못하면 자기도 구원 못할 것이라고 합니다. 무문송에서, 남의 말을 꿔다가 하면 이미 수작이 틀린 것입니다. 이 자리는 묻기만 해도 틀립니다.

(40) 무문관 제40칙 적도정병(趯倒淨甁)
물병을 차서 넘어뜨리다(趯倒淨甁)

溈山和尚, 始在百丈會中充典座, 百丈將選大溈主人, 乃請同首
座對衆下語, 出格者可往. 百丈遂拈淨甁, 置地上設問云, 不得喚
作淨甁, 汝喚作甚麽. 首座乃云, 不可喚作木[木+突]也. 百丈卻
問於山. 山乃趯倒淨甁而去. 百丈笑云, 第一座輸卻山子也. 因命
之爲開山.

위산 화상은 처음에 백장의 회상에서 전좌(典座)를 맡고 있었
다. 백장이 장차 대위산(大溈山)의 주인을 선발하려고 수좌(首
座)와 함께 대중들 앞에서 한 마디씩 하게 하여 격식(格式)을
벗어난 사람이 갈 수 있도록 하였다.

백장이 물병(淨甁)을 들어 땅 위에 놓고는 물었다.

"물병이라고 불러서는 안 된다. 자네는 무엇이라고 부를 것인
가?"

수좌가 이에 말했다.

"나무토막이라고 부를 수도 없습니다."

백장이 이번에는 위산에게 물었다. 그러자 위산은 물병을 발로 차서 넘어뜨리고는 나가버렸다. 백장은 웃으며 말했다.

"제1좌가 산자(山子, 촌놈, 어리숙한 사람)에게 졌구나."

그리하여 위산에게 명하여 대위산으로 가게하였다.

■ 무문송

颺下笊籬并木杓, 當陽一突絕周遮. 百丈重關攔不住, 腳尖趯出佛如麻.

조리와 나무국자를 내팽개치고/ 정면으로 돌파하여 장애물을 끊었네./ 백장의 겹겹 관문도 멈추게 하지 못하니/ 발끝에서 부처를 삼대처럼 쏟아 내네.

■ 관응강설

마흔 번째 적도정병(趯倒淨瓶)입니다. 하루는 백장 스님에게 사마두타란 지리를 잘 보는 사람이 찾아옵니다. 사마두타가 말합니다. "요즘 큰 산을 하나 발견했는데 잘하면 약 2000명을 수용하여 개산할 수 있는데 스님의 제자 가운데 갈 사람이 없습니까?" 그러자 백장 스님은 자신이 가겠다고 합니다. 그러자 사마두타가 말합니다. "스님은 기운이 맞지 않아서 안 됩니다." 그럼 누구를 보낼까 하다가 화림(華林) 스님과 위산 스님 둘이 뽑혔습니다. 그래서 적임

자를 보내기 위해 시험을 하려고 백장 스님이 부릅니다. 정병을 갖다놓고 묻습니다. "이것을 정병이라 할 수 없으니 뭐라고 하면 좋겠느냐?" 화림은 "나막신이라고 할 수는 없지 않습니까?"했고 위산은 지나가다 그 정병을 차고 가버립니다. 그걸 보고 백장이 위산을 그 산으로 보냅니다.

위산이 백장의 회중에 있을 때에 전좌를 하고 있었습니다. 백장이 대위산의 주인을 선발할 적에 수좌를 포함한 대중에게 격을 초월한 자를 보내겠다고 합니다. 그리고 정병을 갖다놓고 말합니다. "이것을 정병이라고 할 수 없으니 이것을 무엇이라 하겠느냐?" 그러자 화림수좌가 말합니다. "그것을 목돌(木突, 나막신)이라 할 수는 없지 않습니까?" 그리고 백장이 위산에게 물었습니다. 그러자 위산이 정명을 발로 탁 차고 가버렸습니다. 그걸 보고 백장이 웃으며 말합니다. "수좌가 山子에게 졌구나." 그래서 명해서 위산을 보냈습니다. 그래서 위산이 가서 논밭을 만드니 10년을 앉아서 해도 벌레 한 마리도 안 들어옵니다. 10년이 지나니 점점 모여들기 시작해서 1700명이 모입니다. 보통 사람이라면 10년을 버텼을까요? 며칠 있다가 떠날 것입니다.

위산의 어지간한 용맹이 백장의 함정을 벗어나지 못했다고 합니다. 무거운 짐에는 편하고 가벼운 짐에는 편하지 못하다고 합니다. 그물을 벗어났으나 철로된 멍에를 멘 것이라고 합니다. 왜 그러냐 하면 공양주 쉬운 것을 내려놓고 1700명의 무거운 짐을 짊어졌다는 뜻입니다.

　무문송에서, 공양주는 조리도 만지고 물바가지도 만집니다. 그런
것을 벗어나 백장의 함정도 벗어났다는 말입니다.

(41) 무문관 제41칙 달마안심(達磨安心)

달마가 마음을 편안하게 해주다(達磨安心)

達磨面壁, 二祖立雪斷臂云, 弟子心未安, 乞師安心. 磨云, 將心來, 與汝安. 祖云, 覓心了不可得. 磨云, 為汝安心竟.

달마가 벽을 바라보고 있는데 이조(二祖)가 눈 속에 서서 팔을 끊고 말했다.

"제자의 마음이 편안하지 못하오니 바라건대 스승께서 마음을 편안하게 해 주십시오."

달마가 말했다.

"마음을 가지고 오너라. 너를 위해 편안하게 해 주겠다."

이조가 말했다.

"마음을 찾아보았으나 찾을 수가 없습니다."

달마가 말했다.

"너의 마음을 편안하게 해 주었다."

■ 무문송

西來直指, 事因囑起. 撓聒叢林, 元來是爾.

서쪽에서 와서 곧 바로 가리키니/ 부촉함으로 인해 일이 벌어졌네.

총림(叢林)을 요란하게 만든 것이/ 원래 바로 너로구나!

■ 관응강설

마흔한 번째 달마안심(達磨安心)입니다. 달마가 면벽 9년을 하니까 이조 혜가가 눈 위에 서서 팔을 끊고 말합니다. "제자가 마음이 편치 못하니 스님께서 안심을 시켜주십시오." 그래서 달마가 안심시켜주겠다며 마음을 가져오라고 합니다. 그리고 이조 혜가가 말합니다. "찾으려고 해도 찾을 수 없습니다." 그러자 달마가 말합니다. "너를 위해 안심시켜 주었노라."

이 빠진 노호가 달마를 가리킵니다. 달마가 보리유지와 광통율사에게 맞아서 이가 빠졌습니다. 바람 없는 곳에 파도를 일으켰다는 것은 달마가 머나먼 곳을 일부러 올게 뭐 있냐는 말입니다. 일 없는데 일을 만들었다는 말입니다. 그 달마가 말년에 제자를 얻긴 했지만 육근이 갖춰지지 않은 불구를 얻었다고 합니다. 한쪽 팔이 없는 혜가를 말합니다. 사삼랑불식사자(謝三郎不識四字)는 무식하다는 말입니다. 우리는 낫놓고 기역자도 모른다고 하고, 중국에서는 목불식정(目不識丁)이라고 합니다. 사삼랑(謝三郎)은 謝씨 집의 셋째 아들로 흔한 집 셋째 아들이란 의미로 무식한 사람을 가리킵니다.

사자(四字)는 엽전의 네 글자를 말합니다. 상평통보(常平通寶)도 모르는 놈이란 말입니다. 달마가 불립문자(不立文字)를 했으니 자세히 알 턱이 없습니다.

무문송에서, 부촉은 반야다라가 달마더러 가라고 한 것입니다. 반야다라가 부촉을 해서 달마가 왔던 것입니다. 가만히 있던 곳에 기러기가 끼룩 운 것입니다. 총림을 뒤흔들고 시끄럽게 했으니 그 장본인이 달마라는 말입니다.

(42) 무문관 제42칙 여자출정(女子出定)
여자가 선정에서 나오다(女子出定)

世尊, 昔因文殊至諸佛集處, 値諸佛各還本處, 惟有一女人, 近彼佛坐入於三昧. 文殊乃白佛, 云何女人得近佛坐, 而我不得. 佛告文殊, 汝但覺此女, 令從三昧起, 汝自問之. 文殊遶女人三匝, 鳴指一下, 乃托至梵天, 盡其神力, 而不能出. 世尊云, 假使百千文殊, 亦出此女人定不得. 下方過一十二億河沙國土, 有罔明菩薩, 能出此女人定. 須臾罔明大士, 從地湧出, 禮拜世尊. 世尊敕罔明, 卻至女人前, 鳴指一下, 女人於是從定而出.

예전에 문수가 여러 부처님들이 모인 곳에 이르자 마침 여러 부처님들이 각자 본래 처소로 돌아가시는데, 오직 한 여인만이 부처님 가까이에 앉아서 삼매에 들어 있었다.

문수가 부처님께 여쭈었다.

"어째서 여인은 부처님 가까이 앉을 수가 있는데, 저는 그러지 못합니까?"

부처님께서 말씀하셨다.

"네가 이 여인을 깨워 삼매로부터 일어나게 하고는 직접 물어 보아라."

문수가 여인 주위를 세 번 돌고, 손가락을 한 번 튕겨 범천에 까지 들리도록 그 신통력을 다 부려 보았으나 삼매에서 나오게 할 수 없었다.

부처님께서 말씀하셨다.

"설사 백 명, 천 명의 문수라도 이 여인을 선정에서 나오게 하 지 못할 것이다. 아래쪽으로 십이억 항하사 국토를 지나면 망명 보살이 있으니 그가 능히 이 여인을 선정에서 나오게 할 수 있 을 것이다."

잠시 후 망명보살이 땅으로부터 솟아나서 부처님께 절을 하였 다. 부처님께서 망명에게 여인 앞에 가서 손가락을 한 번 튕기 게 하니 여인이 이에 선정으로부터 나왔다.

■ **무문송**

出得出不得, 渠儂得自由. 神頭幷鬼面, 敗闕當風流.

나오든 나오지 못하든/ 그도 나도 자유를 얻는다.

귀신의 머리와 도깨비 탈/ 실패도 마땅히 풍류인 것을!

■ 관응강설

마흔두 번째 여자출정(女子出定)입니다. 부처님이 옛날에 문수가 부처님이 모인 곳에 이르렀습니다. 여기서 부처님이 모인 곳은 타방처입니다. 석가모니의 장소가 아닙니다. 그리고 모든 부처가 본래 자리로 돌아갔는데 오직 한 여인이 앉아서 부처님 가까이에서 삼매에 들었습니다. 옛날에는 여자는 부처님 가까이도 못가고 성불도 못한다고 했습니다. 왜 성불을 못 하느냐 하면 여자는 5가지 죄업이 있다는 것입니다. 5장이라고 하는데 첫째 마음이 견고하지 못하다는 것입니다. 유혹을 하면 넘어가버린다는 말입니다. 둘째는 청정하지 못하다는 것입니다. 셋째는 용맹이 없다는 것입니다. 넷째 자비가 적다는 것입니다. 마지막은 지혜가 적다는 것입니다. 부처님 옆에 여자가 있지 못한다고 했는데 여기서는 어떤 여자가 부처님의 삼매에 들었다고 합니다. 그래서 문제가 됩니다. 문수가 그것을 보고 부처님에게 말합니다. "저 여인은 부처님 가까이 있는데 저는 그렇게 하지 못했습니다." 이 말은 '저 여자는 다섯 가지 장애(죄업)가 있는데 부처님에게 가까이 갔고 저는 남자인데도 그렇지 못했으니 왜 그렇습니까?' 이런 말입니다. 그러자 부처님이 문수에게 말합니다. "네가 저 여자의 삼매를 깨워서 물어보아라." 문수가 여인을 깨우려고 세 번 돌고 손가락을 튕깁니다. 원래 손가락을 튕긴 후 들어갑니다. 손가락을 튕기는데 두 가지 조건이 있는데 첫째는 깨우는 것(경각)입니다. 둘째는 더러운 것을 보내는 것(거예)입니다. 그런데 아무리 그 여자를 깨우려고 해도 안 됩니다. 그 튕기는 소리가 범천까지 들리도록 애를 써도 안 됩니다. 그걸 보고 있던 부처님이 말합니다. "너 혼자서 할 수 없다. 백천 문수가 오더라도 이 여인을 정(定)에서 나오게 하지 못한다. 하방(下方)으로 가서 12 억 항하사 국토를 지나서 망명(罔明) 보살이 있는데 그 보살이 여인을 定에서 나오게 할 것이다." 그 소리를 하는데 망명 보살이 땅에서 솟아 올라옵니다. 부처님께 절을 드리자 망명에게 깨우라고 명령하자 망명 보살이 손가락을 튕깁니다. 그러자 여인이 슬며시 깨어납니다. 지하 깊이 내려가면 위가 안 보입니다. 아래도 보이지 않습니다. 뭐가 보이면 걸리는 것입니다. 12억은 12연기를 말합니다. 무명으로부터 생사까지 나오는 것을 초월하면 위로 가던지 아래로 가던지 '지낸다'고 합니다. 罔明은 밝은 것이 없어졌다고 하는 것으로 밝은 것을 보지 못한다는 것도 되지만 어두운 것도 보지 못합니다. 어둠과 밝음을 한꺼번에 놓은 다음에 뭔가 보인다는 것입니다. 그 역시 분별이지 맞는 말이 아닙니다.

이것이 모두 조작극이라고 합니다. 석가가 잡극을 했지만 소소한 범부들은 그것을 못 알아차렸습니다. 업식(業識)이 망망(忙忙)한 나가대정(那伽大定)을 봅시다. 번뇌를 가지고 나가대정(那伽大定)을 한다는 말입니다. 그런 것도 있는지 모르겠습니다. 那伽는 용입니다. 우리가 삼매에 들 때 가부좌 하는 것이 용이 사리고 있는 것과 같다고 해서 나가대정이라고 합니다.

무문송에서, 거농(渠儂)은 '그'나 '나'나라는 말입니다. 자타가 자유를 얻었다는 말입니다. 패관(敗闕)은 허물입니다. 깨닫고 보면 죽는 것도 재미가 나는 일이라는 것입니다. 생각이 없으면 죽는게 어디 있겠습니까.

무문관 강설 제12

(43) 무문관 제43칙 수산죽비(首山竹篦)

수산의 죽비(首山竹篦)

首山和尙, 拈竹篦示衆云, 汝等諸人, 若喚作竹篦則觸, 不喚作
竹篦則背. 汝諸人, 且道. 喚作甚麽.

수산 화상이 죽비를 들어 대중에게 보이고는 말했다.

"너희들이 만약 죽비라고 부른다면 (법에) 저촉되는 것이고,
죽비라고 부르지 않는다면 (사물에) 위배되는 것이다. 너희들은
한번 말해 보라. 무엇이라 부르겠느냐?"

■ **무문송**

拈起竹篦, 行殺活令. 背觸交馳, 佛祖乞命.

죽비를 들어 올려/ 죽이고 살리는 명령을 행하도다!

위배와 저촉이 번갈아 쫓으니/ 부처와 조사도 목숨을 비는구나!

■ 관응강설

마흔 셋째 수산죽비(首山竹篦)입니다. 수산 성념 선사가 죽비를 잡고 대중에게 보이며 말합니다. "너희들 모든 사람들이 만약 죽비라고 부르면 부딪히고 죽비라고 부르지 않으면 배반하는 것이 된다. 그렇다면 무엇이라 불러야 하겠느냐?" 법문할 때 지팡이나 이런 죽비를 들고 하는데 그것을 도구(道具)라고 합니다. 具를 '거리'라고 합니다. 도구란 말이 여기서 생긴 것입니다. 백장 밑에서 모두 농사를 지으며 자급자족을 하며 사는데 똑같이 일하니까 호미나 낫이나 모두 대중 수대로 있습니다. 보통은 농구(農具)라고 하는데 백장은 도를 하니까 도하는 기구라고 해서 道具란 소리가 나왔습니다. 여러분은 말을 해서 남에게 촉하고 배반되지 않게 해야 하는데 그렇게 하려면 어떻게 살아야할까요? 그게 참 어렵습니다. 촉은 비위 상하게 하는 것, 말을 하다보면 배반되는 것이 배반입니다. 수산 스님이 세상 밖의 것을 따로 이야기한 것은 아닙니다. 도는 세상일을 떠나지 않고(卽) 宗을 밝혀야 합니다. 그것이 즉사명종(卽事明宗)입니다. 죽비를 죽비라고 하면 너무 촉되고 죽비라고 하지 않으면 배반되니까 여러분들은 어떻게 하는 것이 좋겠냐는 말입니다. 불촉불배가 어딜 가던지 어렵습니다. 장자를 보면 도탄이라는 백정이 칼을 가지고 19년을 소를 잡았습니다. 그런데 그 칼이 새로 숫돌에서 갈아서 나온 것과 같이 상하지 않았습니다. 그 이유가 힘줄과 뼈 사이를 하나도 부딪히지 않게 써서 그렇습니다. 그런데 우리는 마음을 쓰는 것이 그렇지 못해서 칼을 돌에다 흙에다 부딪히게 만들어 절단나게 만듭니다. 우리들의 마음은 사물에 부딪혀서 마음을 상하게 합니다. 눈으로 모양에 코로 냄새에 입으로 소리에 모두 걸려있습니다. 그 자리 성품을 본 사람은 하나도 촉도 안되고 배도 안되게 씁니다. 그렇게 써도 일체중생의 비위를 건드리지 않고 일체중생에게 덕을 줍니다. 공자는 말합니다. '하늘이 너더러 무슨 말을 하더냐. 그래도 춘하추동 사시가 정연하게 흐르고. 땅이 무슨 말을 하더냐. 그 속에 만물이 자라고 번성한다.'

이러면 말이 있을 수도 없고 없을 수도 없습니다. 말을 함부로 하면 허물이 생깁니다. 부처님은 말을 하면 말 가운데 33가지 허물을 떠나서 이야기 합니다. 우리는 말만 하면 33가지를 범합니다. 그리고 우리는 사구백비에 걸려버립니다. 쓸 줄 모릅니다. 말을 안 한다고 해서 허물이 안 생기는 것은 아닙니다. 깨닫지 못하고 묵묵한 것은 썩은 것입니다. 깨닫고 묵묵해야 밝은 기운이 됩니다. 몰라서, 판단이 안서서 묵묵한 것을 무던하다고 하는데 그렇지 않습니다. 재주가 있는 이는 너무 총명해서 그저 남을 보면 참지를 못합니다. 그래서 입만 열면 얄미운 소리가 나옵니다. 이건 말을 해도 촉하고 말을 안해도 촉합니다. 부처님의 계를 받고 살생을 안해야겠다는 생각을 가지면 달라집니다. 그 계를 받기 전에는 길가다가도 벌레가 밟혀 죽고 설거지를 하다 그릇이 부딪혀 이가 빠지고 합니다. 계를 받고 그것을 안해야겠다고 하면 벌레를 밟아도 죽지를 않습니다. 불촉(不觸)과 불배(不背)가 됩니다. 부처님의 계법은 깨달은 것이기 때문에 거리낌이 없어 부딪혀도 죽지 않고 안 부딪혀도 감응이 됩니다.

무문송에서, 촉하지 말고 배하지 말라는 수산 스님의 영이 서릿발 같아서 잘못하면 목숨을 잃고 몸이 없어질 지경입니다. 그 정도가 되면 부처나 조사들도 목숨을 빕니다.

(44) 무문관 제44칙 파초주장(芭蕉拄杖)
파초의 주장자(芭蕉拄杖)

芭蕉和尚示眾云, 爾有拄杖子, 我與爾拄杖子, 爾無拄杖子, 我奪爾拄杖子.

파초혜청 화상이 대중들에게 말씀하였다.

"그대에게 주장자가 있으면 내가 그대에게 주장자를 줄 것이고, 그대에게 주장자가 없으면 나는 그대의 주장자를 빼앗을 것이다."

■ **무문송**

諸方深與淺, 都在掌握中. 撐天并拄地, 隨處振宗風.

제방(諸方)의 깊고 얕음이/ 모두 이 손아귀 가운데 있다!

하늘을 받치고 땅을 지탱하니/ 어디서나 종풍(宗風)을 떨치도다!

■ 관응강설

마흔 넷째 파초주장(芭蕉拄杖)입니다. 이 파초는 고려 사람입니다. 앙산 혜적 밑에서 있던 남탑에게서 법을 배웠습니다. 파초 화상이 대중에게 말합니다. "너희에게 주장자가 있으면 주장자를 줄 것이고 너희에게 주장자가 없다면 주장자를 뺏아올 것이다." 있어도 뺏고 없어도 뺏고 하나도 남김없이 되어야 합니다. 번뇌망상이 하나도 남음이 없으면 청정본연한 비로자나불이 고개를 쑥들고 삐죽이 나올 것입니다. 있든 없든 삭탈합니다. 내가 화두가 되던지 화두가 없어지고 내게 몰리면 하나가 됩니다. 대립하면 안 됩니다. 육근과 육진이 대립하면서 나누어진 것입니다. 전극이 떨어지면 불이 안 붙습니다. 붙어야 불이 붙습니다. 주관과 객관이 하나가 되어야 대천세계가 하나가 됩니다.

주장자를 의지해 끊어진 다리도 건널 수 있고 벗삼아 달 없는 컴컴한 곳도 갈 수 있다고 합니다. 만약 불러서 주장자를 지으면 그것을 집착하고 인착하면 지옥에 화살같이 들어갈 것이라고 합니다. 하나도 집착하면 안된다는 소리입니다. 어머니가 자식을 너무 사랑하기 때문에 자식을 못쓰게 만듭니다. 어느 정도 고르게 해야지 사랑에 빠지면 못씁니다. 장자를 보면 어떤 사람이 말을 대단히 사랑합니다. 말이 똥을 누면 멍석같은 것으로 받아냅니다. 하루는 말 등에 파리가 앉았습니다. 그걸 잡으려고 탁 쳤더니 말이 놀라서 달려들었다고 합니다. 말만 그런 것이 아닙니다. 자식도 손자도 마찬가지입니다. 사랑을 너무 베풀면 말을 사랑한 사람과 같은 변을 당합니다. 지나치면 안됩니다. 그래서 공자는 中을 강조합니다. 바늘 구멍에 실을 넣으려면 바늘 구멍에 넣어야지 위에 해도 못쓰고 밑에 해도 못 씁니다. 道도 마찬가지입니다. 과불급은 못 씁니다. 해인사의 어떤 스님은 12년을 장좌했다고 합니다. 장좌했으면 어쩌란 말입니까? 바늘 구멍 못 낀 것은 마찬가지입니다. 헛수고를 12년 했다는 말입니다. 그게 무슨 자랑거리입니까.

무문송에서, 물을 건널 때 주장자로 찔러보면 깊이를 압니다. 스님의 주장자는 세상 사람들이 깊고 옅은지 찔러보면 압니다. 주장자 하나 가지고 다 합니다.

(45) 무문관 제45칙 타시아수(他是阿誰)
그는 누구인가(他是阿誰)

東山演師祖曰, 釋迦彌勒, 猶是他奴. 且道, 他是阿誰.

동산의 (오조) 법연 노스님이 말했다.

"석가와 미륵도 오히려 그의 종이다. 자, 말해보라. 그는 누구인가?"

■ **무문송**

他弓莫挽, 他馬莫騎. 他非莫辨, 他事莫知.

남의 활을 당기지 말고/ 남의 말을 타지 말라.

남의 잘못을 말하지 말고/ 남의 일을 알려고 하지 말라.

■ **관응강설**

마흔 다섯째는 타시아수(他是阿誰)입니다. 동산 법연 선사가 말합니다. "석가와 미륵도 다른 것의 그림자다. 말해보라. 그(다른 것)는 누구냐?" 장주와 나비 이야기 했지요? 나비나 장주나 다 변해서 나온 것입니다. 그러니 석가모니도 법성에서 나왔고 미륵도 법성에서 나왔습니다. '그'는 법성입니다. 하나만 알면 다 압니다. 이 작은 곳에서 보면 다른 것 같지만 들어가서 앉아보면 똑같습니다. (무문왈) 여기서 저(他)는 본성입니다. 십자가두(十字街頭)는 사람이 많이 다니는 곳입니다. 그런 곳에서 오래간만에 아버지와 아들이 만났다고 합시다. 자기 아버지나 자기 아들 만나는데 남에게 물을 것 뭐있습니까? 다 압니다. 우리도 발동이 되고 눈을 뜨면 다 압니다. 세상에 모르는 것이 없습니다. 타시아수(他是阿誰)의 他는 근본되는 우리의 주인공을 말한 것입니다. 여기서 他는 대립하는 다른 것을 말합니다. 육근, 육진이 대립된 他입니다. 그것은 차별입니다. 다른 이의 활을 가져가지 말라고 하는데 다른 사람의 활은 자기 것처럼 쏴지지 않습니다. 다른 이의 말을 타지 말라고 하는데 타면 낙마되기 쉽습니다. 보고 듣는 것을 거두어 속으로 가서(즉 그림자를 거두어서) 그림자의 바탕되는 '他'로 들어가야 합니다.

(46) 무문관 제46칙 간두진보(竿頭進步)
백척간두에서 진일보(竿頭進步)

石霜和尚云, 百尺竿頭如何進步. 又古德云, 百尺竿頭坐底人,
雖然得入未爲眞. 百尺竿頭須進步, 十方世界現全身.

석상 화상이 말했다.

"백 척 장대 끝에서 어떻게 한 걸음 더 나아갈 것인가?"

다시 옛 사람이 말했다.

"백 척 장대 끝에 앉은 사람은 비록 도(道)에 들어 왔으나 아
직 참된 것은 아니다. 백 척 장대 끝에서 모름지기 한 걸음 더
나아가야 온 우주에 온 몸을 드러낼 것이다."

■ **무문송**

瞎卻頂門眼, 錯認定盤星. 拚身能捨命, 一盲引眾盲.

정수리 위의 눈을 감아버려서/ 저울의 첫 눈금을 잘못 읽는다면,

아낌없이 목숨을 버릴 수 있더라도/ 한 장님이 뭇 장님을 이끄는 것이다.

■ 관응강설

마흔 여섯째 간두진보(竿頭進步)입니다. 백척간두를 올라가는 것을 향상로(向上路)라고 합니다. 범부로부터 부처님 땅으로 올라가는 것입니다. 우리가 분별망상을 전부 거두어 분별이 없는 본성 자리에 들어가는 것 그것을 향상로라고 합니다. 이것을 닦는 법을 자기가 알지 다른 사람은 모릅니다. 그래서 어떤 사람이 말합니다. 서울 남대문에 가면 떡국집이 하나 있는데 대단히 맛이 좋아 세계 제일이라고 합니다. 그런데 그 사람이 서울을 간 적이 없는데 그런 소리를 하니까 옆에 있던 다른 사람이 서울에 가서 떡국 맛을 보았느냐고 말합니다. 그러자 자기는 모르고 삼촌이 가서 먹어봤는데 그걸 듣고 그러는 것이라고 합니다. 자기가 맛본 것이 아닙니다. 향상로도 자기가 해봐야 아는 것입니다. 향상로는 천성부전 千聖不傳입니다. 여기 가서 앉아 다시 나갈 줄 모르면 소승이라고 하고 옳게 깨달은 것이 아닙니다. 거기서 진일보(進一步)를 해야합니다. 저 나무 꼭대기에 가서 한번 물어봅시다. 거기서 한 걸음 더 나아가라 하면 어디로 가야합니까? 땅으로 내려올 수밖에 없습니다. 다시 내려오는 것을 향하로(向下路)라고 합니다. 향상로를 하려면 한 티끌도 들어가면 안됩니다. 향하로는 한 법도 버리지 않습니다. 화두 들고 들어갈 때 잡념 하나만 들고 일으켜도 지옥에 간다는데 향하로는 그저 부처님에게 절하고 기도해도 덕이 됩니다. 두 가지를 다 갖춰야지 한 가지만 갖추면 오뚜기가 되어서 안 됩니다. 인간과 섞이지 못해 혼자 숨어사는 사람들 못 씁니다. 석상 경제 선사가 말합니다. "백척간두에서 어떻게 나아갈 것인가." 여기서 장사 경잠 선사의 게송을 말합니다. 백척간두좌저인 수연득입미위진 백척간두진일보 시방세계시전신(百尺竿頭座底人 雖然得入未爲眞 百尺竿頭進一步 十方世界是全身) '백척간두의 끝머리에 앉은 사람은 비록 들어가긴 했지만 참된 것이 아니다. 백척간두에서 한 걸음 더 내딛어야 시방세계의 온 몸이 드러난다.' 백척간두의 끝머리에 있으면 잠든 것과 마찬가지로 아무 소용이 없습니다. 고요하고 적정해도 잠든 것과 마찬가지입니다. 깨달음을 지키고 있으면 그것도 역시 눈 감은 것과 마찬가지입니다. 우주 전체가 자기 몸이 되려면 향상로에서 내려와야 합니다. 그래서 저자에 가서 밥 얻어먹고 시주들에게 법문을 들려주는 것 세간 속으로 들어가야 합니다. 향상로에만 있으면 오똑하기만 합니다. 세간에 내려와야 되는 것입니다. 토굴살이 하지말라는 소리입니다.

진일보 한 사람은 부처이며 세간에 나온다는 말입니다. 부처님은 어느 곳이라도 대접받습니다. 부처님 사상이 일체 중생을 건진다고 했으니 모든 중생이 덕을 입습니다. 덕을 입으면 높여줍니다. 어떤 가정에서 한 사람이 내 힘으로 가족을 구원해야겠다고 노력한다면 집안사람에게 환영을 받습니다. 한 고을에서는 내 힘으로 내 마을을 위해 노력하겠다고 하면 그 지역에서 환영받습니다. 만약 백척간두에서 진일보하여 일체중생을 다 건진다고 하면 어느 곳에 가던지 칭송을 받습니다. '사(嗄)' 이 글자를 '사'라고 하지만 '애'라고 하기도 합니다. 목 쉰 소리입니다. 목이 메여 말이 제대로 안 나오는 것입니다. (송왈) 백척간두에 가만히 있으면 눈이 멀고 거기서 진일보해야 살아납니다. 진일보 못하면 한 맹인이 여러 맹인을 이끌고 불구덩이로 들어가는 것과 같습니다. 자기 혼자 몸을 오똑하게 하고 앉아 있으면 한 생, 두 생, 백천만겁을 지나도 아무 소용이 없습니다. 충성이라고 하는데 남을 위해 왜 몸뚱이를 버립니까. 임금보다 더 위인 사람에게도 마찬가지입니다. 도척이는 도둑질하는 것에 목숨을 건 것이고 백이숙제는 충성을 위해 목숨을 바친 것인데 그깟 충성이 뭡니까? 명예를 위해서 순사(殉死)하는 것이나 재물을 위해 殉死하는 것이나 다를 것이 무엇입니까? 장자를 보면 옛날에 장(臧)이란 사람과 곡(穀)이란 사람이 있었습니다. 둘 다 목장에서 염소를 먹입니다. 한 놈은 성인의 글을 보다가 염소 잃은 줄도 몰랐고 한 놈은 바둑을 두다가 염소를 잊어버렸습니다. 염소 잃은 게 똑같지 성인의 글 읽었다고 염소 잃은 것이 나을게 뭐가 있습니까? 그러니 도척이 재물을 위해 목숨을 바친 것이나 백이숙제가 명예를 위해 목숨을 바친 것을 똑같은 것입니다. 둘 다 안 하는 것이 中입니다. 애국열사라고 하는 사람들도 마찬가지입니다. 오랑캐를 죽이나 한국 사람을 죽이나 사람을 죽인 것은 마찬가지입니다. 부처님이 살생을 하라고 했습니까? 부처님 법을 바로 배우면 그렇게 하지 않습니다.

(47) 무문관 제47칙 도솔삼관(兜率三關)
도솔의 세 관문(兜率三關)

兜率悅和尚, 設三關問學者. 撥草參玄只圖見性, 即今上人性在甚處. 識得自性, 方脫生死, 眼光落時, 作麼生脫. 脫得生死, 便知去處, 四大分離, 向甚處去.

도솔 열화상은 세 가지 관문을 만들어 배우는 사람들에게 물었다.

"번뇌망상을 헤치고 불법을 찾음은 다만 견성(見性)하기 위함인데, 지금 그대의 성품은 어느 곳에 있는가?

스스로의 성품을 알게 되면 바야흐로 생사에서 벗어나는데, 죽음이 다가왔을 때 어떻게 해탈할 것인가?

생사를 벗어날 수 있다면 곧 갈 곳을 아는데, 육체[地·水·火·風]가 흩어지면 어느 곳으로 가는가?"

■ 무문송

一念普觀無量劫, 無量劫事卽如今. 如今覷破箇一念, 覷破如今覷底人.

한 순간에 무량한 세월을 두루 살펴보니/ 무량한 세월의 일이 곧 바로 지금이네./ 지금 이 한 순간을 꿰뚫어 보면/ 지금 꿰뚫어 보는 사람마저 꿰뚫어 보리.

■ 관응강설

마흔 일곱째 도솔삼관(兜率三關)입니다. 도솔 종열 선사가 삼관(三關)의 법문을 베풀어 말합니다. "풀을 헤치면서 현현(玄玄)한 도리를 참구하는 것은 견성하려고 하는 것이다. 지금 상인(上人)들은 성품이 어디에 있는고?" 이것이 제1관입니다. 上人은 자기보다 위의 사람을 가리켜 말합니다. 上人은 수좌를 말하기도 합니다. "자성을 식득하면 생사를 벗어나니 육신이 죽을 때 이 몸을 어떻게 벗는고?" 제2관입니다. 식득자성(識得自性)은 견성한 다음의 것입니다. "생사에서 벗어났다면 문득 가는 곳을 아니 사대(四大, 우리 몸뚱이입니다.)가 분리되면 어디를 향해 가느냐?" 제3관입니다. 이 세 전어(轉語)를 알아차리면 어디를 가던지 주가 된다고 합니다. 주가 되어서 남의 어른 노릇을 하게 되는 것입니다. 깨달으면 다른 사람들이 내게 쭉 딸려 옵니다. 그래서 연(緣)을 만나는 곳마다 종(宗)이 됩니다. 거친 음식은 배가 부르기는 쉽지만 오래 못 갑니다. 참으로 피가 되고 뼈가 되는 진생명이 못 됩니다.

무문송에서, 무량겁 후의 일이 이제와 같다는 뜻입니다. 시간의 개념이 없기 때문입니다. 아직 생사를 못 면한 사람은 여러분이나 나나 똑같습니다.

(48) 무문관 제48칙 건봉일로(乾峰一路)
건봉의 외길(乾峰一路)

乾峰和尚, 因僧問, 十方薄伽梵, 一路涅槃門, 未審, 路頭在甚
麼處. 峰拈起拄杖, 劃一劃云, 在者裏. 後僧請益雲門, 門拈起扇
子云, 扇子[足+孛]跳, 上三十三天, 築著帝釋鼻孔, 東海鯉魚打
一棒, 雨似盆傾.

건봉 화상에게 어떤 승려가 물었다.

"시방의 부처님들이 한 길로 열반문에 들었다 하니 알지 못하
겠습니다. 길이 어느 곳에 있습니까?"

건봉이 주장자를 집어 들어 허공에 한 획을 긋고 말했다.

"여기에 있다!"

나중에 그 스님이 운문에게 다시 가르침을 청했다.

운문은 부채를 집어 들고 말했다.

"이 부채가 뛰어 33천에 올라가 제석천왕의 콧구멍을 찌르고,

> 동해의 잉어를 한 방망이 때리니 비가 물동이를 기울인 듯 쏟아
> 진다."

■ 무문송

未舉步時先已到, 未動舌時先說了. 直饒著著在機先, 更須知有向
上竅.

미처 발걸음을 떼기도 전에 이미 도달하였고/ 혓바닥을 움직이기
도 전에 벌써 말해 버렸네./ 설령 한 수 한 수 기선을 제압했다 하
더라도/ 다시 향상(向上)의 도리가 있음을 알아야 하리.

■ 관응강설

마지막 마흔 여덟째 건봉일로(乾峰一路)입니다. 한 중이 건봉 화
상에게 묻습니다. "시방의 박가불(薄伽佛) 부처님은 열반의 문으로
간다고 하는데 어디에 있습니까?" 그러자 건봉 화상이 주장자를 딱
들고 땅에 한 획을 긋습니다. 그리고 말합니다. "여기에 있느니라."
薄伽佛은 인도말로 부처님을 가리킵니다. 이 말을 자재(自在)라고
하기도 하고 치성(熾盛)이라 하기도 하고 서엄(端嚴)이라 하기도 하
고 명칭(名稱)이라 하기도 하고 길상(吉祥)이라 하기도 하고 존귀
(尊貴)라고 하기도 합니다. 여섯 가지 의미가 있습니다. 뒤에 그 중
이 운문 스님을 찾아가 물어봤는데 운문은 방법이 달랐습니다. 마
침 여름이었는데 부채를 들고 있었습니다. 그 부채를 들면서 말합

니다. "이 부채가 뛰어서 삼십삼천(三十三天)에 올라 제석의 콧구멍을 찔러버리고 동해의 잉어를 한 대 때리니까 비오는 것이 물동이 물이 쏟아지는 것 같더라." 폭우가 쏟아지더라 이 말입니다. 한 법문은 쉽게 했고 한 법문은 껄끄럽습니다. (무문왈) 한 사람은(건봉을 두고 한 말입니다.) 깊은 바다 속에서 흙과 티끌을 날렸고 한 사람은(운문을 두고 한 말입니다.) 산꼭대기에서 흰 물결이 하늘에 닿게 했다고 합니다. 파정(把定)은 생각을 거두어 하나로 돌아가게 하는 것입니다. 방행(放行)은 넓게 하는 것, 퍼지게 하는 것입니다. 건봉은 방행문(放行文)이고 운문은 파정문(把定文)입니다. 把定文에 들어가면 거뒀으니 서로가 보이지 않습니다. 백천만 가지 사량이 사라지고 일념(一念)으로 되었기 때문에 서로 보이지 않습니다. 심지어 부처님 사이에도 안 보입니다. 향상로입니다. 한 손을 낸 것이 흡사 把定과 放行이 부딪힌 것 같다고 합니다. 여기서 두 늙은이는 길을 모른다고 한 것은 그 말에 팔리지 말라는 것입니다. 우리는 비행기를 타야 달나라에 갑니다. 그런데 알면 생각만 하면 달나라에 갑니다. 그건 색성향미촉법에 걸리면 할 수 없습니다. 색성향미촉법이 다 사그러진 사람만이 됩니다. 공기가 안 보이는 우리는 공기 속에 자유를 얻고 물 속에서 물이 안보이는 물고기는 물 속에서 자유를 얻고 오온이 개공(皆空)한 사람은 오고가는 것이 없습니다. 몸뚱이를 가지고 몸뚱이에 팔려서 가는 것도 더딥니다. 산꼭대기에 가면 산 밑의 풍경이 다 보이는데 눈에 산의 풍경이 들어오는지 눈이 산의 풍경으로 들어가는지 모릅니다. 근과 경이 사라지면 희한

합니다. 무한히 즐겁고 무한히 편하고 아주 멋진 얼굴이 됩니다. 이름 안 내려고 해도 시방세계에 명칭이 다 뻗쳐있고 온갖 길상이 다 나타나고 어떤 곳에 가도 존귀하게 됩니다. 그것이 薄伽佛입니다. 처음 공부하면 把定과 放行이 있습니다. 두 가지를 놓으면 참 自在가 나옵니다. 발을 들기 전에 이르고 말하기 전에 말을 마친 것은 석가가 도솔천을 여의지 않았는데 이미 내려와 있고 어머니 뱃속에 나오기 전에 이미 일체중생을 제도해 마쳤다는 말과 같습니다. '세존미리도솔이강왕궁 미출모태도인이필(世尊未離兜率已降王宮 未出母胎度人已畢)' 우리는 시간과 공간을 벗어나지 못했기 때문에 거리, 공간, 과거, 현재, 미래가 있습니다. 그런데 본성 자리에 들어가면 하나의 법칙에 들어가면 거리가 없고 시간이 없습니다. 그래서 부처님의 경지는 '시무애 처무애(時無碍 處無碍)'의 경지입니다.

지안(智眼) 관응(觀應)대종사 (1910 – 2004) 행장

관응 스님은 1910년 경북 상주 출생, 1929년 상주 남장사에서 혜봉 스님을 계사로, 탄옹 스님을 은사로 사미계를 수지하였다. 1934년 금강산 유점사 불교전문강원 대교과 졸업, 1936년 선학원 일봉 스님을 계사로 비구계를 수지하였다. 1938년 중앙혜화전문학교(현 동국대학교) 졸업, 1942년 일본 교토 용곡대학교 졸업하고 한국으로 돌아왔다. 오대산 월정사, 가야산 백련암, 고성 옥천사 등 제방선원에서 안거하였으며, 1956년 직지사 조실로 추대되었다. 불교 정화 이후 1959년 조계사 초대주지 겸 중앙포교사, 1961년 동국학원 이사, 1965년 도봉산 천축사 무문관 육년결사, 1981년 직지사 주지, 1984년 원산 스님 외 9명에게 전강을 내렸으며 그후 전강을 받은 스님이 10여명에 이르며 한국불교의 교학을 이끄는 주춧돌이 되었다. 1985년 조계종 원로회의 부의장을 지냈으며, 2004년 세수 95세, 법랍 76년으로 황악산 직지사 중암에서 원적하셨다.

김성규(金成奎)

법명은 정명(淨名), 영남대학교 명예교수,
21세기 새로운 불교수행 공동체 (사)통섭불교원 원장
1955년 경주에서 태어나, 경주에서 청소년기를 보내면서 역사와 불교에 대하여 관심이 많았음. 영남대 이학박사학위를 받았으며(1987년 2월 박사학위취득), 영남대학교 의과대학 교수로 33년 재직하였고, 2020년 8월 정년퇴임하였다.

저서로는 고등학교시절부터 관심사였던 자연과학과 불교의 접목을 시도하여 불교의 연기론과 물리학의 상대론을 접목시킨 〈불교적 깨달음과 과학적 깨달음〉을 1990년에 처음 세상에 내놓았으며, 불교우화 백유경을 현대적 감각으로 해설한 〈부처가되는 100가지 방법〉, 불교의 진수인 선불교에 대한 화두여행 〈화두〉, 불교에 대한 이해를 불교사적으로 살펴본 〈이것이 불교다〉, 불교경전중 최대의 관심을 모으고 있는 금강경에 대한 해설서 〈마음은 보석〉, 우리말로 알기 쉽게 번역한 〈묘법연화경〉, 〈우리말 유마경〉이 있으며, 과학과 불교의 접목에세이 〈과학속의 불교, 불교속의 과학〉, 과학적이며 선적으로 알기 쉽게 해설한 〈반야심경강의〉 등이 있다.
부처님이 깨친 연기에 대한 내용과 체계와 구조를 설명한 〈부처님이 깨친 연기를 이야기하다〉가 있으며, 2600년 불교사를 이해하기 쉽게 정리한 〈2600년 불교의 역사〉, 대승불교의 가장 중심경전인 금강경에 대한 성립과 바른 이해를 위한 해설서인 〈금강경 강의〉, 부처님의 일생과 사상을 다룬 〈부처님〉, 불교 의식의 꽃 〈천수경강의〉가 있다.
또한 2년 동안 대구불교방송에서 강의한 내용을 정리한 불교대특강(CD 108개 포함)이 있다. 2013년에는 관응스님의 유식강의를 3여년의 작업을 거쳐 〈관응스님 유식 대특강〉을 세상에 내놓았다. 2014년에는 〈우리말금강경독송집〉를 편찬하였으며, 2015년에는 최초로 독송용 〈우리말 묘법연화경〉을 편찬했으며, 2016년에는 〈우리말 육조단경〉을 세상에 내 놓았다. 또 2016년에 〈유식삼십송〉을 저술하였다. 2018년에 〈부처님이 깨친 연기이야기〉를 재정리하여 출판하였으며, 2020년에 〈대승기신론 강설〉과 〈우리말 오백성중청문〉을 저술하였다.

불교 활동으로는 여러 승가대학과 일반 불교대학에서 강의하였으며, 법륜불자교수회(2009 - 2020 회장)와 한국불교대학에서 오랫동안 활동하였으며, 이생 안 태어난 샘치고 참선하다 죽자는 "이뭣고" 백년결사운동의 지도법사로 활동하였다. 1985년 대구에서 관음사 수요법회를 통하여 불교활동을 시작하였으며, 수요법회는 새로운 청년불교운동을 모색하였다.
1988년 법륜불자교수회를 창립하였으며, 이어서 영남대학교의료원 불교신행회를 창립하였고, 영남대학교 의과대학 불교학생회를 창립하였다. 2010년부터는 21세기 불교의 페러다임을 구상하는데 주력하고 있다.

http://www.tongsub.com을 치시면 미래불교를 창출하는 인터넷 불교 교육 (사)통섭불교원을 운영하고 있으며, 2013년에 이 모든 불교운동을 아우르는 통섭불교를 설립하여 월간지 통섭불교(관세음에서 이름 바꿈), 통섭불교강의등을 통하여 불교활동을 펼치고 있다.
2022년에는 모바일 홈페이지 http://www.itongsub.com를 운영하고 있다.

인터넷 신문 뉴스웨이(스포츠한국과 무궁화 중앙회 후원) 주최 2007년 제 5회 장한 한국인상에서 대상을 수상하였다.

관응스님의
무문관 강설

엮은이 : 김성규
펴낸이 : 사단법인 통섭불교원

초판 1쇄 인쇄 : 2023년 10월 20일
초판 1쇄 발행 : 2023년 10월 24일

등록번호 : 제344-2022-000012호
주소 : 대구시 남구 두류공원로 10, 4층(대명동)
Tel (053) 474-1208, Fax (053)794-0087
E-mail : tongsub2013@daum.net

값 : 25,000원
ISBN 979-11-980269-1-0

인쇄 : 대구 학원사 010-9868-0000